《万历野获编》是关于明代历史最重要的笔记之一，有很高的史料价值。正因为此，现有语文辞书及历史类工具书对该书给予了相当的重视，收录了该书中的大量词条及义项，这在历代笔记中都是较为罕见的。即便如此，该书还有许多富于研究价值且尚未被充分发掘的词汇现象。本书主要从掘发新词新义、考释普通词语、考释历史词语、辞书编纂、整理研究等方面进一步阐述《万历野获编》中的词汇研究价值（包含对辞书编纂的价值），同时也是古汉语词汇研究与古籍整理研究相结合的一次有益尝试。书中内容，涉及异形词、义域理论、反词同指、同素异序词、词义考释方法、词义衍生途径、词法词和词库词等问题。本书以《万历野获编》为语料来源，至少再为《汉语大词典》补充了 230 个以上的词条；增补 50 个以上的义项；修正 40 个左右词条或义项的释义；补充书证、提前最早书证、推迟最晚书证更是多达 450 条以上。另外，采用本校、对校、他校、理校等四种校勘方法，以影印旧钞本为参照，纠正了三种目前较为权威的《万历野获编》点校本中的约 80 处错误。要之，本书可对古汉语词汇研究、辞书编纂、古籍整理做出一定的贡献。

《万历野获编》词汇研究

杨继光 ◎ 著

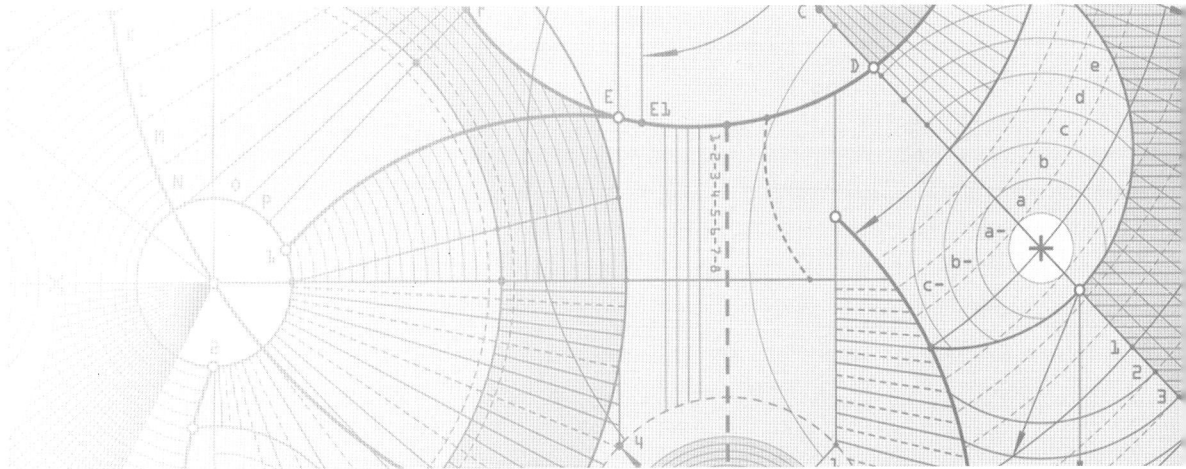

厦门大学出版社 国家一级出版社
XIAMEN UNIVERSITY PRESS 全国百佳图书出版单位

序一

对历代笔记词汇的系统研究，兴起于上个世纪 80 年代，先是六朝笔记进入研究者的视野，涌现出一大批颇有分量的论著，接着唐宋笔记又引起学者们的极大重视，同样发表了大量有价值的研究成果。直到今天，对历代笔记词汇的研究成果还是层出不穷，蔚为大观。最近 10 多年来，在众多语言学者优先关注六朝、唐宋笔记词汇研究的同时，也有一些学者把研究目光转向以往少有人问津的明代笔记词汇究。杨继光便是其中一位。

《〈万历野获编〉词汇研究》是在其博士学位论文的基础上修改而成的。本书是一部明代笔记词汇专书研究。在此之前，已有多位知名学者撰文概述过明清笔记的词汇研究价值，如新词新义多，口语词多，语料价值较高，有助于辞书编纂，等等。诸多学者就其中的某一个或几个方面发表过论著。但就明代笔记专书词汇整体研究而言，本书可能是第一部，至少在其撰写博士学位论文时应该是。

本书在前人的研究实践和有关理论思考的启发下，对明代最重要的笔记《万历野获编》中的词汇现象进行专题讨论，选题有一定的创新性，呈现出来的内容有这么四个值得肯定的地方：

一、数量统计方法运用较好，有说服力。书中多处运用数量统计方法，给出许多详实具体的数据，有力地证明了《万历野获编》的语料价值和词汇研究价值。比如，《绪论》中提到《汉语大词典》引用了《万历野获编》书证约 3000 条，涉及词条 2500 多个，约占《汉语大词典》所收词条总数的 6.7‰。第一章提到《万历野获编》中共出现 967 个已被语文辞书收录的新词，其中《汉语大词典》收录 863 个，《汉语大词典拾补》收录 104 个，仅仅依靠《万历野获编》书证立目的词条就达 499 个。除新词当然同时即是新义之外，《万历野获编》中另外还出现 375 个已被语文辞书收录的新义，其中《汉语大词典》收录 287 个，《汉语大词典拾补》收录 88 个。这些看似简单的数据都是经过长期的查阅辞书、整理分析才得出的，可见作者考索用心之细。

　　二、传统词义考释方法与现代词汇语义学理论、方法相结合。该书在考释疑难词、生僻词时，广泛运用了传统的词汇学、训诂学词义考释方法，如归纳法、演绎法、观境为训法、词例求义法、方言求义法、连文求义法、异文求义法、义理求义法、文化求义法，根据同素词、上下文例等现象扩大了演绎法的运用范围，使许多孤证词、僻难词得到了较好的考释。在考释词义、修正辞书释义时，充分运用了现代词汇语义学理论中的义素分析法，并在此过程中自觉地以义域理论为指导，特别强调对义域的准确限定。所有这些，对于准确地解释词义，提高辞书编纂质量都是非常必要而有价值的。

　　三、广泛汲取学术界前沿理论。在考释疑难词、生僻词的过程中，除广泛采用各种词义衍生理论，如词义渗透、相因生义、同步引申、类同引申、连类而及、体用同称等传统理论外，还运用了语义场、反词同指、词汇化、词库词与词法词等较为前沿的理论。特别是语义场理论、词库词和词法词理论，虽然全书中提及这些理论的地方不多，只有几处，但多处词义考释都渗透着语义场理论、词库词与词法词理论结合类推理论、同素词理论共同起作用的因子。如得出调简、匠余、军生、阑出、劣升、劣转、契兄、相失、作县等词条的释义，都是各种传统词汇学、训诂学理论、方法与现代词汇学、语义学理论、方法综合运用的结果。

　　四、词汇研究与古籍整理紧密结合。古籍整理研究在近几十年来取得较大的进展，主要表现在很多前人没有整理的古籍得到了校勘整理，有的较重要的古籍还出版了多种整理本，整理的水平也越来越高。但问题也还是存在的，主要表现在或者因整理者没有用较好的底本，或者因整理者某些方面的知识还有所欠缺，导致许多今人校勘整理的古籍仍有较多的错误，如文字出错、标点不对、语序错乱，等等。其中相当多的致误原因可以归结于整理者古代汉语知识有所欠缺。所以，早就有学者提出，校勘当以专才。点校任何一部古籍，除要求有古籍内容相关专业背景的专家参与外，还必须有精通古代汉语知识的学者参与。本书第五章指出中华书局版《万历野获编》至少80处左右校勘、标点有问题的地方，大都能言之成理，这得益于作者较为扎实全面的古代汉语专业知识。

　　当然，和许多专著一样，本书也存在一些缺点。如本书所涉及的理论方法固然较多，但有些只是蜻蜓点水，不够深入。数量统计方法运用确有必要，也给出了详细的数据，但最好再以附录的形式给出详细的内容图表，这样更加让人信服。词语考释的结论大多可信，但也有个别可能失之武断。

继光是我的博士生，硕士则师从曾良老师。其为人勤奋好学，做事认真，肯于吃苦，乐于钻研。硕士一年级撰写的学期论文后来就发表了三篇，其中包括一篇当年录用，数年后发表在当时厦门大学认定的权威刊物《古汉语研究》上。整个硕士生、博士生阶段下来，发表了长短近20篇学术性文章，这在语言学专业学生中是不多见的。但遗憾的是，他身体不太好，硕士三年就住院三次，做过两次手术。据他说，中学时还做过一次手术。这对他的生活、学习和工作都有较大影响。举例来说，博士毕业时，他得到多个985、211大学的应聘通知，在当时是就业形势最好的博士毕业生之一，去应聘了其中几个，且全部通过，最后却忍痛放弃。原因是多方面的，但健康欠佳是主要的。另外，继光拙于人情世故，不善交际，所以也容易丧失一些机遇，多吃一些苦头。工作以后，他很少外出参加学术交流，一直在开新课。据他说，六年多就开设了本科、硕士课程17门，基本上每个学期都在备新课，平均每学期课程门数在四门以上。仅此可见，他的付出是多么巨大！加之自己带孩子，做家务，用来做学问的时间、精力就少之又少了。尽管如此，在繁重的日常教学之余，他还笔耕不辍，又发表了30多篇论文，可见其勤勉不息。但他还是觉得所做与自我期待相距甚远，对自己的科研状况不满意，似乎郁郁不得志焉。我想，继光富于春秋，基础也比较扎实，如果教学工作少一点，假以时日，将来在学术上一定会取得更大的成绩。现在，他的博士论文就要出版了，作为指导老师自然乐见其成，倍感欣慰。学海无涯，路漫漫，望继光继续努力，在今后的教学科研工作中再创佳绩。是为序。

叶宝奎

2013年12月谨识于厦大西村

序二

　　杨继光博士的《〈万历野获编〉词汇研究》即将出版，要我写几句话。所谓读其书，知其人，因我曾是他读硕士时期的指导老师，继光大概认为我对其较为了解，我也就不好再推辞。

　　继光 2001 年考上厦门大学中文系的硕士研究生，他对训诂和历时词汇的研究有浓厚的兴趣；硕士毕业后又继续在厦大读博士，师从叶宝奎教授。继光的老家在江西古所谓庐陵（今吉安地区），那里文士才子辈出，他或许受到家乡先贤之熏陶，人因此也好学上进，非常勤奋，喜爱看书。继光人很文静，对不熟悉的人说话不多，不是属于那种善于社交的人。处理人际关系，跟我一样，有时显得笨拙和无奈。这也不必遗憾，老天或许就是那样不会让人什么都惬意。在我带的硕士研究生中，他算是较为用功、古文悟性较高的学生之一。我觉得他阅读古书，能够细细推敲文意，涵泳字句的意思；他自己以为爱钻"牛角尖"，有"考据癖"，似乎有点难为情。实际上从事训诂研究，恰恰是需要这种执著追求的精神。他曾经在《古汉语研究》等学术杂志发表过一些有质量的论文，我认为他是做文献考据的好苗子，因为我们做的是老老实实的"笨学问"。记得王力先生曾讲过类似的话：做学问没有什么诀窍，一是要方法得当，二是要有时间。当时我私下地想：假如继光研究方法得当，又有时间持续不断地坚持学习和研究，他肯定在学术上会有不少创获的。我现在仍然相信他不会让我失望的。

　　在漫长的汉语历史发展长河中，有许多东西需要研究。对汉语词汇史既可以是作历时演变的探讨，也可以就某一历史阶段作共时的研究。杨继光的博士论文以《万历野获编》的词汇现象为切入口，关注到诸如新词新义、词的义域的变化等，对该书中的词语作穷尽式的调查分析，采用训诂学、词汇学、语义学的一些理论和方法，多角度考察《万历野获编》的词汇问题。其实，要真正研究好某一共时平面的词汇系统也很不容易；他的尝试，仅仅是一个好的实践的开始。他这次出版的博士论文，我依旧觉得是文献校勘和考据方面显得较为擅长一些。论文运用训诂学的一些传统方法，考释了《万历野获编》中的一系列词语。同时，我们也看到，作者认识到词汇的系统性，利用同义词、近义词、类义词、反义词这些非常有力的旁证或线索，往往可以巧妙地求得一个或生僻或常用的词语的正确解释；如有的词语考释注意到类似词法的比较，以此来确定词义。从《万历野获编》词汇出发，对照《汉语大词典》，纠正了大型辞书释义方面的一些失误。论文还在校勘方面下了很大的功夫，比勘多种版本，匡正中华书局标点本《万历野获编》在字词和断句上的错误，具有很大的参考价值。因论文的具体内容读者都能一一细看，我在此就不多论。

这是继光出版的第一部著作，如果从更高的标准看，这一研究自然会存在着一些不足，实所难免。本来希望他在词汇学角度能够再深入挖掘，再做一些修改和补充，但因继光教学任务重，一直抽不出足够时间，不能如愿。博士论文不过是学问的一个新起点，继光正富于春秋，今后的学术道路还很长，希望继光能够不间断地将学问好好做下去。这里之所以说"不间断"，学问不贵于一时半会的加班加点，而是要细水长流，持之以恒。我期待着他继续以严谨求实的态度，执著追求的干劲，在汉语史的研究方面取得更好更多的成果。

聊缀数语，是为序。

曾良
2013 年冬于安徽大学蕙园

前 言

一、本书以中华书局 1959 年版《万历野获编》为底本，该版只有简单断句，未全面使用新式标点，且有不少文字、标点、语序出错。本文在绪论及前四章一般照录，唯在第五章整理研究部分加以指出并进行校勘。

二、因本书研究涉及古代汉语词汇、文字、校勘以及辞书编纂等内容，少数地方为更好地说明问题起见，保留了必要的繁体字、古体字和异体字，其他地方均使用规范的简化汉字。

三、为节约篇幅起见，引用常用的史书和经典名著，如二十五史、《红楼梦》等，一般不标注朝代和作者；词语在《汉语大词典》、《辞源》等语文辞书及各种历史类辞书中的位置，只标注所处条目，不另注册数和页码。

四、本文引例，需要征引《汉语大词典》所举《万历野获编》中例句时，一般完全从《汉语大词典》直接原样引用，即例句前出现"万历野获编"及小标题字样，如《万历野获编·吏部一·考察访单》；惟第一章则不出现"万历野获编"字样，只出现小标题字样，如《列朝二·工匠见知》、《补遗四·禨祥·不男》；笔者讨论相关词条需要征引《万历野获编》中例句时，则不出现《万历野获编》及小标题字样，而在相关例句后以小括号加数字形式标注卷数和页码，如（9，238）、（补遗 2，845）。

五、为求行文简洁，同一章中同一文献只标注一次朝代、作者；当涉及作者生卒年时，同一作者只标注一次。

六、文末列出第二、三、四章所讨论的词条索引，第一章中提的词条因《汉语大词典》已收，且本文未另做讨论，故不列索引。

七、为求行文简洁，文中称引前贤时彦之说，皆直书其名，不赘称"先生"。

　　《万历野获编》是关于明代历史最重要的笔记之一，涉及典章制度、山川风物、社会风俗、治乱得失、名人历史、文苑词章、异域掌故、器物技艺、遗闻逸事，内容丰富，具有很高的史料价值。不仅如此，《万历野获编》在词汇研究方面也有重大价值。

第一节 沈德符与《万历野获编》

一、沈德符的家世与生平

　　沈德符，字景倩，一字景伯，又字虎臣，秀水（今浙江嘉兴）人。他给后世留下一部体系宏大的笔记杂录，但从未自述家世生平，相关记载也无多，间或有人叙及，语亦欠详。沈德符布衣终生，功名未就，在重科甲的当时便易被忽视。所幸生于仕宦之门，父祖皆由甲科入仕，故家世与生平仍约略可寻。由其祖父沈启源行状可知德符祖籍汴梁，宋室南渡时播迁至会稽，明洪武间徙松江，再徙善乡（明宣德中善乡隶属嘉善），后迁秀水之长溪村，遂定居。秀水沈氏一支一直布衣力田，自德符曾祖始由耕而读，学而优则仕。

　　曾祖父沈谧，嘉靖七年（1528）中乡试，次年（1529）连捷进士，授行人，迁刑科给事中，历山东佥事、江西佥事，嘉靖三十二年（1553）擢湖广参议，未赴卒于乡。沈谧的时代适值"阳明学"传播渐盛，他也热烈地崇拜王守仁。德符其生也晚，未能得见这位"内行醇笃"的曾祖，却必然呼吸领会到其在学术上的遗风，乡居间拣读其遗书，撷拾其故事，于日后的写作大有助益。

祖父沈启源，亦由科甲入仕，血性胆气似又过沈谧，留下许多佳话。嘉靖三十八年（1559），沈启源举进士。任陕西按察司副使时，因简慢开罪于府台被弹劾，解任回乡。乡居时，沈启源每日读书、治园林，摒绝与显贵的交往。沈启源广蒐图籍，积贮甚博，便扩建藏书之舍，题名"芳润楼"，可推想这也应是沈德符在乡时读书和写作的地方。

父沈自邠，二十岁即中乡试，二十四岁举进士，选为庶吉士，属少年俊杰。后为翰林院检讨，参与纂修《大明会典》，书成后迁修撰，给假省亲，荣归故里，不幸病逝，卒年三十六岁，士论惜之。沈自邠"为人恂恂雅饰，如冰清玉润，颇似其文"，这一风度似乎也影响到沈德符。

家庭和父祖对沈德符的影响是多方面的，尤其是读书和著史。酷爱藏书的祖父，任职于国史馆（翰林院）的父亲，为沈德符日后的写作打下基础，也提供了条件。沈德符在《万历野获编》原序中说："余生长京邸，孩时即闻朝家事，家庭间又窃聆父祖绪言，因喜诵说之。"首先强调的就是家庭环境，感谢父亲和祖父的言传身教。

沈德符于万历六年（1578年）出生于北京。前一年的春天，其父会试第八名，再以廷试二甲选为庶吉士，入馆读书。沈氏本家道殷富，三代仕宦，德符自幼耳濡目染，常听父祖辈讲述朝野故事，由此积累下大量素材。不幸的是，其父壮年辞世，留下寡妇孤儿，只能举家南归。这一年沈德符才十二岁。

沈德符回到秀水乡间时，祖父仍健在，少年的沈德符便是祖父品评朝政、闲话书史的对象。可惜的是，沈启源也只比沈自邠多活两年，便离开人世。

沈德符一生追求科举入仕，却没有父祖的运气。沈德符屡次参加顺天乡试均败北，直至万历四十六年（1618）四十岁时才考中举人，次年礼部会试却又名落孙山。此后直至辞世，德符执着地冲刺科举的最后一关，终也未能通过。据相知者的看法，沈德符天资聪慧，读书勤苦，闻见渊博，终生不第的结局有欠公平。

万历四十七年（1619）初秋，沈德符回到故乡秀水，重理旧稿，续编"野获"之书。明思宗崇祯十五年（1642年），沈德符卒，年六十五岁。

沈德符精于音律，勤于著述，著有《万历野获编》，《飞凫语略》一卷，《弊帚轩剩语》四卷，《顾曲杂言》一卷及《秦玺始末》一卷。《顾曲杂言》考证杂剧南北曲，颇见详赅，为现代研究戏剧者所重视。

二、成书、版本与流传

由卷首序言可知，《万历野获编》的编撰时间相当长。这是一部札记杂录式的作品，收集整理旧日闻见，写作则大约是集中进行的。书序之日，当是开始搜辑撰写不久，故其在《续编小引》中说："盖自丙午、丁未间，有《万历野获编》共卅卷，弃置废簏中，且辍笔已十余年而往矣。"可见，丙午落第还乡后，沈德符集中一段时间来写作，拈出目录，厘为三十卷，或未能付梓。此后十余年间，举业碌碌，沈德符未再动笔。万历四十七年（1619）应礼部试再失利后，沈德符又想起这部废弃久之的旧稿，操笔续录，曰："壮岁已去，记性日颓。诸所见闻又有出往事外者，胸臆旧贮，遗忘未尽，恐久而并未尽者失之，遂不问新旧，辄随意录写，亦复成帙。绪成前稿，名曰'续编'，仍冠以'万历'。"续编的写作时间远较前编为短，其分类和次序亦较随意。要之，此书的写作都是在科举失意之后，沈德符想以著作来平复因科举失利带来的创痛。

沈德符卒于风雨飘摇的明末，没能看到《万历野获编》的刊行。其后，明清易代，战火频仍，社会动荡不安，其书仅剩十之四五。

沈德符的后人对该书的蒐求和流传起了重要作用。约在康熙初年，出现由其子、孙编校的一个钞本，分上、中、下三编，共收录80余则，卷首列《本传》，迻录钱谦益《列朝诗集小传》中的文字而略加增饰，次为沈德符自己的《小引》，与现行本文字稍有出入。这显然是一个简本。

本续二编皆著成于万历时，当时便可能有人借观或传抄。蒐求者中有当世大儒，也有乡间饱学之士，首先是清初两大儒——钱谦益与朱彝尊。钱氏对《万历野获编》给予很高的评价，显然是收存且详读过该书。因钱氏先罹难入狱，家中素以藏书著称的绛云楼又于顺治七年（1650）毁于火①，是编同化为灰烬。

朱彝尊与沈德符同里，为秀水梅里人，其在乡间即留意沈氏遗编。康熙十八

---

① 卜键《"明代野史未有过焉者"——沈德符与他的〈万历野获编〉》将顺治七年定为1615年，当为笔误。

年（1679），朱氏举博学鸿词科，以布衣授翰林院检讨，曾参与纂修《明史》。沈德符书中详明富赡的明代史料，为修史者所关注，故康熙三十一年（1692）朱彝尊归里，更是加意访求辑录，后渐具规模。在《万历野获编》的流传史上，朱氏功不可没。

清康熙三十九年（1700），浙江桐乡人钱枋（字尔载）自朱彝尊处借得《万历野获编》抄本，约为原稿十之六七。他认为此稿极有价值，但事多猥杂，难于查考，于是重新编排，分为三十卷，四十八类。这个重新整理过的本子，便是今天常见的通行本。

康熙五十三年（1713），沈德符五世孙沈振从多种抄本中检得钱氏本所缺的二百三十余条，编成补遗八卷。后仍按钱氏体例，分成四卷。这两者合起来，便是通行的《万历野获编》的内容。全书五十六万字，共记事一千四百余条。

就版本而论，《万历野获编》有钞本和刻本两个系统。今知较重要的钞本有：

明末大字本《分类野获编摘录》钞本，五册。抄者有"前编续编已载者不录"题记，显然是一个抄补本。

沈过庭等编校、沈奕云[①]抄录本。分为上、中、下三编，六册一函，约抄成于清康熙初年。

朱彝尊家藏本，不分类，约抄成于清康熙三十一年（1692）后，缺略仍多。

钱枋家藏本，自秀水朱氏藏本过录为"列门分部，事以类序"，为三十卷本。

沈振辑补本，以钱枋家藏本为基础，加"补遗"八卷130余条，约抄成于康熙五十二年（1713）。

刻本系统，已知者如下：

明大字本《分类野获编摘录》，略为四十四类，共收录466条，因遭清廷禁毁，世不多见。

清康熙三十九年（1700）桐乡钱枋活字印本，分为四十八门。未见。

清道光七年（1827）钱塘姚祖恩扶荔山房刻本，首图所藏为二十四册一夹，题"野获编三十卷补遗四卷"，卷首有沈德符《万历野获编序》，钱枋《野获编分

[①] 卜键《"明代野史未有过焉者"——沈德符与他的〈万历野获编〉》此处作"沈奕去"，当为排印之误。

类凡例》，另有"道光七年岁次丁亥春三月钱塘姚祖恩笏园氏识于羊城邸寓之扶荔山房"的《校刊野获编弁言》。

清同治八年（1869）姚祖恩子德恒重校刊补扶荔山房本，卷首序次略变，为：姚祖恩"弁言"，沈德符原序，总目，卷一子目，钱枋"凡例"。

三、史料价值及研究现状

《万历野获编》是关于明代历史最重要的笔记之一，明清之际的大学者朱彝尊称此书"事有佐证，语无偏党，明代野史，未有过焉者"①。书中所记，包括朝廷典章制度、山川风物、社会风俗、治乱得失、名人历史、文苑词章、异域掌故、器物技艺、遗闻逸事，内容丰富，记载谨严。书中关于万历朝的许多内容系作者亲闻亲见，具有很高的史料价值。书中关于洪武时刘基为胡惟庸所毒；关于嘉靖间蓟辽总督王忬因严嵩逼索《清明上河图》，应以赝品，最终被严陷害而死，都是仅见于此书的珍贵史料，足补正史之缺；关于明代戏曲、小说和妇女的资料，亦为研究者所重视。

《万历野获编》对于研究明代政治、社会、文化的历史，具有重要的参考价值，所以自问世以来，用它来研究历史（尤其是明代历史）的专家学者众多，研究成果也极为丰富。仅中国期刊网上可以搜索到的以"万历野获编"为主题词的论文就有227篇，以"野获编"为主题词的论文有243篇，其中绝大多数论文相同，只有少数几篇不同；以"万历野获编""野获编"为关键词的论文分别有164篇，且完全相同②。这些成果多数是关于历史事件或历史人物的，少量是关于民俗、文化、文学、艺术的。多位学人利用或针对《万历野获编》中的材料探讨《金瓶梅》的写作时间与真实作者问题。③

---

① （清）朱彝尊：《静志居诗话》（上下），人民文学出版社1990年版，第515页。
② 查询时间为2013年1月29日，中国期刊网上期刊起迄时间为1979年至2012年，少数2012年下半年文献当时无法查询到。
③ 李时人：《〈万历野获编〉〈金瓶梅〉条写作时间考》，《复旦学报》1986年第1期；刘辉：《〈万历野获编〉与〈金瓶梅〉》，《徐州师范学院学报》1986年第1期；萧相恺：《关于〈金瓶梅〉》，《明清小说研究》1995年第3期；蒋朝军：《〈金瓶梅词话〉第五十三至五十七回真伪补证》，《上海师范大学学报》2006年第3期；季群英：《〈万历野获编〉文学史料类纂考辨》，华中师范大学硕士学位论文2010年；等等。

第二节 词汇研究价值及相关问题

关于专书词汇研究的重要性，前贤时彦发表过不少颇中肯綮的意见。王力曾经表示，汉语史研究应该多做些基础工作，如专书的研究工作①。何九盈、蒋绍愚在《古汉语词汇讲话》的"前言"中指出，在古汉语词汇研究中，专书词汇研究基本还未开展②。程湘清认为："只有一个时代一个时代、一本书一本书地从多方向描写整个词汇的面貌，才能摸索出汉语词汇发展的线索和脉络。"③毛远明指出："20 世纪 80 年代以后，古汉语词汇学开始建立起来，也取得了一批成果。但是，已经出版的词汇学论著多属于概论性的、举例性的，对古汉语词汇进行专书的、断代的、专门的研究工作还做得非常不够，更说不上全面系统的研究。"④周祖谟也指出："词汇是构成语言的材料，要研究词汇的发展，避免纷乱，宜从断代开始，而又要以研究专书为起点。"⑤

目前，以明代小说，如《三国演义》《水浒传》《西游记》《金瓶梅》等，为对象进行专书词汇研究的著作已较为多见，甚至编了不少专书词典，但以明代笔记为对象进行专书词汇研究的著作还几乎未见。据笔者的阅读经验，明代笔记中的不少作品也可以用以进行专书词汇研究，《万历野获编》就是其中之一。

一、词汇研究价值

王锳在其著作《唐宋笔记语辞汇释》的"前言"中曾论及："由于'笔记'这种文学体裁形式活泼，不拘一格，涉及的范围和生活面非常广泛，其中往往有成段的白话资料，因此它的口语程度是比较高的。在唐代和宋初白话文献较为缺乏

---

①张双棣：《〈吕氏春秋〉词汇研究》，商务印书馆 2008 年版，第 489 页。
②何九盈，蒋绍愚：《古汉语词汇讲话》北京出版社 1980 版，前言。
③程湘清：《汉语史断代专书研究方法论》，《汉字文化》1991 年第 2 期。
④毛远明：《左传词汇研究》，西南师范大学 1999 年版，第 5 页。
⑤周祖谟：《张双棣〈吕氏春秋词典〉序》，张双棣：《吕氏春秋词典》，山东教育出版社 1993 年版。

的情况下，它是有资格作为白话词汇研究取材的重点之一的。"①

　　我们的感觉是：即便在元、明、清三代白话文献已极为丰富的情况下，笔记这种文学体裁也是有资格作为白话词汇研究取材的一个方面的，尽管其重要性大不如前，但还是有独立的研究地位和价值。元代陶宗仪的《南村辍耕录》三十卷，记载了很多吴方言的语音和词汇现象。②就笔者目力所及，收入中华书局《元明史料笔记丛刊》中的《山志》《今言》《草木子》《庚已编》《贤博编》《粤剑编》《客座赘语》《菽园杂记》《谷山笔麈》《典故纪闻》《三垣笔记》《水东日记》《双槐岁钞》《玉堂丛语》《玉镜新谭》《治世余闻》《继世纪闻》《原李耳载》《松窗梦语》《寓圃杂记》《四友斋丛说》《戒庵老人漫笔》等二十余种明代史料笔记也具有较高的语言研究价值，尤其是在词汇研究和辞书编纂方面。《汉语大词典》《汉语大词典拾补》等工具书有不少地方直接得益于这些史料笔记。上述笔记中有不少口语词和方言俗语③；有不少词条仅见于上述笔记中；有不少义项仅见于上述笔记中；有不少词条首见于上述笔记；有不少义项首见于上述笔记，等等。最近十余年来，在众多学者关注唐宋笔记的同时，也有少数学者把研究目光转向少有人问津的元明清笔记，如鲁国尧、胡正武、武建宇、滕新才、徐波、董慧敏、刑永革、顾之川、王祖霞、高兴、唐七元等分别发掘、探讨过《南村辍耕录》《客座赘语》《菽园杂记》《戒庵老人漫笔》《庚巳编》《粤剑编》《玉堂丛语》《玉镜新谭》《四友斋丛说》《谷山笔麈》《广志绎》《三垣笔记》《松窗梦语》等元明清史料笔记，主要是看中其中明代史料笔记的语言研究价值。王宣武为《汉语大词典》拾遗补阙而编著的《汉语大词典拾补》更是穷尽搜罗，征引上述各种明代史料笔记。

　　具体到《万历野获编》，其语料价值，尤其是词汇方面的研究价值，更高。顾之川在其著作《明代汉语词汇研究》中就曾经提及沈德符《万历野获编》等明代的笔记杂纂常常涉及明代汉语词汇。④笔者曾经对收录在《汉语大词典》《汉语大词典拾补》中的上述明代史料笔记中的词语、义项、书证等进行穷尽式的调查，

①王锳：《唐宋笔记语辞汇释》（修订本），中华书局2001年版，第5页。
②鲁国尧：《〈南村辍耕录〉与元代方言》，《语言学论丛》第三期，商务印书馆1988年版；《陶宗仪〈南村辍耕录〉等著作与元代语言》，《南京大学学报》1996年第4期。
③顾之川：《明代汉语词汇研究》河南大学出版社2000年版，第14～19页、第70～71页。
④顾之川：《明代汉语词汇研究》，河南大学出版社2000年版，第17页。

结果发现：这两部工具书中收录的《万历野获编》中的词条、义项、书证最多。这两部工具书中引用来自《万历野获编》书证的词条有 2500 多个，约占《汉语大词典》所有词条的 6.7‰，书证近 3000 条（有些词条下引用了两到三条《万历野获编》中的书证），其中大量的词条或者义项仅见于《万历野获编》。没有《万历野获编》，大量词语、义项难见天日，没有机会被人发现，更不可能被收入辞书，如果这样，《汉语大词典》这部"古今兼收，源流并重"，收词 37 万多条，洋洋5000 万言的"中国有史以来规模最大、编纂最精的辞书"将减色不少。由此，《万历野获编》的语言研究价值，尤其是词汇研究价值，可见一斑。更何况，据笔者观察，《万历野获编》中还有不少新词或新义未被发掘；现有辞书对《万历野获编》中的某些词条或义项释义有误，不尽精确；许多词条或义项可根据《万历野获编》而提前其始见年代；某些古语词或古义项可根据《万历野获编》而补充更晚书证。这些方面，对于准确、客观地掌握词义，了解词语或义项的产生、发展、消亡过程，对于发掘明代口语词、俗语词，对于考释新词新义、疑难词语，对于断代的、共时的汉语词汇研究，乃至全面的、历时的汉语词汇发展史的研究，都具有客观可信的研究价值。特别值得一提的还有：不少牵涉多个历史朝代的历史名词，《汉语大词典》等工具书都对其所存在的朝代的把握不尽精确，尤其是常常把前一朝代即出现，而后代沿用的历史名词当作后一朝代始见的名词，或者，虽然说明某历史名词是某些朝代共有的，但所举例仅涉及其中一个朝代，且往往是后面那个朝代。有了《万历野获编》这样的史料笔记，这类不应有的失误或遗憾可以纠正。赘述《万因野获编》的词汇研究价值，也意在说明其对语文辞书编纂所具有的巨大价值——语文辞书当然先要收录词语。

二、《万历野获编》的词汇研究现状

多少让人感到纳闷的是，《汉语大词典》这部中国目前最权威的语文工具书中收录大量的《万历野获编》中的词语、义项或者书证，按理说这部书的语言研究价值应该很大，很容易让研究者认识到，研究它的论著不应该太少。但事实上，用《万历野获编》来研究古代汉语的论著目前十分少见。笔者目力所及，除了王宣武的《汉语大词典拾补》及作为该书的部分前期成果的三篇论文中较多地涉及《万历野获编》中的词语、义项或者书证①，其他研究成果寥寥。据笔者推测，造成这种情况的原因也许是《万历野获编》中的大量研究内容已经被《汉语大词典》《汉语大词典拾补》所涵盖，以至于研究者们认为它没有进一步研究的价值。从语言学角度来研究《万历野获编》的论著，除笔者有关论著外，唯见广西师范学院冯海瑛的硕士学位论文《〈万历野获编〉分词理论与实践》。②

三、研究内容

本书的研究内容主要包括以下几个方面：

首先，发掘新词新义及口语词，主要以《汉语大词典》及《汉语大词典拾补》中收录的词条或义项的首见时代为标准，发掘这两部工具书中以《万历野获编》中的书证为始见例的词条或义项，探讨该书中诸多口语词的来源。

其次，普通词语例释，主要考释一批《万历野获编》中未被工具书收录亦未见被前修时彦考证过的词语或义项，纠正一些见于《万历野获编》而《汉语大词典》等工具书释义有误的词语或义项。当然，由于个人目力有限，可能漏收前人或时人的研究成果，敬请包涵。

再次，历史词语汇释，主要考察《万历野获编》中出现的历史词语，其中有相当数量是仅见于明代的，还有一些是跨越了几个朝代，包括明代，但还未被专家学者认识到的。

复次，与辞书编纂的关系，主要以《汉语大词典》及《汉语大词典拾补》为参照，阐述《万历野获编》词语研究在辞书编撰方面的价值，分以下六个方面的内容：修正释义；补充义项；增补词条；补充书证；提前书证；推迟书证。

最后，整理研究情况，包括以下两个方面的内容：校勘举例③；标点举例。

---

① 王宣武：《词语札记》，《唐都学刊》1994 年第 4 期，1996 年第 2 期，1997 年第 4 期。
② 冯海瑛：《〈万历野获编〉分词理论与实践》，广西师范学院硕士学位论文 2010 年。
③ 广义的校勘包括标点，本书中用的是狭义的校勘的概念，与标点对举。

四、研究思路和方法

首先，本书在阐述《万历野获编》的语言研究价值时，采用穷尽性定量统计的方法，在《万历野获篇》这一封闭系统中，统计《汉语大词典》《汉语大词典拾补》等工具书中所收录的相关词条、义项、书证等的数量，说明《万历野获编》有较大的语言研究价值。考释词义时，也对《万历野获编》中出现次数较少的词语进行穷尽性的计量统计。

其次，本书主要采用归纳法、演绎法、审辨字形、比类综合、因声求义、探求语源、方言佐证、审察文例等训诂学、词汇学方法考释词义①，对涉及历史现象的词语还运用考察历史文化背景的方法②。

最后，本书还运用比较研究法。魏达纯认为："比较研究法是最容易入门的语言研究方法，也是对调查所得材料的进一步运用。可以从多方面、多角度进行比较。"魏达纯进一步将比较研究法细化为以下几种：（1）数量比较——出现的频率和次数。（2）用法比较——根据上下文确定词在句中的意义和用法，也就是比较某种语言现象出现的语言环境。（3）意义比较——特别注意观察词义的细微变化，不要轻易以自己熟悉的意义来解释文献中的用法，而要追问真是这样的吗？（4）时代比较——不同时代的比较称"历时比较"，即利用先后不同时代的同类文献相比较。（5）地域比较——用同一时代的同类文献相比较称"共时比较"，即与同时代但不同作者或不同地区的同类文献相比较。（6）特色比较——用词特色、句法特色、音韵特色、修辞特色……③本书第一章、第二章及第四章主要运用比较法中的数量比较、用法比较、意义比较、时代比较等方法。

---

① 蒋冀骋：《近代汉语词汇研究》，湖南教育出版社1991年版，第184～205页；江蓝生：《演绎法与近代汉语词语考释》，《近代汉语探源》商务印书馆2000年版，第299～308页；徐时仪：《古白话词汇研究论稿》，上海教育出版社2000年版，第411～422页；郭在贻：《训诂学》（修订本），中华书局2005年版，第54～72、114～117页；方一新：《中古近代汉语词汇学》，商务印书馆2010年版，第765～795页；等等。

② 蔡镜浩：《魏晋南北朝词语考释方法论》，王云路、方一新编：《中古汉语研究》，商务印书馆2000年版，第167页。

③ 魏达纯：《近代汉语简论》，广东高等教育出版社2004年版，第81～82页。

五、版本及说明

本书所涉及的明代史料笔记皆以收入中华书局《元明史料笔记丛刊》中的版本为底本。具体到《万历野获编》，1959 年中华书局将此书收入《元明史料笔记丛刊》，用清道光七年（1827）姚氏扶荔山房刻本为底本出版，由谢兴尧断句，参酌清代抄本和其他史籍，改正了一些错字，校补了某些脱文。此书断句时只使用句号和顿号，而未全面使用新式标点，还有不少讹误之处。1977 年台湾新兴书局出版的《笔记小说大观》第十五编第六册《万历野获编》基本上沿用这个版本，全篇也只有顿号和句号，极个别地方标点稍有不同。本书同时参考了台湾伟文图书出版社有限公司 1976 年出版，收入《明季史料集珍》的影印旧抄本。该书分五册，全篇基本上只使用顿号这一种标点，但断句与其他三种现代排印本多有不同。文字方面也与其他三种现代排印本有较大出入，且正文侧边常见批语。全书少数卷目中标点疏漏较多的地方有句号出现，似为批注者所加。遗憾的是，该书本身既未交待版本情况，出版社也是直接照原样影印，未有片言只语的版本说明。该版改正了道光本的一些标点及文字错误，但出现较多道光本没有的错字、别字。另外，从字体看，该版本似由不止一人抄写汇集而成。最后，少数条目甚至门类的编排顺序与道光版有所不同。该版前二十六卷内容及编排顺序与道光版相同，从第二十七卷起，两种版本的内容及编排顺序开始大不相同。尤其是"补遗"部分，道光版分为四卷，而《明季史料集珍》版未分卷。从整体看，两种版本全书的内容相同，编排顺序有较大不同。本书还参考了海南国际新闻出版中心 1996 年出版的《传世藏书·子库·杂记 2》中的版本。该丛书由季羡林总编，熊月之、钱杭主编，其中的《万历野获编》则由陈正青、叶斌、陈梦熊整理，熊月之审阅，亦以清道光七年姚氏扶荔山房刻本为底本，参照其他版本点校。这是以上四种版本中唯一全面使用新式标点的版本，但中华书局《元明史料笔记丛刊》本中的大多数错误仍在。

第一章 新词新义及口语词

《万历野获编》是私人撰写的史料笔记，体裁形式比较活泼，不拘一格，涉及的范围和生活面又非常广泛，篇幅较大，字数较多，其中往往有成段的白话资料，口语化程度比较高，其中出现的新词、新义数量非常大。我们拟在本章举例探讨该书中出现的新词、新义及口语词的一些基本情况。少数地方保留了必要的繁体字、古体字和异体字。

第一节 新词新义

新词新义没有绝对的标准，只是一个相对的说法。所谓"新"并不是说首见于我们所考察的语料——《万历野获编》，有些词和义在与《万历野获编》同时代的其他语料——包括戏曲、小说、散文等文献中已有用例，但它们大约不早于《万历野获编》写定的时代，因此谓之"新"。这部分内容可以非常具体地反映近代词汇系统在词义方面的丰富与变化。我们对新词新义的判定，基本上依据朱庆之在《佛典与中古汉语词汇研究》一书中所定的标准[①]，即：新词就是根据《汉语大词典》判断不早于我们所考察的对象——《万历野获编》写定的年代才出现的那些新的表义单位（笔者案：包括一般词语、口语词、俗语词、成语、习惯用语），而新义则是根据《汉语大词典》判断在我们所考察的对象——《万历野获编》写定的年代前出现的表义单位里不早于我们所考察的对象——《万历野获编》的写定年代才出现的那些新的义位。魏达纯也论及："要注意理解词的意义，尤其是在近代汉语时期出现的新词新义。所谓新词新义，有两个参照系：一是与古代汉语相比，一是与现代汉语相比。办法是以《汉语大词典》和《现代汉语词典》这两部

[①] 朱庆之：《佛典与中古汉语词汇研究》，文津出版社 1992 年版，第 58 页。

书为参考标准。"①稍有不同的是，我们对新词新义的判定还参考了对《汉语大词典》来说具有拾遗补缺作用的《汉语大词典拾补》一书②。这本书补充了很多《汉语大词典》中的词语或者义项的更早书证。

　　与本文研究相关，另外还需要澄清一个问题。对语言材料年代的判定，长期以来一直困扰着语言学界，尤其是古汉语研究界。太田辰夫《中国语历史文法》（1987），柳士镇《魏晋南北朝历史语法》（1992），方一新、王云路《中古汉语语词例释》（1992），方一新《东汉魏晋南北朝史书词语笺释》（1997）都对这个问题提出过自己的见解。为了保持立论的一致性，本书对语言材料的判定以作者写作的时间为依据。如果语言材料的写作时间不能确定，则一般以作者的出生年代为依据，一般认为出生年代早的作家的作品在时代上要早于出生年代晚的作家的作品。当然，这是一个不尽精确的办法，但在没有更好的处理方法的情况下，这不失为一个可以接受的办法。

　　多少有些奇怪的是，《汉语大词典》有非常多的地方在处理同一词条或同一个义项下的不同书证时把作者时代在后的放在前面，而作者时代在前的放在后面。更为奇怪的是，有时在两个或多个义项下的同样的两位作者的书证，有时甲在乙前，有时乙在甲前。更有的作品，其作者是跨了两个朝代的，作品完成在前一朝代，而《汉语大词典》有的地方把其作者当作前一朝代的，有的地方又把其当作后一朝代的，甚至把前一朝代的书证放在后一朝代的其他书证后面。比如，《南村辍耕录》的作者陶宗仪横跨了元、明两个朝代，但《南村辍耕录》这部书是在元代完成的。《汉语大词典》里有的词条将其作者写成"元陶宗仪"，有的词条其写成"明陶宗仪"，有时将《南村辍耕录》中的书证放在其他明代书证的后面（指的是在同一个义项下）。这大大违背了《汉语大词典》按时代顺序排列例证的编纂原则。因此，本文在参考《汉语大词典》时，直接修正了《汉语大词典》书证时代有误的地方，以经笔者修正过的书证时代排序为确定新词新义的标准。《汉语大词典拾补》较好地纠正了《汉语大词典》的这个失误，因此其书证时代排序一般是可靠的，故本文一般直接援引其书证排序结果作为确定新词新义的依据。

①魏达纯：《近代汉语简论》，广东高等教育出版社2004年版，第130页。
②王宣武：《〈汉语大词典〉拾补》，贵州人民出版社1999年版。

此外，需要补充的一点是：所谓含义，其实包括"意义"和"用法"两个概念，在语义学中它们是有区别的。张永言指出，"词的用法指词在个别的、特殊的应用场合临时带上的含义"，"它是不稳定的、特殊的，往往带有个人创新的性质"，是言语的；"词的意义则是稳定的、普遍的，对于所有说该语言的人是共同的"，是语言的①；上述区别对于共时词义系统的建立十分重要，因为"用法"不包括在系统之内，不会产生转移系统价值平衡的效果，因此在考察词义系统的共时面貌时，应当排除"用法"这种非本质的"改变"。但是，在本文以下的语义分析中有意不将二者严格加以区别。这是因为，一方面，在对古代文献语言进行实际语义分析时，由于时过境迁，要想了解哪些东西是个人的、言语的，哪些东西是共同的、语言的，的确十分困难，以用例多寡来判断也未必准确；另一方面，正如索绪尔所说，"语言中凡属历时的，都是由于言语。一切变化都是在言语中萌芽的。任何变化，在普遍使用之前，无不由若干个人最先发出"，言语事实"一再重复，为社会所接受，就变成了语言的事实"。换句话说，正是那些"用法"导致词义的演变，虽然不是所有的"用法"都能如此。②这样看来，"用法"对于词汇史的研究具有特殊的价值，本书不但不回避"用法"，而且着力考察"用法"。③这一点也是与朱庆之一致的。

王力曾经说过，"我们对于每一个语义，都应该研究它在何时产生，何时死亡。虽然古今书籍有限，不能十分确定某一个语义必系产生在它首次出现的书的著作时代，但至少我们可以断定它的出现不晚于某时期"④；"如果史料不是伪书的话，某义始见于某书，虽不能说它就在某书产生的时代同时产生，至少可以说距离那时代不会早很多"⑤；"举例要举最早出现这个意义的书中的例子，也就是说要举始见书的例子……因为了解一个字的意义从什么时候开始具有的，就不至于用后起的意义去解释比较早的书籍，造成望文生义的错误，不符合古人的原意"⑥。本

---

① 张永言：《词汇学简论》，华中工学院出版社 1982 年版，第 55 页。

② （瑞士）索绪尔著，高名凯译：《普通语言学教程》，商务印书馆 1980 年版，第 141 页。

③ 朱庆之：《佛典与中古汉语词汇研究》，文津出版社 1992 年版，第 59 页。

④ 王力：《理想的字典》，《龙虫并雕斋文集》，中华书局 1980 年版，第 371 页。

⑤ 王力：《理想的字典》，《龙虫并雕斋文集》，中华书局 1980 年版，第 321 页。

⑥ 王力：《字典问题杂谈》，中国人民大学中国出版工作者协会词典编辑进修班：《词书与语言》，湖北人民出版社 1985 年版，第 5 页。

章将穷尽式地发掘《万历野获编》一书中的新词和新义。主要的参考标准是《汉语大词典》及《汉语大词典拾补》。

关于新词新义，还有五点需要略作说明。

一、本书将同义异形词也当作不同的词条。所以，有的词条或义项虽然其异体形式可能早就出现，但在《万历野获编》中首次出现，我们也将其算作新词或新义。这样的词条不是太多，只有几十条。

二、某些多义词，如果它的词形在目前所有考察过的文献中本书中是首次出现的，我们就既把它算作新词，又把它算作新义，在统计新词和统计新义时，把它们分别计算在内，且以新词兼新义的说法称呼它，以区别于单义的新词。这样的词条一般在本书中只出现一个义项，但也有极少数同时出现两个或多个义项，则这两个或多个义项时代不分先后，都以新词兼新义处理，但只算一个新词，两个或几个新词。这样的词条也不多，只有三条——失记、陪祀、菜户。

三、《汉语大词典》中有为数不少的词条或义项没有书证，如果本书中出现过，则默认其在本书中为新词或新义。其中有一些词条《汉语大词典拾补》已经补充了《万历野获编》中的书证，我们也将其作为新词或新义处理。

四、因为我们将《汉语大词典拾补》和《汉语大词典》联系起来参考，所以尽管很多新词或新义条目在《汉语大词典拾补》的"书证拾补"中只有一个时代更早的书证，但在《汉语大词典》中已有其他书证，我们不将其当作孤证词语或孤证义项。经过这样的排查之后，《汉语大词典拾补》中的孤证新词或孤证义项就显得很少了，主要是指该书在"收词拾补"或"释义拾补"中出现的几个《汉语大词典》未收的孤证新词或孤证新义，以及该书在"书证拾补"中为《汉语大词典》没有书证的新词或新义补充了书证，但只有一个书证的那些词目。

五、《万历野获编》一书中的单义新词，当然同时即是新义，但我们只将其作为新词处理，不再算作新义，以下的统计数据中不包含单义新词中的新义。

一、新　词

据我们对《万历野获编》一书进行的穷尽式调查，该书共出现 967 个新词。

其中《汉语大词典》中收录 863 个，《汉语大词典拾补》中收录 104 个。其中《大词典》收录的单义新词，即只有一个义项而本书中为最早例的新词 797 个，其中孤证新词，即只凭本书中的一个书证立目的新词又达 462 个之多，另有 22 个词语仅有两个书证，且全都出自本书。这 22 个词语是：争搆、入绍、鸿鴽满纸、阁试、贬望、同咨、市狙、坐成、蒜酪、敝规、举砲、事寄、竣役、纠拾、心艷、怼笔、佩袋、擅夕、入缋、凭几之诏、秽状、眊厚。这两类词语统计起来，也就是说《汉语大词典》中仅以《万历野获编》书证立目的词条就有 484 个之多。《汉语大词典》收录的多义新词，即具备多个义项而本书中为该词的最早例的新词兼新义 66 个。《汉语大词典拾补》收录的单义新词 74 个，其中孤证新词 15 个。孤证新词中《汉语大词典》未收的孤证新词 3 个：回脖、固陋寡闻、毛举瘢索；《汉语大词典》收录而未列书证的孤证新词 12 个：褒赠、假扮、梅毒、稀有、外寮、捉拏、尅侵、天鹅绒、钟漏并尽、贸首之讐、显跡、飘风疾雨。另有"掇祸"一词，《汉语大词典》未收而《汉语大词典拾补》收录，仅有两个书证，且全出自本书。也就是说《汉语大词典拾补》中仅以《万历野获编》书证立目的词条就有 16 个之多。《汉语大词典拾补》收录的多义新词，即具备多个义项而本书中为最早例的新词兼新义 30 个：演剧、严鸷、尖刻、加耗、泥犁、空閒、批语、头号、痛恶、说词、对校、收发、分心、生童、烧炼、风癫、拟题、尚门、告竣、菜户、省便、发案、碍手、口重、监刑、械具、渺小、抵饰、徒工、装修。其中"菜户"一词有两个义项，在《万历野获编》中皆为新义，只作一个新词处理，但可以算两个新义。

根据以上统计结果，《万历野获编》一书中共出现 967 个新词，其中《汉语大词典》及《汉语大词典拾补》中仅仅以《万历野获编》书证立目的词条达 499 个之多，占所有新词数的 1/2 强。以《汉语大词典》37.5 万个词条计，《万历野获编》一书出现的新词约占 2.66‰，其中《汉语大词典》及《汉语大词典拾补》中仅仅以《万历野获编》书证立目的词条又约占 1.33‰。换个比较容易量化的说法，《汉语大词典》平均每 3000 个词语里面就有 8 个在《万历野获编》中首次出现，其中又有 4 个仅仅出自《万历野获编》。我们应该怎样看待上述事实呢？笔者的意见是，这个事实一方面说明《万历野获编》确实具有极大的、不容忽视的语言学研究价值，该书记录了一大批作者所处时代——明朝后期出现的新词或特有词语；一方面也说明研究词汇很难将意义和用法截然分开，因为这些新词中有很多可能是沈德符个人的言语创新，但它们的产生又是符合语言规律的。

下面我们列举一些《万历野获编》中的新词。首先来看五个单义新词中非孤证新词的例子。下面的书证完全来自《汉语大词典》及《汉语大词典拾补》，如未特别说明，皆引自《汉语大词典》。为保持真实性，书证中有文字及标点错误的地方未加修改，一仍其旧。为了读者阅读方便，本文采用简体字，少数容易引起歧义或容易掩盖问题的地方，使用繁体字。为节省篇幅，所引例如出自《万历野获编》，则省略作者朝代、姓名及"万历野获编"字样，只给出条目名称。下并同，不赘述。

上白　犹精白，极白。《工部·刘晋川司空》："我辈忝大九卿，月俸例得上白粮，尽可供宾主饔飧。"许杰《两个青年》六："他们又自告奋勇的去买了一大卷的德国上白图画纸。"

一命之荣　谓受任一官的荣耀。《礼部二·滁阳王奉祀官》："后人不叨一命之荣。滁阳之祭，亦仅有司岁终一举而已。"《儿女英雄传》第三五回："这等看来，功名一道，岂惟科甲，便是一命之荣，苟非福德兼全，也就难望立得事业起！"

滥及　谓无限制地牵连。《科场一·京闱冒籍》："盖自来冒籍受法，未有此严峻且滥及者。"清黄六鸿《福惠全书·刑名·疑狱》："我不为滥及乎！"

漕艘　供漕运的船。《河漕·徐州》："宜仍遣漕艘之半，分行其中，以防意外之梗。"清王士祯《居易录谈》卷中："若漕艘不至京师，米价翔贵，于事体未便。"清俞樾《春在堂随笔》卷六："居数年，或荐之漕艘，授童子读，遂至京师，考取供事。"

滞执　固执；不通达。《户部·西北水利》："明旨再三申嘱，徒付空言，盖北人滞执偏见，难以理喻如此。"清恽敬《光孝寺碑铭》："两汉之言滞执，滞执久亦生厌，而浮图之宗乘得入。"

再来看五个孤证新词的例子。

不女　因生理缺陷不能生育之女性。《补遗四·機祥·不男》："有五种不女，曰螺、筋、鼓、角、线，俱终身无嗣育。"

不趋事　办事拖拉缓慢。《列朝二·工匠见知》："（世宗）至末年土木繁兴，冬卿尤难称职。一切优游养高，及迟钝不趋事者，最所切齿，诛谴不逾时刻。"

市重　谓以某种手法炫耀自己，博取重视。《释道·紫柏祸本》："沈令誉因王于之交，亦得与郭宗伯往还，每众中大言以市重。"

底簿　底册。《补遗四·土司·缅甸盛衰始末》："成化间蒙给金牌、信符，不戒于火，乞并批文、底簿及勘合给赐。诏如其请。"参见"底册"。

完局　犹完事。《补遗三·刑部·癸卯妖书》："时上怒莫测，举朝鼎沸，仅捕缴生光服上刑，聊以塞责完局耳。至于造撰之人，终莫能明也。"

最后来看五个多义新词，且新词兼新义的例子。

通番　1.与海外往来。《户部·海上市舶司》："今广东市舶，公家尚收其美以助饷，若闽中海禁日严，而滨海势豪，全以通番致素封。"清纳兰性德《渌水亭杂识》卷一："日本海中有鱼，与人无异而秃首有尾，通番者谓之海和尚。"2.与外国或外族相勾结。清叶梦珠《阅世编》卷七："（烟叶）民间不许种植，商贾不得贩卖，违者与通番等罪。"清李渔《凰求凤·囚鸾》："逢人莫漏机，有差池，终须究汝通番罪。"

校对　1.根据定本核对抄本或根据原稿核对校样，订正差错。《著述·国学刻书》："近年北监奏请重刊二十一史，陆续竣事，进呈御览，可谓盛举矣，而校对卤莽，讹错转多。"清陈康祺《郎潜纪闻》卷一："命朱珪、戈涛、卢文弨、翁方纲等，校对于翰林院后堂东宝善亭内。"巴金《寒夜》五："他只是机械地一个字一个字校对着。"2.从事校对工作的人。如：他在报社当校对。

失记　1.谓记载遗漏。《科场一·十典文衡》："弇州盛事又记梁文康正德戊辰、甲戌两主会试是矣；然文康弘治壬子、辛酉又两主顺天乡试竟亦失记，何也？"

2.忘记；遗忘。《科场二·御史方伯相殴》："王奋拳击之，顾不能胜……有邑令倪姓者，名失记，司外帘，力为解劝。"清纳兰性德《念奴娇·废园有感》词："梅豆圆时，柳绵飘处，失记当时约。"

恫疑　1.疑惧。《内监·内臣禁约》："盖内乱初平，恫疑未解，虽与谕全忠之言相左，不自觉耳。"清顾炎武《日知录·武王伐纣》："当时八百诸侯虽并有除残之志，然一闻其君之见杀，则天下之人亦且恫疑震骇，而不能无归过于武王，此伯夷所以斥言其暴也。"2.见"恫疑虚喝"。

波累　1.牵连；连累。《科场三·乙酉京试冒籍》："前一科会试，鼎甲一人，庶常二人，皆浙人也，何以置不问，而独严于乡试，株连波累至此耶？"豕韦之裔（刘师培）《普告汉人》："有司见事生风，多方穷鞠，或致波累师生，株连亲故，破家亡命，甚可悯也。"2.波及。《二十年目睹之怪现状》第二五回："后来火熄了，客栈并没有波累着。"

我们接着穷尽式地罗列出《汉语大词典》中22个仅有两个书证，且书证都出自《万历野获编》的词语。

争构　争吵；结怨。《勋戚·世官》："麻城之婿，后亦以嫁中产不明，与妻侄辈争构不休。"《外郡·灵岩山》："独宦游此地者别无他隙，因山人争构起见，两败俱伤。"

入绍　谓藩王继承帝位。《科场三·内官子弟登第》："时敬久从馆中出为晋府王官，坐法腐刑，寻从景帝潜藩入绍，已升御马监太监。"《征梦·仪铭袁中皋》："至正德十六年辛巳，世宗入绍，则已滞藩邸三十年矣。"

鸿毠满纸　亦作"鸿乙满纸"。形容书写潦草，随意涂抹。《士人·徐文长》："令故为徐所轻，衔之方入骨，按君暂起辄泚笔涂抹之，比取则鸿毠满纸，几不可辨矣。"《吏部一·异途任用》："比收卷，则鸿乙满纸或仅数行，或戏为俚词，以寓嘲谑。"

《万历野获篇》词汇研究

阁试　明代翰林院对庶吉士的考试。《科场二·阁试》："科道本以试卷为刍狗,惟庶常自考改以后,仍亲笔墨,朔望有阁试,每旬有馆课,近来又多属之捉刀人。"《词林·庶常授官》："己卯散馆前阁试,江陵相(张居正)出一论题,为'李纲不私其乡人'。"

贬望　降低声望。《列朝二·引祖训》："二公俱一代名臣,初不以此贬望,然授后生以话端,致其弹舌相讥,可见通今之难胜于博古。"《言事·章枫山封事》："宋时欧苏诸公为学士时,岁时撰进,亦不以此贬望也。"

同咨　明代指同时被荐举而授官者。因名列同一咨文,故称。《科场二·荐主同咨》："至于中行、知推同时行取者,向号同咨,不过以咨文并列,初无谱牒之谊。"《科场二·荐主同咨》："二十年来,同咨之好,更胜同榜十倍。"

市狙　指市井恶徒。《佞幸·士人无赖》："此皆市狙庭隶所为,且亦有不屑为者,缙绅辈反恬然不以为耻,真可骇也。"《列朝·里士社士》："而市狙衙蠹则傅以羽翼,令其恣吞良善,不知于圣祖法当何如?"

坐戍　指充军,流放。《科场三·年伯》："鄢时坐戍归里,讼言于人,责王薄于世谊。"《台省·刘畏所侍御》："刘坐戍广西之浔州,病死。"

蒜酪　蒜酪是北方常食之物,因以指北方少数民族。《词曲·弦索入曲》："嘉隆间,度曲知音者,有松江何元朗,畜家僮习唱,一时优人俱避舍,然所唱俱北词,尚得金元蒜酪遗风。"《补遗四·玩具·秦玺始末》："今世传宋薛尚功旧本玺文尚有三种,即博洽通人,未敢定其孰为秦物,况蒜酪胡奴,可责以博古耶?"

敝规　陋规,不良的惯例。《礼部一·礼部官房》："南京礼部堂属,俱轮教坊值茶,无论私寓游宴,日日皆然,隶人因而索诈,此亦敝规。"《刑部·遣使审恤之始》："三法司重囚,俱奉旨命大珰一人捧敕莅事,一如热审之例,真敝规也。"

举砲　放炮。《督抚·李见罗中丞》："李每日放衙二次,通接宾客,收发文书,但不鼓吹举砲。"《督抚·列营举炮》："近年中外备兵使者,早、晚堂俱举砲。"

事寄　犹言职权范围。《内阁三·两殿两房中书》："至正德、嘉靖间，则两房事寄已踞文华上矣。"《内监·东厂印》："自方印颁行之外，事寄稍关钱粮及军务机要者，俱得给关防。"

竣役　完成事务；结束工程。《吏部一·异途任用》："加两淮运司同知，留竣役。又匝岁，功且报完。"《列朝一·京师帝王庙》："次年夏竣役，上亲临祭。"

纠拾　揭发检举。《吏部二·大计纠内阁》："六年京官大计，吏部都察院主之。及事毕，纠拾大僚，属科道为政，而阁臣票拟去留，或下部院复议罪状当否，以听上裁。"《补遗·台省·科道互纠》："萼又以成化三年八月宪纲载其事，上以萼言为然，命吏部勒科道互相纠拾。"

心豔　羡慕。《内监·张诚之败》："上闻之震怒。其侪类始进谗，谓诚家富踰天府。上益心豔，思以法籍之。"《补遗·公主·尚主见斥》："既闻高才貌，又未娶，登贤书，不无心豔。"

怼笔　出于怨恨的记载。《宫闱·谢韩二公论选妃》："王弇州《考误》中驳焦云：此泌阳怼笔，盖阴刺中宫之擅夕，而讥谢公之从臾。"《内阁一·桂见山霍渭崖》："桂因移怒于王，直至夺其世爵，且令董中峰玘于武庙实录中，讥刺文成纵兵劫掠，南昌为之空，皆怼笔也。"

佩袋　以红纱制成的一种小袋子，专用以套在佩玉上。《礼部一·笏囊佩袋》："古今制度，有一时创获，其后循用不可变者。如前代之笏囊，与本朝之佩袋是也。"《礼部一·笏囊佩袋》："其佩忽与上佩相纠结，赖中官始得解。敏行惶怖伏罪，上特宥之。命自今普用佩袋，以红纱囊之。虽中外称便，而广除中清越之音减矣。"

擅夕　犹专夜。谓独自侍寝，独占宠爱。《宫闱·谢韩二公论选妃》："至弘治三年，荆王见潚亦请上博选良家女以广胤嗣，而上终不从。盖中宫之擅夕，已著闻于宗籍矣。"《禨祥·弘治异变》："礼部请治钦天监推算不明之罪，上命宥之。窃意是时中宫擅夕，阳不敌阴，日魄无能掩月，未必推步者有误也。"

《万历野获篇》词汇研究

入缵 入朝继承皇位。《刑部·刘东山》:"世宗入缵,张氏失势,东山屡挟之,得赂不赏。"《词林·庶吉士失载》:"宣德间,坐晋事波累,腐刑后改郦府典宝,景皇自郦邸入缵,升内官监太监。"

凭几之诏 皇帝临终遗诏。《礼部一·宗伯执持》:"方奉凭几之诏,遽卒,士论惜之。"《补遗二·内阁·内阁密封之体》:"孝宗凭几之诏,仅命三辅臣受遗,而不及刘戴二公,则内外亲疏之别也。"

秽状 丑恶的行为。《台省·王聚洲给事》:"忽为郑御史环枢所劾,专指其簠簋秽状,王不待处分竟归。"《补遗三·刑部·癸卯妖书附续忧危竑议》:"事发革职,居京益多秽状。"

暱厚 亲善。《内监·内官勘狱》:"陈矩故与沈四明暱厚,此举尤为士林所美云。"《补遗三·京职·刘文泰》:"是时大臣暱厚文泰者,故不用'合和御药大不敬'正条。"

在本节的末尾,我们将《汉语大词典拾补》中的 15 个出自《万历野获编》的孤证词语及仅有两个书证且都出自《万历野获编》一书的"掇祸"一词罗列出来。

回脖 即围脖。《内阁三·貂帽腰舆》:"四明杜门时,归德公已老,偶独进阁,正值严寒,项系回脖,冠顶数貂,而涕洟垂须,尽结冰筯,俨以琉璃光明佛,真是可怜。"

固陋寡闻 同"孤陋寡闻"。《内阁一·布衣拜大学士》:"予固陋寡闻,近始得睹于《廖中允集》中,再书之,以志余之不学。"

毛举瘢索 谓苛细地搜求别人的问题。《补遗二·内阁·朱成国张真人》:"壬午以后,追劾江陵,毛举瘢索,不遗余力,犹未有举张真人事,以实其罪者,朱亦最后始有言者夺王。"

褭赠 亦作"褒赠"。谓为嘉奖死者而赠予其官爵。《科场三·王国昌》:"至隆庆初元,胡坐前事及他不法,论重典。杨复官褭赠,录一孙名忠裕者为胄子。"

假扮　化装。装扮成跟本人不同的另一种人或另一个人。《词曲·戏旦》：“旦皆以娼女充之，无则以优之少者假扮，渐远而失其真耳。”

梅毒　性病的一种。病原体是梅毒螺旋体。症状是：第一期，出现硬性下疳，发生淋巴结肿胀；第二期，出现各种皮疹，个别内脏器官发生病变；第三期，皮肤、黏膜形成梅毒瘤，循环系统或中枢神经系统发生病变。本病可潜伏多年而无任何症状，亦可由孕妇传给胎儿。有的地区叫杨梅疮。《山人·王百谷诗》：“时汪太函介弟仲淹（道贯）偕兄至吴，亦效其体作赠百谷诗：‘身上杨梅疮作果，眼中萝卜鬖为花。’时王正患梅毒遍体，而其目微带障故云。”

稀有　很少有的；极少见的。《补遗二·科场·永乐补试再试》：“本年秋八月，命侍读胡广、编修王达为应天考官，次年甲申即会试，取四百七十二人，为本朝稀有之盛。”

案：“稀有”一词，《万历野获编》中共出现三次，另二次分别为：《科场三·陈祖皋》：“近年则有吴江沈宏所侍御，先以中书入阁尚书，至己酉再入，亦稀有之事。”《科场二·举人充吏会试》：“今既降充吏役，此后仅可列仕版耳，仍歌鹿鸣而来，则稀有之事也。”

外寮　在京师以外任职的官吏。《词林·翰林一时外补》：“其外寮不论举贡，亦当入为史官，如太祖初制。”

案：“外寮”一词，《万历野获编》中共出现四次，另三次分别为：《词林·王师竹宫庶》：“江陵素严重，蒲坂议欲尽斥诸吉士为外寮，如张永嘉世宗朝丙戌、己丑故事，馆司同州马文庄争之，弗能得。”《科场二·读卷官取状元》：“至考馆选，从来非相公属意，则本房分考力荐，未有外寮得与者。”《科场三·登科录父祖官》：“登科有录呈御览，其三世父祖爵秩，但直书某官，如尚书侍郎以至郎官及外寮，并不书所官何部分何地方，此例相沿已久。”

捉拏　擒捉；缉捕。《刑部·宫婢肆逆》：“捉拏各犯亲属，至日依律问决。”

尅侵　犹克扣。《兵部·武弁报恩》：“曾得罪后，分宜相憾之不已，又欲罗织杀其子淳。令人劝珍尅侵军饷数万馈淳。"

天鹅羢 一种起绒的丝织物或毛织物。《吏部二·士大夫华整》:"江陵时,岭南仕宦有媚事之者,制寿幛贺轴,俱织成青屬为地,朱屬为寿字,以天鹅羢为之。"

钟漏并尽 比喻年老衰残。《内阁一·宰相老科第》:"钟漏并尽,古人所戒,况先朝淳厚之风,漓斫已尽,诸公在事,恩怨未免失平,晚途悔吝,颇多自取。"

贸首之雠 形容仇恨极深,乃欲谋取对方的头颅才甘心。贸,通"牟"。《内阁二·谀墓》:"然如二十年前,云间徐文贞传,出其同里冯元敏(时可)笔,中间刺讥非一……此传盛行人间,后有语璠以不当刊送者,遂止不行,因与冯成贸首之雠。"

显跡 明显的迹象。《機祥·弘治异变》:"十四年六月,云南云龙州民疫疾,十家九卧,内有不病者,见鬼辄被打死,有被打显跡。"

飘风疾雨 同"飘风暴雨"。《内阁二·大臣被论》:"盖一时同声附和,正如飘风疾雨,久之天日自然清明。"

掇祸 取祸。《内监·冯保之败》:"其后说者,谓冯疏为阁臣授意,故以生死争之。而李疏乃出张诚假手,不意掇祸至此。"《内阁三·貂帽腰舆》:"其后翟至削籍,夏乃极刑,则此事亦掇祸之一端也,此未得赐而违命擅用者。"

案:"掇祸"一词,《万历野获编》中共出现四次,另二次分别为:《宗藩·论建藩府》:"薛之狂躁,高之粗浅,落人度内,俱不自觉。掇祸至此,不致为郭损庵中允,亦幸矣。"《刑部·齐韶冤死》:"盖上大婚时,选妃自内廷退出者,本上所属意。时圣眷未忘,宜其掇祸之速也。"

二、新 义

据我们对《万历野获编》一书进行的穷尽式调查,该书中共出现 375 个新义。其中《汉语大词典》中收录 287 个,《汉语大词典拾补》中收录 88 个。《汉语大词典》收录的孤证新义，即只凭本书中的一个书证立目的新义，达 156 个之多，其中有 33 个既是新词兼新义，又有孤证义项。另有四个义项仅有两个书证，且全都出自本书。这四个义项是：通门₃、永锢₂、雄峻₂、艳称₁。其中小字下标表示这个词语在《汉语大词典》中的第几个义项，下同。这两类词语统计起来，也就是说《汉语大词典》中仅以《万历野获编》书证立项的义项就有 160 个之多。《汉语大词典》收录的新词兼新义 66 个。《汉语大词典拾补》收录的一般新义 56 个，其中孤证新义 28 个。孤证新义中，《汉语大词典》未收的孤证新义 21 个：白见、私记、撙兵、秽亵、软熟、入目、排连、正支、四出、败缺、精严、属句、碍手、口重、监刑、械具、渺小、菜户、抵饰、徒工、装修；《汉语大词典》收录而未列书证的孤证新义 7 个：冗职₁、土窖₂、壮阳₂、行奸₁、牙印₂、加耗₁、空闲₂。另有省便、讲好、伏藏等 3 个词的新义，《汉语大词典》未收而《汉语大词典拾补》收录，仅有两个书证，且全出自本书。也就是说《汉语大词典拾补》中仅以《万历野获编》书证立项的词条就有 31 个之多。《汉语大词典拾补》收录的新词兼新义 31 个：演剧、严霁、尖刻、加耗、泥犁、空闲、批语、头号、痛恶、说词、对校、收发、分心、生童、烧炼、风癫、拟题、尚门、告竣、菜户、省便、发案、碍手、口重、监刑、械具、渺小、抵饰、徒工、装修。其中"菜户"一词有两个义项，在《万历野获编》中皆为新义，只作一个新词处理，但可以算两个新义。

　　根据以上统计结果，《万历野获编》一书中共出现 375 个新义，其中《汉语大词典》及《汉语大词典拾补》中仅仅以《万历野获编》书证立项的义项共达 191 个之多，占所有新义数量的二分之一强。如果算上这两部辞书中 870 个单义新词的义项及其中 461 个孤证单义新词的义项，则《万历野获编》一书中共出现 1245 个新义，其中《汉语大词典》及《汉语大词典拾补》中仅仅以《万历野获编》书证立项的义项共达 652 个之多。该书记录了一大批作者所处时代——明朝后期出现的新义或特有义项，具有不容忽视的语言学价值。

　　下面我们列举一些《万历野获编》中的新义。首先来看四个《汉语大词典》中仅有两个书证，且全都出自本书的义项。

　　通门　犹同门。谓同出一师门下。《科场一·荐主同咨》："二十年来，同咨之好，更胜同榜十倍，其子弟修通门之敬亦加严。"《士人·金华二名士》："又其邑胡元瑞以丙子举孝廉，乃翁与先大父己未同籍，因得与称通门，其名噪一时。"

永锢 犹言永不叙用。《礼部一·恩诏冠带之滥》："艾穆、沈思孝等亦赘名永锢中。"《礼部一·恩诏冠带之滥》："其因事降调，非贪淫酷刑者，仍给与，盖降调本非永锢。"

雄峻 指官高权大。《兵部·项襄毅占寇》："乃以原官改佥都御史，清理两浙盐法，始得常宪衔，再莅吾乡，盖中丞雄峻，当时尤靳惜之云。"《禁卫·锦衣卫镇抚司》："其堂上官，遂得与三法司及各部大臣会谳，而雄峻无可加矣。"

艳称 谓以容色艳美著称。《刑部·叛臣妻女没官》："近年平播州，杨应龙媳田氏当没官，田亦有艳称，诸勋戚争先求恩。"《果报·守土吏狎妓》："刘素有艳称，对簿日呼之上，谛视之，果光丽照人。"

接着来看三个《汉语大词典拾补》中仅有两个书证，且全都出自本书的义项。

伏藏 指埋藏在地下的金银等财物。《果报·冤报》："比得释，如其教，尽发伏藏归囊中，反赂狱卒速毙之，此冤不可解。"《补遗四·鬼怪·凶宅》："先是春月移植一梨树，命工掘地，稍深见一巨石板，叩之空空有声，先人疑其有伏藏，亟命掩土，梨亦他徙。"

案：作"指埋藏在地下的金银等财物"解的"伏藏"一词，在《万历野获编》中共出现三次，另一次为《内阁二·籍没古玩》："霍文炳之被籍，有一空房，为江右一词臣赁居，其下有伏藏数万金，或云词臣发之，掩为己有。"

讲好 缔结婚姻。讲，通"构"。《内监·对食》："今中贵授室者甚众，亦有与娼妇交好，因而娶妇者……当其讲好，亦有媒妁为之作合。盖多先缔结，而后评议者，所费亦不赀。"《内监·镟匠》："闻近日宫人另雇内臣为菜户，专买办之役，其所与讲好者自有美称，不复呼菜户。"

案：其实作"缔结婚姻"解的"讲好"一词，在《万历野获编》中共出现三次，另一次为《风俗·男色之靡》："又罪囚久系狴犴，稍给朝夕者，必求一人作偶，亦有同类为之讲好，送入临房，与偕卧起。其有他淫者，致相殴讦告，提牢官亦有分剖曲直。"这里指的是两个男同性恋缔结婚姻。

省便 便利。《河漕·海运》:"其淮安至天津,以道计三千三百里,风便两旬可达。况舟皆由近洋,洋中岛屿联络,遇风可依,非如横海而渡,风波难测。比之元人殷明略故道,实为省便。"《河漕·胶莱便道》:"按此为元人所浚故道,以避海运不转尖,可免成山诸岛之险,最为省便。"

菜户 "菜户"一词的两个义项,在《万历野获编》一书中皆为新义。举例如下:

1.古代太监与宫女结成假夫妇,俗称菜户。《内监·内廷结好》:"凡内人呼所配为菜户,即至尊或亦问曰:'汝菜户为谁?'即以实对。"《汉语大词典》于"菜户"条下仅列此一个义项,举例如清纪昀《明懿安后外传》:"明之宫人无子者,各择内监为侣,谓之对食,亦谓之菜户。其财物相通如一家,相爱若夫妇然。既而妃嫔以下亦颇有之,虽天子亦不禁,以其宦者不之嫌也。"清褚人获《坚瓠补集·曼殊》:"老尼亦知书,系明季官婵,当时所称菜户者。"姚雪垠《李自成》第二卷第十九章:"那个掌舵的太监有一个菜户。"原注:"太监与宫女结成假夫妻,俗称菜户。这种事起自汉朝,在明朝宫中也是合法的。"偏晚。其实姚雪垠《李自成》中的原注即直接采自《内监·对食》:"按宫女配合,起于汉之对食,犹之今菜户也。武帝时,陈皇后宠衰,使女巫着男子衣冠帐带,与后寝居,相爱若夫妇。上闻穷治,谓女而男淫,废后处长门宫。此犹妖蛊也。至元魏孝文帝胡后,与中官高菩萨淫乱,则又不知作何状矣!"

2.宫女雇佣的买办杂物的宦官。《内监·镟匠》:"闻近日宫人另雇内臣为菜户,专买办之役,其所与讲好者自有美称,不复呼菜户。"此义《汉语大词典》未收,而《汉语大词典拾补》收录。

案:《万历野获编》中出现"菜户"一词的还有如下句子:《内监·镟匠》:"凡菜户既与宫人成伉俪,其卑贱冗员,贫而下劣者,又甘为菜户之役,皆宫人出钱雇之。"《内监·尚衣失珠袍》:"万历三十二年,尚衣监失御前珍珠袍一件。上震怒,命司礼掌印太监陈矩拷究……后乃知上前一贵显宫女,即内中称为某太者,盗与菜户内官,斥卖久矣。"其中有的只能作第二义理解,有的作第一义或第二义解皆可。

最后,我们将《汉语大词典拾补》中收录的28个《万历野获编》中的孤证新义罗列出来。

白见 辩白。《宗藩·杨东里议赵王》:"且知梁潜之冤矣,何以自文皇崩后,又相三朝,二十余年,不一为潜白见冤状,使得昭雪于泉下耶?"

私记 私人的印章。《补遗四·玩具·印章》:"唐人自名与字之外,始有堂室私记,如李泌端居室是也,然皆铜耳。"
案:作"私人的印章"解的"私记"一词,在《万历野获编》中共出现三次,另二次分别为:《嗤鄙·私印嗤鄙》:"又见吴中一少年私记曰'江南第一风流才子',盖袭唐伯虎旧印,殊不自揆。"《释道·真人诸印俱备》:"按世宗最宠方士,如邵元节、陶仲文,俱拜白玉、乌玉印章之赐,而无金、银与铜,且皆别号私记,如西番法王等图书而已,不以施之笺奏也。"

搆兵 引申指政坛斗争。《内阁三·冢宰避内阁》:"盖两家搆兵,自有大局,然此亦其切齿之一端也。"

秽亵 亵渎。《评论·汪南溟文》:"汪暮年眷金陵妓徐翩翩名惊鸿者,绸缪甚殊,甚至比之果位中人,作《慧月天人品》,其文全拟佛经,秽亵如来亦甚矣!"

软熟 指书法的笔画柔软圆熟。《玩具·小楷墨刻》:"今小楷之佳无如《黄庭经》,然开软熟宗门,断非《换鹅》古迹。"

入目 看中;看上。《历法·居第吉凶》:"适金华虞生者,年甫弱冠,游南雍,求见四娘,重币为赘,问其所属意,无一入目者,惟以娄猪为请,时马谢客已久,惭其诸妓,固却之,苦请不去,姑留焉。"

排连 一个挨一个地排列。《河漕·吕梁洪》:"徐州吕梁,为宇内险道。自唐尉迟恭开凿,始通舟楫;至宋元间,渐成通渠;本朝遂以为运河。然其下乱石如鳄齿排连,惊湍如蛟涎喷薄。"

　　案：作"一个挨一个地排列"解的"排连"一词，在《万历野获编》中共出现三次，另二次分别如下：《历法·一岁节候》："自古来历家节候，每月参差，无有朔望日，正值四序挨日排连者。惟元朝世祖至元三十一年甲午岁节气，正月一日壬子立春，二月二日癸未惊蛰，三月三日癸丑清明，四月四日甲申立夏，五月五日甲寅芒种，六月六日乙酉小暑，七月七日乙卯立秋，八月八日乙酉白露，九月九日丙辰寒露，十月十日丙戌立冬，十一月十一日丁巳大雪，十二月十二日丁丑小寒，此真古今未有，后来亦无继之者。"《词林·戊辰词林大拜》："甲午之春，首揆赵以鼎甲起家，而会试第二名张为次揆，三名陆为三揆，四名沈为四揆，依序排连，不差一名，尤奇！"

　　正支　正当的开支。《督抚·海忠介被纠》："一道路公差，所经冒滥，固所当除，正支义不可革。"

　　四出　犹洋溢。谓充分流露、显示。《吏部一·异途任用》："又有一胥名黄清，江西之上饶人，起司狱，历任我郡嘉兴同知，貌寝而眇一目，然才智四出，应变无穷，能持人短长。"

　　败缺　漏洞，破绽。《列朝一·建文君出亡》："所幸伪撰之人，不晓本期典制，所称官秩，皆国初所无。且妄创俚谈，自呈败缺。"

　　精严　诚敬。《释道·释教盛衰》："而三娘子者，系俺答嫡外孙女……且有权谋，能以恩威制部落，奉佛极精严，每以入犯内地为戒。"

　　属句　联句，接下联。《谐谑·贾实斋宪使》："一日，雪后寒甚，披貂裘立门前，有一邻舍少年号倪麻子者，颇少慧好侮人，贾见其著屐。呼前曰：'我有一对，汝能属句否？'"

　　碍手　妨碍别人手脚。《言事·言官一言之失》："沈方负相望，词林后辈有忌其碍手，捏造此谤，陈不察而形之弹章。"

　　口重　谓语言艰难。《内监·箭楼》："诸大珰忿极，气满口重，不能辨诘，但奋拳欲殴之。”

监刑　指监斩官。《刑部·冤亲》：“行刑之日，二子号呼称冤，监刑以定案难改，第悯默而已，佯若不闻，朱氏一门俱灭。”

械具　刑具。《宗藩·辽王封真人》：“炜每出，辄服所赐衣冠，前列诸神免迎牌，及拷鬼械具，已可骇笑。”

渺小　矮小。《吏部二·士大夫伟状》：“士绅短小者，如予所识，泰和郭司马青螺（子章）、余姚孙刑部俟居（如法）、常熟瞿都运洞观（汝稷），皆渺小丈夫，貌类侏儒。然均为一时名硕，羽仪当世，真所谓失之子羽。”

抵饰　诋毁诽谤。《科场三·指摘科场》：“二太史俱无恙，而胡反受挟私抵饰之议矣。”

徒工　指服徒刑。《刑部·崔鉴孝烈》：“其事上闻，上以幼能激义，特贷其死，发附近徒工三年。”

装修　装裱。《嗤鄙·诗厄》：“《北史》纪杨五伴侣诗，最拙恶，市日传写以售人，及唐王氏见闻所纪杨铮秀才，故作落韵或丑秽语，取人笑玩，装修卷轴，投谒王侯，到者无不倒屣，雄藩大幕，争驰车马迎之。”

冗职　闲散的官职。《吏部一·宪臣改学官》：“弘治元年，有云南按察司佥事林淮，奏称云南路远，母老不堪就养，辞官则家贫难供朝夕，乞授本处或附近教授，以便养母。诏许之，准除常州府教授，亲终仍除佥事，是以五品方面宪臣，而左官至从九品冗职矣。”

土窖　我国北方民间用以储存蔬菜、薯类及避寒的地下室。俗称“地屋子”。《宫闱·王妃殉节》：“逆贼哱承恩，逼之欲行非礼，妃乃抱世子匿于土窖，哱贼怒，搜捕苛急，惊悸薨逝。”

壮阳　中医术语。犹言强肾。《内阁一·龙子》：“又龙生三子，一为吉吊，盖与鹿交，遗精而成，能壮阳治阴痿。”

行奸 做欺诈邪恶的事。《补遗二•科场•预传考官》："于非行奸作弊者，第不密则有之，然被白简，则难解释矣！"

牙印 用象牙刻的印章。《嗤鄙•私印嗤鄙》："英宗朝，锦衣帅门达之塾师，名桂廷珪者，刻一牙印曰'锦衣西席'。"

加耗 古代在租税正额以外加收的损耗费。五代后唐明宗时，凡民间纳米，每石加收二升，谓之雀鼠耗。五代后汉时王章又增至二斗，名为省耗。《补遗二•户部•江南白粮》："至隆庆二年，苏州知府蔡国熙奏；民运白粮如内官监，白熟细米每石加耗一斗，供用库白熟粳米、酒醋局白熟糯米，每石加耗五升。至于铺垫等费，每石酌议三分，与光禄寺禄米仓白糙一体收纳，监收者不得越例需求。户部覆奏如其请，上命允行。盖两朝亦知白粮之害，故允二臣之奏。然当时已未必能行，侵寻至今，其加耗且十倍，内臣需索。日增无已，江南膺此役者，家立破矣。"

空閒 闲置。《鬼怪•马仲良户部》："是后人皆知非吉地，空閒者久之。会冉以参议听调，初入京未悉近事，亦利其华焕，傲居之。"

总的来看，《万历野获编》中的新词新义具备如下三个显著特点：

一、新词及产生新义的词基本上为双音词。汉语词汇双音化的进程从先秦就开始，中古汉语产生的新词就以双音词居多，近代汉语产生的新词更是绝大多数为双音词，本书也不例外。

二、新词、新义大多数为口语词、口语义，而且大多数一直沿用到后代，其中不少在现代汉语中还是常用词。当然，本书中那些与特定历史时期风俗、名物、职官、典章制度等有关的词语，较少流传下来。

三、同时也应该看到，还有相当数量的新词、新义只出现在《万历野获编》或者《万历野获编》的作者沈德符的其他作品如《顾曲杂言》《弊帚轩剩语》中，而未出现在同时代其他作家的作品中，更未流传到后世。这些新词、新义应该属于沈德符个人的言语创新，但它们的产生往往也是利用当时现成的构词语素经由当时已有的构词手段实现的，有其内在的理据。笔者认为，这充分体现了类推作

《万历野获篇》词汇研究

用原理在造词方面的重要作用。与此相反相成的是，很多生僻词或疑难词的解释可以通过拆分、解析、再组合单个构词语素得以实现。笔者在解释本文出现的 200 多个词语时较多地运用了这种方法，有时辅以其他词汇学、训诂学方法。

第二节 口语词的来源

袁宾认为：比较起古代汉语来，近代汉语的文献语言在口语性、时代性和地域性三个方面表现得更为显著。[①]口语词多是近代汉语词汇的一个显著特点，相应地，口语词的研究最近 20 多年来开始受到学术界的重视。仅笔者目力所及，至少如下近代汉语研究著作中专题讨论了近代汉语口语词的历史来源、研究价值、研究现状或研究重点：郭在贻《训诂学》，蒋冀骋《近代汉语词汇研究》，袁宾《近代汉语概论》，杨建国《近代汉语引论》，蒋绍愚《近代汉语研究概况》，蒋冀骋、吴福祥《近代汉语纲要》，香坂顺一《白话语汇研究》，章一鸣《〈金瓶梅词话〉和明代口语词汇研究》，徐时仪《古白话词汇研究论稿》，顾之川《明代汉语词汇研究》，袁宾、徐时仪《二十世纪的近代汉语研究概况》，魏达纯《近代汉语简论》，董志翘《〈入唐求法巡礼行记〉词汇研究》，陈秀兰《敦煌变文词汇研究》，雷汉卿《近代方俗词丛考》。

《万历野获编》一书，作为一种史料笔记，洋洋 57 万字，内容极为丰富，包括朝廷典章制度、山川风物、社会风俗、治乱得失、名人历史、文苑词章、异域掌故、器物技艺、遗闻逸事。书中出现数量庞大的口语词，也就在情理之中了。限于篇幅，本文不拟讨论该书中口语词的方方面面，仅就其来源作一番考察。

一、源自典章制度的口语词

随着政权的更替，每个历史朝代，总会推出一些新的施政方针，自然也会产生大量新词语。这些新词语，有的由于跟当时的日常生活紧密相关，经常被使用，

[①]袁宾：《近代汉语概论》，上海教育出版社 1992 年版，第 22～25 页。

甚至一直沿用到后世，久而久之就成为口语词的一个组成部分。例如：

印照　执照，凭证。《户部·西北水利》："宜咨抚臣，开谕军民，自备工本，官给印照，俾永为己业。"

他书中的例子如，《上海小刀会起义史料汇编·咸丰三年十二月丙申发出"上谕"一》："城内接应之人又被搜杀，贼匪又得印照，可以影射。"

逮讯　逮捕审讯。《补遗一·列朝·大峪山用舍》："上怒，命锦衣逮讯。"《列朝二·两朝仁厚》："惟初政逮讯廷杖数君子，皆出权相意，后皆不次登用。"《督抚·秦中丞》："于是议论群起，秀水沈司马亦有后言，孙尽以丁访单呈御览，丁逮讯几死，仅得戍去。"《补遗二·内阁·儒生保辅臣》："上怒，谓大臣进退，断自朝廷，乃敢狂率奏扰，且倡自蔡圻，并圻下法司逮讯，时人快之。"

他书中的例子如，《明史·王仪传》："鸾诉于帝，逮讯斥为民，卒。"《清史稿·巴布海传》："内监逮讯，不承。"

净军　由太监组成的军队。《内阁三·江陵震主》："江陵条旨，俱谪净军，发南京种菜，亦可已矣。"《内监·内臣蒋琮（附继晓）》："芳既充净军，姑贷死，发南京守备。"《补遗一·内监·内臣赐私印》："其后数年，名下官某上疏，乞上恩召保还京，始谪保为净军，发孝陵种菜。"

他书中的例子如，明周同谷《霜猿集》："天启中，魏珰选京师净身者四万人，号曰净军。"《明史·樊莹传》："后奏其伤孝陵山脉事，琮遂下狱，充净军。"

听选　明清对已授职而等候选用者之称。《补遗二·内阁·儒生保辅臣》："至十二月，荸未至，听选监生钱潮等又上疏请遣使趣大学士荸还朝，与璁共辅政。"《列朝二·世室》："嘉靖元年九月，听选监生何渊继璁上言，力请追考兴献王且加帝号。"《刑部·再证李福达事》："丁丑计偕至京，同寓有一老上舍听选者，徐沟县人也。"《补遗一·列朝·大峪山用舍》："至听选官王维臣等被重谴，而此议遂息。"

他书中的例子如，《明史·选举志三》："初授者曰听选，升任者曰升迁。"《清史稿·礼志十一》："（世祖崩），听选官、监生、吏典、僧道，咸素服赴顺天府署，朝夕哭临三日。"

优旨 优待的诏命。亦谓颁发优待之诏命。《禨祥·雷震陵碑》:"而首揆沈四明又上疏云:'……乘此改立新碑,此莫大之孝,亦莫大之庆也。'上优旨允行。"

他书中的例子如,清薛福成《庸盦笔记·史料·蒲城王文恪公尸谏》:"子而犹欲仕于朝也,不如屏此疏勿奏,且可为尊公邀优旨。"

清街 清理街道。亦指在街上实行封锁,禁绝行人。《工部·两京街道》:"其时南中有一大老,本金陵人,为南少宗伯,久不北召,方引领大拜,偶署工部,值北有清街之举,慕艳其事,亦出榜清理街道。"

他书中的例子如,作新《蒋介石屠杀上海工人记实》:"所谓革命军演此大惨祸后,即实行清街,禁绝行人,用大车将死者拖至荒郊埋藏。"

署印 代理官职。旧时官印最重要,同于官位,故名。《吏部一·四衙门迁客》:"辛卯年冯具区祭酒,谪广德州判官,适缺州守,署印两月,转南行人司副始归。"《吏部二·言官例转反诘》:"首揆怒其异己,遂改命侍郎杨时乔署印。"《妇女·窦氏全印》:"时缺守臣,独通判姜荣署印。"《果报·守土吏狎妓》:"初入监,新祭酒未任,而张相公洪阳位以司业署印。"《补遗一·列朝·里士社士》:"比薛至嘉兴,府吏聚众辱之,薛诉于署印同知陈文燝。"

他书中的例子如,明凌蒙初《初刻拍案惊奇》卷二十六:"县里此时缺大尹,却是一个都司断事在那里署印。"

属于这一类的口语词还有:浣衣局、首从、俸满、铨政、涖任、积资、土舍、铁册、问斩、异典、晋阶、易储、解(xiè)军、夺官、冒功、尽法、弃官、枷示、权署、陞用、赐蟒、堂属、剥皮囊草、横赐、遗臣、留用、重处、外转、内转、衔署、从葬、完租、服孝、废籍、纳级、爵主、归里、扭解、拜杖、醵政、批迴、祕册、一命之荣、谳词、严旨、赎徒、三直、资簿、握篆、资俸、轻比、厂卫、吏垣、武阶、驾帖、戍所、代行、小火者、讲员、金扇、内书堂、矿税、荫叙、驿夫、访缉、朝房、揆地、凭几之诏、纠拾、坐戍、同咨、入缵、金刚老儿当、故衔、防饷、长系、拷治、犒钱、抽盘、抨章、扞网、暗纠、侍驾、涖刑、寄赃、小挺、恩军、禁封日，等等，还有一些见于本文词义考释部分。

二、源自科举考试的口语词

中国的科举制度始于隋炀帝大业元年（605），完善于唐代，废除于清光绪三十一年（1905），整整存在了 1300 年，贯穿了整个近代汉语时期。到沈德符撰写《万历野获编》时，也已有上千年的历史。该书中关于科举考试的篇幅占近 1/10，前后加起来有三卷左右。伴随着这一新生事物的产生、发展、完善，产生不少新词新义，其中有不少词语在漫长的历史长河中逐渐沉积下来，后来成为常用的口语词。

联捷 谓科举考试中两科或三科接连及第。《科场一·京闱冒籍》："其中汪谐者，次科即联捷矣。"《科场一·关节状元》："刘本省癸未解元联捷，解爱其才，面许以必得状元。"《科场二·前甲申会元》："钱乡会亦联捷，己丑会试第十。"《吏部一·举吏部》："朱寻联捷为鼎元，循至卿贰。"

他书中的例子如，《警世通言·玉堂春落难逢夫》："众人叫：'顺卿兄，你倘联捷，幸在彼地，见之何难？'"《儿女英雄传》第十八回："次年乡试，便高中了孝廉；转年会试，又联捷了进士。"鲁迅《呐喊·白光》："隽了秀才，上省去乡试，一径联捷上去。"

补廪 明清科举制度，生员经岁、科两试成绩优秀者，增生可依次升廪生，谓之"补廪"。《吏部一·监生选正官》："近年准贡事起，初犹以实廪，十年科举三次者加纳，既而甫补廪未科举者亦滥觞矣。"《台省·房心宇侍御》："有一人以岁考领案补廪，次年科考，即以劣等斥之。"

他书中的例子如，《儒林外史》第十三回："小弟补廪二十四年，蒙历任宗师的青目，共考过六七个案首，只是科场不利，不胜惭愧！"太平天国洪仁玕《英杰归真》："官爵既明，而士阶未晓，谓何以秀才为秀士，以补廪为俊士，以拔贡为杰士，以举人为约士，以进士为达士，以翰林为国士乎？"

《万历野获篇》词汇研究

时艺 即时文、八股文。《征梦·甲戌状元》:"(杏源) 时艺奇丽,与冯祭酒开之、袁职方了凡,同社相善。"《科场三·国师阅文偶误》:"时徐元扈光启入监,其博洽无双,且精工时艺。"《科场三·录旧文》:"汉阳李若愚,时艺亦为后进传诵,直至今年己未始第。"《妇女·妇人能时艺》:"且良媛以笔札垂世者多矣,未闻娴习时艺,评骘精确乃尔。"

他书中的例子如,清钱泳《履园丛话·考索·时艺》:"文至时艺亦不复能再变矣。"清蒲松龄《聊斋志异·娇娜》:"公子呈课业,类皆古文词,并无时艺。"

场事 指科举考试。《宗藩·圣功图》:"焦 (焦竑) 丁酉为北京副考,遂借场事逐之。至今未用召也。"《科场二·榜后误失朱卷》:"戊子顺天场事竣后,失去朱卷数卷。"《台省·御史大夫被论》:"后则仙居吴时来,为戊子场事,被户部郎姜士昌等所诋。"

他书中的例子如,清蒲松龄《聊斋志异·苗生》:"生场事毕,三四友人,邀登华山,藉地作筵。"

衡文 品评文章。特指主持科举考试。《内阁三·李温陵相》:"物情既不附,大权又不关,寒暑闭门,更无一人窥其庭。即其衡文所首举,已在词林登坊局者,更对众讪詈之,以明大义灭亲。"《督抚·海忠介抚江南》:"海以乙科为教官聘典试,欲与衡文事,时直指为政,不之许。"《补遗二·科场·场题成谶》:"是时燕邸靖难兵已渐动,衡文者有意责备方、黄诸公耶?"

他书中的例子如,清刘大櫆《前工部左侍郎张公墓志铭》:"上尝称公谨饬,屡畀以衡文之任。"《儒林外史》第三回:"本道奉旨到此衡文,难道是来此同你谈杂学的么?"

后来又用以泛指评选文章。鲁迅《集外集·选本》:"纵使选者非常胡涂,如《儒林外史》所写的马二先生,游西湖漫无准备,须问路人,吃点心又不知选择,要每样都买一点,由此可见其衡文之毫无把握罢。"

抡元 科举考试中选第一名。《科场二·甲辰科首题》:"今山阴朱相公主甲辰试。首题为'不知命'章,初命题即约同事,必三段平做,不失题貌,始可抡元;

若违式即佳卷亦难前列。"《台省·王聚洲给事》："其甲戌抡元，出沈四明本房，固已为时所忌。"

他书中的例子如，《儒林外史》第十三回："遇合有时，下科一定是抡元无疑的了。"《好逑传》第八回："若要少年有此才学，可以抡元夺魁，也还容易。"

辨复　科举时代士人因犯法革去功名，后由于申辩而得以恢复，谓之"辨复"。辨，通"辩"。《台省·台省之玷》："御史强敏差往山东，受赃为民，遇赦辨复，不许。"《鬼怪·奇鬼》："吴士曹蕃，以礼经魁丁酉京兆，为座师焦太史所累被罚，来京辨复。"

他书中的例子如，清蒲松龄《聊斋志异·神女》："家中田产荡尽，而衣巾革褫，冀其可以辨复，于是携囊入郡。"《聊斋志异·书痴》："郎既释，远求父门人书，得从辨复。是年秋捷，次年举进士。"

属于这一类的口语词还有：得儁、挨贡、拆卷、后场、高掇、破承、落卷、阁试、敕廷、青袍角带、挨宿、陪推、武禄、鬶题、光学士、入庠、倩笔、年弟、鼇甲、年侍生、庠士、领案、顺占、次卷、登榜（又作"登牓"）、考斥、考馆、罚科、里试、斥生、擎榜、荐师、程策、八比、裔婿、光学、首卷、民生，等等。

三、源自佛教道教的口语词

明代，佛教与政权的关系相当紧密，明初统治者对佛教采取既限制又利用的政策。明太祖朱元璋曾出家做过和尚；明成祖朱棣谋反夺取政权最重要的谋士道衍也是一名僧人；明代建立的僧官体系也是有史以来最严密、最完备的。明代政权建立之初，有鉴于元代崇奉喇嘛教的流弊，转而支持汉地传统的佛教各宗派，因此喇嘛教在内地渐衰，而禅、净、律、天台、贤首诸宗逐渐恢复发展。明初各宗派中，禅宗盛行，而以临济为最，曹洞次之。

明太祖立国后，制定了以儒教为主、三教并用的政策。他运用道教来证明其君权神授，优礼扶持正一道。明成祖继续尊崇正一道，尤其崇奉真武神，大建武当山宫观，使武当道教兴旺起来。明代皇帝中最为崇道的当数世宗，可与唐玄宗、宋徽宗媲美。明世宗之后，统治者对道教的崇奉日渐降温。明王朝在尊崇道教的同时，也加强了对道教的管理，建立起更为完善的机构，以强化对道门的约束。

《万历野获编》的内容分为四十八门，三十四卷，其中含"释道"一门，前后占一卷左右的篇幅。佛教、道教在中国的兴起都在汉代，至沈德符创作此书时已有一千四五百年。不少原属佛教、道教的词语，由于在日常生活中经常使用，已进入当时的口语之中。例如：

竺乾 佛；佛法。《列朝一·帝后别号》："至于奉竺乾教，自称大庆法王，则同西番入贡僧所封，斯已怪矣。"《释道·释教盛衰》："世宗留心齐醮，置竺乾氏不谈。"《释道·憨山之谴》："盖主上素信竺乾，但事涉宫闱，必震怒不解，加等大创。"《释道·禅林诸名宿》："竺乾一时尊夙，尽在东南，最著则为莲池、达观两大宗主。"

他书中的例子如，唐白居易《新昌新居书事四十韵因寄之郎中张博士》："大底宗庄叟，私心事竺乾。"唐黄滔《泉州开元寺佛殿碑记》："初仆射太原公，以子房之帷幄布泉城，以叔度之裤襦纩泉民，而谓竺乾之道与尼聊鼎。"宋沈遘《三司狱空道场功德疏右语》："命竺乾之众，启梵呗之场。"《诗话总龟前集·雅什下》引《雅言系述》："路振赠诗云：'……已绝劳生念，虔心向竺乾。'"

奉玄 信奉道教。《列朝一·武宗托名》："按此即嘉靖间奉玄，累加真人帝君之权舆矣。"《宫闱·封妃异典》："惟世宗晚年西宫奉玄，袯庭体例，与大内稍异。"《宗藩·辽王封真人》："时世宗奉玄，则亦假崇事道教，以请于上。"《礼部一·下谥》："京山侯崔元，以直斋宫奉玄，亦谥恭荣。"

善男信女 原指皈依佛法的男女，后泛指信佛的男女。《谐谑·苏州谑语》："阳台上善男信女，人人尽贺恶人亡。"

他书例子如，《〈金刚经〉六译疏记》："善男信女有二义：一以人称……一以法喻。"《红楼梦》第二五回："若有善男信女虔心供奉者，可以永保儿孙康宁。"姚雪垠《李自成》第一卷第十六章："尽管各地都有灾荒，而河南的灾荒十分严重，但善男信女们不远千里朝拜金顶的仍然在老河口、石花街和草店的大道上络绎不绝。"

烧炼 谓道教徒烧炉炼丹。《列朝一·弘治中年之政》："至是太监李广。又以烧炼服食蛊惑孝宗。"《兵部·沈惟敬》："后贫落，入京师，好烧炼，与方士及无赖辈游。"《刑部·权臣述史》："（李福达）以烧炼役鬼受知，被仇首告。"《技艺·宋时诨语》："又有以烧炼破家者，则以丹灶为火花娘。"《神仙·王子龙》："王拜受，归试之信然，因日以烧炼为事。"

他书中的例子如，唐李翱《疏屏奸佞》："凡自古奸佞之人可辨也……主好神仙，则通烧炼变化之术。"清赵翼《瓯北诗话·白香山诗》："元和中，方士烧炼之术盛行，士大夫多有信之者。"孙中山《建国方略·以七事为证》："然为化学之元祖者，即道家之烧炼术也。古人欲得不死之药，于是方士创烧炼之术以求之。"

念佛 佛教修行方法的一类，约分称名念佛、观想念佛与实相念佛三种。一般指前一种，即口诵"阿弥陀佛"或"南无阿弥陀佛"。《词林·黄慎轩之逐》："近来缙绅士大夫，亦有捧咒念佛，奉僧膜拜，手持数珠，以为律戒。"《技艺·戏物》："今又有畜虾蟆念佛者；立一巨者于前，人念佛一声，则亦阁阁一声。"

他书中的例子如，五代齐己《赠念法华经僧》诗："念经念佛能一般，爱河竭处生波澜。"曹禺《北京人》第一幕："你以为你父亲吃斋念佛就有人心吗？"

由本义引申出"用以表示感谢佛的保佑"义。例如《红楼梦》第九十回："不说黛玉病渐减退，且说雪雁、紫鹃背地里都念佛。"老舍《茶馆》第二幕："可是呀，这兵荒马乱的年月，能有个事儿作，也就得念佛！"

现世报 詈词，谓现世即得恶报的坏人。《果报·现报》："今骂人有现世报之说，意为俚说耳。"《公主·驸马再选》："谢诏选后，京师人有《十好笑》之谣，其间嘲张、桂骤贵暴横者居多，其末则云：'十好笑，驸马换个现世报。'"

他书中的例子如，明李诩《戒庵老人漫笔·十可笑》："张、桂当路，有书'十可笑'帖于朝者……'八可笑，驸马唤个现世报。'"萧军《五月的矿山》第五章："（工友）在回骂……'你监工得这样凶！咱矿上竟出了你这样、这样个现世报！'"

"现世报"即"现报"的扩展形式，二者皆源自佛典，本义为"佛教谓现世所作善恶之业，现世即得报应。"例如晋慧远《三报论》："经说业有三报。一曰现报，二曰生报，三曰后报。现报者，善恶始于此身，即此身受。"茅盾《秋收》一："什么希罕！光景是做强盗抢来的罢，有朝一日捉去杀了头，这才是现世报。"

又引申出"指倒霉的人"义。例如《醒世恒言·李道人独步云门》："单留得我一个现世报；还在这里；却又无男无女，靠唱道情度日。"

属于这一类的口语词还有：莲邦、法酒、三大士、尊夙、坚固子、竺乾氏、禁杀、祕呪、秘密教、移锡、飞天夜叉、瓢笠、飞举、识神、德士、苦行头陀、妙像、禅规、大觉金仙、醮坛、丹室、定业、梵册、释道、髡、造口业、髡牝、泥犁、雷坛、昙阳、脱骨，等等。

四、源自风俗礼仪的口语词

孔子曰："不学礼，无以立。"中国号称"礼仪之邦"，拥有五千年文明，作为文明的重要表现之一的礼仪在社会生活中占有非常重要的地位。文明礼仪是一个社会的文明程度、道德风尚和生活习惯的反映；对于一个人来说，文明礼仪是思想道德水平、文化修养、交际能力的外在表现。风俗则是礼仪被人们接受后所产生的自觉行为。由于中国幅员辽阔、人口众多，又是一个多民族国家，各个民族又有独特的风俗礼仪，因此，汉语或中国的其他民族语言中有关风俗礼仪的词语无疑是非常多的，并且因为长期的历史积淀，很多已经融入口语之中，成为口语词的一个重要来源。

《万历野获编》的四十八门中有"风俗"一门，其中有不少与风俗礼仪有关的口语词，例如：

灯市 元宵节前后张设、悬售花灯的地方。《补遗三·畿辅·淹九》："京师正月灯市，例以十八日收灯，城中游冶顿寂。"《补遗三·畿辅·元夕放灯》："外方灯市之盛，日新月异，诸司堂属，俱放假遨游，省署为空。"

他书中的例子如，宋范成大《上元纪吴下节物》诗："酒垆先叠鼓，灯市蚤投琼。"宋周密《武林旧事·元夕》："都城自旧岁冬孟驾回……天街茶肆，渐已罗列灯球等求售，谓之'灯市'。自此以后，每夕皆然。"清丘逢甲《元夕无月》诗：

"满城灯市荡春烟，宝月沉沉隔海天。"

火把节 我国西南地区彝、白、傈僳、拉祜、纳西、普米等族的传统节日。一般在夏历六月二十四前后。人们盛装庆贺，举行各种游乐活动，入夜燃点火把，奔驰田间，驱除虫害，并饮酒歌舞。《风俗·火把节》："今滇中以六月念八日为火把节。是日，人家缚茭芦高七八尺，置门外爇之，至夜火光烛天。又用牲肉细缕如脍，和以盐醢生食之。"

他书中的例子如，彝族民间叙事诗《阿诗玛》十三："不论是六月二十四，还是三月初三。"原注："六月二十四是火把节，是撒尼人最大的节日。到节日的前后三天，在山野举行盛大的斗牛及抬跤（即摔跤）大会。会后，青年男女即在山野中尽情欢乐，谈情说爱，一直到深夜。"

此节日至今仍在我国西南地区少数民族中保留，当为口语词无疑。

放灯 指农历正月元宵节燃点花灯供民游赏的风俗。放灯之期，代有不同，约在正月十一日至二十日之间。《列朝一·节假》："盖外僚过堂，正值放灯之时，不可妨公务耳。"《词林·翰林建言知名》："成化初年，以上元宫中放灯事，编修章懋、黄仲昭，检讨庄录，合疏力谏，俱谪外。"《补遗三·畿辅·元夕放灯》："礼部上疏，援引前例请旨，许来年新正民间放灯凡十昼夜，盖比之宋初钱俶买宴增三日之外，又展二日。"

他书中的例子如：宋江休复《江邻几杂志》："京师上元，放灯三夕，钱氏纳土进钱买两夜，今十七，十八两夜灯，因钱氏而添之。"

缺典 指仪制、典礼等有所欠缺。《列朝一·御制文集》："庶乎礼乐明备之朝，无缺典之恨耳。"《礼部二·滁阳王奉祀官》："滁阳之祭，亦仅有司岁终一举而已，是亦圣朝大缺典、大恨事也！"《科场二·吴康斋父》："（吴康斋）将同陈白沙、王新建崇祀两庑，偶议者不同，中止，然天下犹以为缺典。"

他书中的例子如，宋李之彦《东谷所见·招师》："兰房用度，必是周致；书院缺典，置之不问。气象如此，宜乎硕师去而庸师来。"

由其本义进一步引申出"犹憾事"义，例如清徐士俊《春波影》第一出："小青娘，闻得你长于词句，今夜恁般佳景，不赋彩毫，也是缺典。"清俞樾《春在堂随笔》卷四："杭州死难诸公均入正气祠，而君独未之及，余曰：'是一缺典也。'"

降香 旧谓每至朔望，官吏入庙焚香叩拜。《佞倖·诈称佞倖》："三十八年，又有龙虎山道士江得洋，伪称奉诏往四川鹤鸣山挂幡降香，沿途索赂。"《释道·主上崇异教》："高皇帝《祖训》明有寺院烧香降香之禁违者，并领送之人处死。"《补遗一·内监·孔庙内臣降香》："惟太祖初年，每月朔望，遣内臣降香，历朝遵行。"

他书中的例子如，《水浒传》第五九回："如今朝廷差个殿司太尉，将领御赐金铃吊挂来西岳降香，从黄河入渭河而来。"

亦可泛指烧香朝拜。例如《西游记》第三六回："你岂不知我是僧官，但只有城上来的士夫降香，我方出来迎接。"

属于这一类的口语词还有年贴、舞佾、吉典、节钞、稽角、笄女、民历、乡祀、开棺、陪祀、套礼、素服、书仪、饩羊、无貌、享食、公席、银瓜、献土、耍燕九、降香、顿颡、祈祝、祈梦、捧手、两庑、淹九、侍巾栉、垂手、修赘、香楮、冥镪、白眉神、寿麵、灯事、保釐、不祧、肉眼，等等。

五、源自医疗卫生的口语词

中国明代的医学发展处于世界领先地位，拥有许多世界之最，先后涌现出戴思恭、兰茂、李时珍、王肯堂、张景岳、吴有性等著名的医学家，著名的医学著作有《普济方》《本草纲目》《证治准绳》《类经》《瘟疫论》等。由于医疗卫生与人民的生活息息相关，必然会受到人民群众的广泛关注，源自这方面的词语久而久之会为普通老百姓所熟悉，并进一步运用到日常口语中，这是不难理解的。

《万历野获编》虽然没有为医疗卫生方面的内容专门立目，但与此相关的内容散见于全书各大门类之中，相应地，全书中出现了许多源自医疗卫生的口语词。例如：

瘸子 瘸腿的人；跛子。《佞倖·秘方见幸》："同时又有梁指甲者封通妙散人，段瘸子亦封宣忠高士。"《释道·二瘸子》："成化中有襄阳人王臣者，以跛名瘸子，用方术见幸。"《释道·段朝用》："段瘸子名朝用，庐州合肥人。"

他书中的例子如，曹禺《日出》第三幕："你跟瘸子说我这儿有客，回头我就出去。"柳青《铜墙铁壁》第十九章："即使他变成一个瘸子……她还喜欢他。"

风癫　疯癫。指精神错乱失常。《刑部·乙卯闯宫》："乙卯四月，张差闯宫事起，一说主风癫轻结，以安储宫。"

他书中的例子如，清李慈铭《越缦堂读书记·三朝要典》："巡视御史刘廷元奏称，'迹似风癫，貌实黠猾'，其亦言之慎矣。"

发展到后来，其异体形式"疯癫"更为常用。例如《红楼梦》第一一七回："玉钏儿见宝玉疯癫更甚，早和他娘说了，要求着出去。"《花城》1981 年第 3 期："老少社员听着，咱那疯癫多年的哑巴诗人李老怪许下口愿，今儿晚上要来社员会上'云诗'啦！"

后来又引申为指情况反常。《孽海花》第二八回："哥哥是很聪明，可惜聪明过了界，一言一动，不免有些疯癫了。"郭小川《三门峡》诗："招灾闯祸的浪荡子啊，横冲直撞的疯癫汉，从此改邪归正，把一腔热血交付万顷良田。"

隐宫　指天阉。谓男子生殖器官不全，无生殖能力。《礼部一·大臣补荫之滥》："且文毅隐宫无子，当时已立侄为嗣，至翰儒支派，更难考矣。"《补遗二·内阁·宰相前世僧》："世传其夫人晚年，有讽以畜妾生子者，夫人笑曰：'老身尚是女儿。'人始知杨之隐宫，此妄传也。"《补遗四·禨祥·不男》："男子生而隐宫者，内典以为人中恶趣。"

此义由其本义"宫刑。古代一种破坏人的生殖机能的酷刑"引申而来。

不男　谓男子有生理缺陷，没有生殖能力。《宗藩·楚府前后遭变》："（恭王）在位久无所出，说者哗言不男。"《补遗二·内阁·宰相前世僧》："（杨文襄）为提学时，年甫三旬，即立侄为嗣，盖久以不男自安矣。"《补遗二·禨祥·不男》："有五种不男，曰生竖妒变半。"

他书中的例子如，《南史·后妃传上·宋后废帝陈太妃》："先是人闲言明帝不男，故皆呼废帝为李氏子。"

属于这一类的口语词还有亚夫之疾、不女、两形、邪燥、齁声、两体、视药、净身、立方、痦药、自宫、违豫、隐疾、梅毒、壮阳、阴痿、杨梅疮，等等。

六、源自戏剧歌舞的口语词

明代戏曲演出的长期繁荣，为文人创作剧本提供了经验和条件，因此，明人的传奇和杂剧创作极度兴盛，作家和作品都可以用浩如烟海来形容。近人傅惜华的《明代传奇全目》收录了明传奇 950 种，作者姓名 695 个，《明代杂剧全目》里收录了明杂剧 900 种，作者姓名 312 个（与传奇作者多有重复），这还不是全部，有不少遗漏。至于明人剧作的传本，根据《中国丛书综录》所收目统计，共有传奇 234 种，杂剧 109 种（脉望馆本不计），这数字当然不全，因为不包括单刻本。明代前期的传奇创作，作者寥寥。嘉靖、隆庆年间出现两位影响巨大的传奇作者，一位是江苏昆山人梁辰鱼，一位是安徽人郑之珍。万历以后，明传奇创作进入黄金时期，涌现大量作家和作品。其中著名的有屠隆《采毫记》《昙花记》，梅鼎祚《玉合记》，顾大典《青衫记》，徐复祚《红梨记》。当时剧坛上还出现两位巨匠，一位是曲律大师沈璟，一位是创作大蠹汤显祖。明代万历时期的杂剧创作以徐渭《四声猿》为代表。杂剧出色的又有徐复祚《一文钱》，王衡《郁轮袍》《真傀儡》等。明末传奇创作一直保持了高涨的趋势，又产生了一大批优秀的作家和作品，诸如冯梦龙《双熊记》，王玉峰《焚香记》，袁于令《西楼记》。

歌舞虽不等同于戏剧，但与戏剧有着密不可分的联系，戏剧产生以后，歌舞往往成为戏剧的重要组成部分，把它们放在一起是有一定道理的。

沈德符精于音律，著有《顾曲杂言》一卷，于杂剧南北曲之考证颇见详赅，为现代研究戏剧者所重视。《万历野获编》中有"词曲"一门，其中多有源自戏剧歌舞的口语词。例如：

戏文 即南戏。南宋时流行在南方的戏曲。《词曲·杂剧院本》："元曲有一题而传至四五本者，予皆见之，总只四折……自北有《西厢》，南有《拜月》，杂剧变为戏文，以至《琵琶》，遂演为四十余折，几倍杂剧。"

他书例子如，宋周密《癸辛杂识别集·祖杰》："旁观不平，惟恐其漏网也，乃撰为戏文，以广其事。"元夏庭芝《青楼集志》："宋之戏文，乃有唱念，有诨。"

后来进一步引申为泛指戏曲，用传统词汇学的说法是词义扩大，用现代语义学的说法是义域扩大。例如明凌蒙初《二刻拍案惊奇》卷二十七："汪秀才定席已毕，就有带来一班梨园子弟上场做戏，做的是《桃园结义》、《千里独行》许多豪杰襟怀的戏文。"《红楼梦》第四七回："因其中有个柳湘莲，薛蟠自上次会过一次，已念念不忘，又打听他喜串戏，且都串的是生旦风月戏文，不免错会了意，误认他做了风月子弟。"鲁迅《中国小说史略》第十四篇："如《赤壁鏖兵》、《诸葛亮秋风五丈原》……而今日搬演为戏文者尤多，则为世之所乐道可知也。"

歌妓　以歌唱为业的妓女。《内监·宦寺宣淫》："比来宦寺，多蓄姬妾。以余所识三数人，至纳平康歌妓。"《妓女·刘凤台》："燕京歌妓刘凤台，以艳名一时。"《词曲·戏旦》："所谓旦，乃司乐之总名，以故金元相传，遂命歌妓领之。"《补遗三·畿辅·建酒楼》："既而又增作五楼……而五楼专以处侑酒歌妓者，盖仿宋世故事。"

他书中的例子如，唐杜甫《宴戎州杨使君东楼》诗："座从歌妓密，乐任主人为。"朱自清《桨声灯影里的秦淮河》："秦淮河上原有一种歌妓，是以歌为业的。"

絃索　同"弦索"。乐器上的弦。多用作弦乐器的总称。《词曲·絃索入曲》："南曲箫管，谓之唱调，不入絃索，不可入谱。"《词曲·填词名手》："虽謦拔稍逊古人，而调入絃索，稳叶流丽，犹有金元风范。"《词曲·拜月亭》："《拜月亭》则字字稳帖与弹搊胶粘，盖南曲全本可上絃索者惟此耳。"

他书中的例子如，唐元稹《连昌宫词》："夜半月高絃索鸣，贺老琵琶定场屋。"宋周邦彦《解连环》词："燕子楼空，暗尘锁、一床絃索。"

由此义又引申出"弹奏弦乐"义，体用同称。例如宋苏轼《虢国夫人夜游图》诗："宫中羯鼓催花柳，玉奴絃索花奴手。"《词曲·絃索入曲》："予幼时，犹见老乐工二三人，其歌童也俱善絃索，今绝响矣。"清蒲松龄《聊斋志异·巩仙》："惠雅善歌，絃索倾一时。"

又因为金元以来常称用琵琶、三弦等弦乐伴奏的戏曲、曲艺为"絃索"。所以又用"絃索"指称北曲。例如《词曲·弦索入曲》："絃索九宫或用滚弦，或用花和、大和钤弦，皆有定则。若南九宫无定则可依。"清王夫之《读四书大全说·孟子·离娄上篇一》："于今世俗之乐，则南以拍板，北以絃索。"清二石生《十洲春语》卷三："数年以来，如双珠之昆腔，润宝之絃索，并有盛名。"姚华《论文后编·目录中》："明清两朝，南曲为盛，中清以后，曲就衰微。其行世者，鼓辞絃索诸调，声益变而辞益纷。"

属于这一类的口语词还有官俳、走骠骑、十样锦、三韵、歌馆、软舞、走解、科汜、娼夫、妓乐、小唱、丝簧、走板、扮戏、过锦、说白、演剧、垂手，等等。

七、其　他

《万历野获编》中口语词的来源是非常广泛的，除了上述几个方面以外，还有以下几个方面，限于篇幅，不再一一举例，简单说明如下。

源自方言俗语的口语词①：两截事、不趋事、晏奸、大贫、大估、笑海、逐影随波、虾蟆给事、旋蔕、走洋、草包、吃紧、笑端、好外、腊鸡、下山、蝙蝠不自见、香山峻、骟牛、母大虫、游棍、市棍、土窖、火花娘，等等。

源自书画艺术的口语词：烘染、写像、风范、翎毛、波画、大手、画史、手卷、春画、绝笔、软熟、榻本、赝本、真迹，等等。

源自外来语的口语词：古剌水、旃罗含、蛮莫、胡博词、侍长、使长、火鼠、歪辣骨、土舍、土目、不花、哈屯、剌麻，等等。

源自社会生活其他方面的口语词：徽商、锤工、东坡椅、蟠桃杯、汛期、火腿、口头话、倭奴、媚药、杂技、烟花粉黛、蹄金、奇方、朝市人、斗鹅、胡拜、太师窗、番文、香糯、蛾黛、织金、海夷、太师椅、面目、杂流、边材、海艘、铁布衫、东坡肉、蹴圆、蛋人、麨食、皮袄、省便、省城、收购、头号、外遇、心术不正、一笑置之、拥护、原稿、证据、重复、捉刀、作逆、品字坑，等等。

---

①就严格意义上说，方言词、俗语词皆为口语词。为更全面地说明口语词的来源情况，本文有意将其与方言词、俗语词对举。

总的来看，《万历野获编》中的口语词具备如下三个显著特点：

一，反映的社会生活面极为广阔，涉及当时社会生活的方方面面，尤其集中记载了当时源自典章制度、科举考试、佛教道教、医疗卫生、风俗礼仪、戏剧歌舞、方言俗语、书画艺术、外来语等方面的口语词。

二，其中非常多的口语词具有旺盛的生命力，一直流传到今天，且词义几乎没有发生变化，有的则既保留了原义，又在原义的基础上产生了新的引申义。

三，那些没有沿用到今天的口语词，一般是流行于当时一时一地或几个时代、几个地方特有的口语词，随着时代的推移，社会生活的变迁，典章制度或风俗礼仪的变化，这些口语词逐渐退出历史舞台，淡出人民的日常生活。

第二章 普通词语例释

如前所述，《万历野获编》中除了出现大量新词新义及口语词外，还有为数不少的词语，各种辞书或者未见收录，或者虽收录但《万历野获编》中所见义项却缺漏未收，或者虽收录但释义有误。另外，根据本书绪论及第一章的研究成果，《万历野获编》一书中有不少词语或者义项仅见于沈德符个人作品中，可能属于个人的言语成分，但由于前文所述的原因，本文不再区分言语成分和语言成分，凡是《万历野获编》中所见的未经解释的词语我们都将予以考释。本章拟考释该书中各种工具书未收或者释义有误，目前为止也未见有学者作过正确解释的一般词语。对于历史词语的考释，将在第三章专门进行。本章的内容主要包括三个：解释未被工具书收录的一般词语；纠正工具书释义有误的一般词语；指出工具书虽解释正确但对义域的限定过宽或过窄（一般是过窄）的一般词语。

本章涉及的语义学、词汇学理论主要有义域理论、语义场理论、类推作用理论、词义渗透理论、同步引申理论、相因生义理论，所涉及的词语考释方法主要有归纳法、演绎法、系连法、方言佐证法、审察文例法、推求语源法、义素分析法、考察历史文化背景等词汇学、训诂学方法。这里重点介绍义域理论和排比归纳法、演绎法。

蒋绍愚曾经这样定义义域："所谓义域，就是某一个词或义位在语义场中所占的区域……义位的义域，是一个义位的各个变体在语义场中所占的位置的总和……若干义位可以在聚合关系上构成语义场，也可以在组合关系上构成语义场。我们说'义域'是义位在语义场中所占的区域，是兼指这二者而言的。"[①]张志毅、张庆云认为："跟传统辞书的编写及训诂不同，现代辞书的编写，不仅要给出一个

[①]蒋绍愚：《蒋绍愚自选集》河南教育出版社1994年版，第92页。

义位的义值，而且要给出一个义位的义域。没有后者，不仅是现代辞书的缺口，而且是读者不能全面正确掌握运用词语的祸根之一。"[①]本章在考释词语时也尽量准确地限定义位的义域，发现并指出《汉语大词典》《辞源》《辞海》等大中型权威工具书在解释义位时义域有错（一般是过窄）的地方并进行了比较切合实际的修正。当然，有些词语的语例过少，且又出现在与历史有关的作品中，很难准确地确定其实际存在的全部时间段，也很难准确地确定其义域。这时，不妨采用比较灵活的解说方式，在解释其核心义（即义值）时，比较笼统地为其划定一个大致的历史时代（即义域），而不必勉为其难地为其限定一个非常确定而实际上往往不尽精确的时代。当然，这是非常情况下的非常处理办法，在可以确定义域的情况下还是要尽量落实。

排比归纳法是本文运用最多的词义考释方法，这种方法，郭在贻称之为"比类综合"，"即把同一类型的语言材料搜集排列在一起，然后加以比较和推勘"，"细分之，又有如下两点：（1）把出现某一词语的若干句子排比在一起，据上下文玩索推敲，确定其词义。（2）把同一类型的句子排比在一起，进行比较和推勘，借以找出同义词或近义词"[②]。蒋绍愚在谈到近代汉语词汇的研究方法时说："近代汉语的口语词很多，并非都能在字书、注释、笔记里找到诠释。所以，考释近代汉语词语的基本方法还是排比归纳法。不仅如此，上自考释上古汉语的词语，下至编纂现代汉语词典，排比归纳都是一个基本方法。"蒋绍愚同时提到运用归纳法时的三个注意事项：（1）掌握的资料要尽可能全面。材料掌握得不充分，就有可能以偏概全或望文生义（笔者案，许多工具书中对词语义位的义域把握出现偏差，不够精确，很大程度上就是因为对材料的掌握不够充分全面）。（2）对使用的材料要加以分析，弄清楚某个词语在句中呈现的意义究竟是它固有的意义（笔者案：即张永言所说的"词的意义"），还是由于受上下文影响而产生的意义（笔者案：即张永言所说的"词的用法"）。由于第一章所述的原因，本章不严格区分语言成分和言语成分，凡是未被工具书收录的词语的意义或用法，我们都穷尽发掘，目的在于呈现本书中各个词语所含词义的全貌。（3）在运用排比归纳法考释词语时，

①张志毅、张庆云：《词汇语义学》（修订本），商务印书馆 2005 年版，第 60 页。
②郭在贻：《训诂学》（修订本），中华书局 2005 年版，第 115 页。

《万历野获篇》词汇研究

常根据同义或反义关系或根据异文来推求词义，这种方法容易出错，使用应当慎重①。本章在考释词义时，注意以同义词或反义词或异文为线索，按图索骥，顺藤摸瓜，结合具体的上下文语境或当时的社会历史文化背景，求得词语的准确解释。

首次提出用演绎法来考释近代汉语词语的学者是江蓝生。归纳法是从一般到个别，从具体到抽象，演绎法则相反，是运用一般规律来解决具体问题。演绎法的使用是以了解汉语发展史中的普遍规律和纷繁复杂的语言现象为前提的。我们认识的语言事实和普遍规律越多，运用演绎法的场所就更加辽阔。江蓝生认为："考释词义，最基本、最常用的方法是归纳法……归纳法是十分有效的方法，也是考释词语时首先考虑使用的方法。但是，在有些情况下，单单使用归纳法有一定的局限性。比如，当被释词语只有孤例时，归纳法就失去了用武之地；有时尽管搜集到数个例子，但分属几个义项，也跟孤例差不多。其次，只根据上下文（或曰语境）归纳词义，有时不易捕捉到一个词语的核心意义，弄不清是基本义还是派生义，理不清一个多义词各个义项之间的内部联系，容易犯随文释义的毛病。"江蓝生从四个方面方面举例说明了演绎法在考释近代汉语词语中所起的作用：合成词中联合结构的同义复词居多；构词上的类化现象；同义词的类同引申②；词义通借现象③。笔者较多运用演绎法，特别是在江蓝生所说的词语只有孤例，或者虽然有几个例子，但分属不同义项的情况下，运用演绎法，联系同义复词或同素词④、同义词、近义词、类义词、反义词这些有力的旁证或线索，往往可以巧妙地求得一个或生僻或常用的词语的正确解释。

当然，没有任何一种理论和方法是在任何情况下都行得通的，我们在考释词义的过程中，往往需要结合多种理论，综合运用多种方法，具体问题具体分析，总会找到解决问题的办法。

本文参考的主要工具书有《汉语大词典》《汉语大字典》《辞源》《辞海》《古

---

① 蒋绍愚：《蒋绍愚自选集》，河南教育出版社1994年版，第195~199页。
② 江蓝生所称的"类同引申"，即许嘉璐所称的"同步引申"。详见江蓝生原文。
③ 江蓝生：《演绎法与近代汉语词语考释》，《近代汉语探源》，商务印书馆2000年版，第299~308页。
④ 本文所称的"同素词"，指的是那些包含相同构词语素的词语，不同于两个或多个构词语素完全相同的同素异序词。许多同素词之间同时具有同义，类义、近义或反义的关系。本文认为，根据同素词考释词义可以将演绎法的运用范围进一步扩大。

今汉语词典》《现代汉语词典》，蒋礼鸿《敦煌变文字义通释》，张相《诗词曲语词汇释》，王锳《诗词曲语词例释》《唐宋笔记语辞汇释》，江蓝生、曹广顺《唐五代语言词典》，袁宾、徐时仪《宋语言词典》，李崇兴《元语言词典》，龙潜庵《宋元语言词典》，陆澹安《小说词语汇释》《戏曲词语汇释》，吴士勋、王东明《宋元明清百部小说语词大词典》，许宝华、宫田一郎《汉语方言大词典》，高文达《近代汉语词典》，王宣武《汉语大词典拾补》。

为了便于查检，所释词条均按音序排列。为保持材料的真实性，我们直接采用收入中华书局《元明史料笔记丛刊》中的不完全点校本的格式，标点及文字有误的地方本章仍保留原样（在第五章中校勘）。为了读者阅读方便，本章采用简体字，少数容易引起歧义或容易掩盖问题的地方，使用繁体字。为了节省篇幅，一般每个词条下只引用四五个书证，以能说明问题为准，当本书中书证达到四五个时，不再举其他书中的例子。但有两种情况例外：一是有些词条书证太少，不但本书中只有一个或者两个，他书中也未找到例子，或者只能找到一两个，只能根据目前所见到的这一两个书证进行释义，这种情况在《汉语大词典》《辞源》《辞海》等大中型工具书中也为数不少，是由客观条件决定的；二是有些词条下面笔者列举了较多书证，那一般是因为这些词条的意义相对来说较为空灵飘忽，不容易确定，只有排比为数较多的书证才能比较准确地解释其意义。例句后面括号中的两个数字分别表示这个句子在中华书局本《万历野获编》中的卷数和页码，下同，不赘述。

B

罢免　英宗独见。罢免此举。遂破千古迷谬（2，80）。

案：仅此一例。此处"罢免"一词，显然为"免除；废除"义。《汉语大词典》于此词条下收有二义：1.免除官职。2.选民或代表机关撤销所选出的人员的职务。未及此义。义域过窄。实际上可免除的内容（即"罢免"的搭配对象）很丰富多样，包括役钱、徭役、祭祀等等，远远不限于官职。

他例如，宋王称《东都事略》卷九："夏四月辛未，诏宽保甲，养马；壬申罢免役钱；五月乙未，诏求直言。"《宋史·食货志》："臣愚以为宜悉罢免役钱，诸色役人，并如旧制定差，见雇役人皆罢遣之。"《宋史·刑法志》："初，妇人有罪至流，亦执针配役。至是，诏罢免之。"《明史·礼志》："夫风云雷雨，南郊合祀，而山川坛复有秋报，则此祭亦当罢免。"《明史·陶谐列传》："又奏：'今天下差徭繁重。既有河夫、机兵、打手、富户、力士诸役，乃编审里甲，复征旷丁课及供亿诸费。乞皆罢免。'帝采纳之。"

《汉语大词典》的义项1可修改为"1.免除；废除。又特指免除官职"，如此，释义就全面而精确了。"罢免"的这个义项的变化，正如蒋绍愚先生指出的："可见，随着组合关系的改变，词义也会逐渐发生变化。"①《辞源》《辞海》等则未收此词。

败灭 未几猛败灭。此石不复见（29，736）。

案：仅此一例。"败灭"一词，义为"失败灭亡"。《汉语大词典》未收此词，而收有其平行词②"败亡"。《辞源》《辞海》等亦未收此词。

他例如，宋何去非《何博士备论·晁错论》："吴王反虏也，固天人之所共弃，未有不至于败灭者。"《宋史·高琼列传》："继勋潜知贼欲夜遁，开围使得溃去，均卒败灭。"《醒世恒言》卷三十八："赵括徒读父书，终致败灭，此其鉴也！"明谢诏《东汉秘史》第四十八回："次日升堂，二人坐叙，遵谓汉曰：'罴必败灭，其将牛邯与吾旧交，今见罴不利，有归义汉家之意。'"《明史·冯琦列传》："不但破此诸族，又将延祸多人。但有株连，立见败灭。"

瘢索 壬午以后。追劾江陵。毛举瘢索。不遗余力（补遗2，836）。

案：仅此一例。"瘢索"一词，义为"寻求瑕疵"。《汉语大词典》未收此词，而收有其同素异序同义词"索瘢"，例如《新唐书·魏征传》："今之刑赏，或由喜怒，或出好恶……好则钻皮出羽，恶则洗垢索瘢。"明杨慎《丹铅总录·人品·王导》："后世猥儒，曲好议论，虽诸葛孔明、宋岳武穆犹加索瘢，而无片语疵导，

---

① 蒋绍愚：《古汉语词汇纲要》，商务印书馆2005年版，第281页。
② 本文用"平行词"这个概念表示一组在词义上或者构词语素上有密切关系的词语。从词义上看，多表现为同义、近义、类义、反义等聚合关系；从构词语素上看，多表现为同素词关系，但又不等同于同素词。

谁谓公论百年而定哉！"《辞源》《辞海》等亦未收此词。

他例如，元袁桷《清容居士集》卷三十九："集狐于腋端，有假于翼成，洗金以盐良，永惭于瘢索。"明徐三重《采芹录》卷四："若《琐缀录》瘢索聘君，疵垢极口，不减唾骂。纵令自取，不无他累。"明孙继皋《宗伯集》卷七："五年一简汰，诸卫弁有所更置。谓之黄选公无垢匿，无瘢索。"清孙承泽《春明梦余录》卷二十五："梦皋为人，臣无暇毛举瘢索。"

顺及：《汉语大词典》还收了与"瘢索"同义的"毛举"一词，而《汉语大词典拾补》将"毛举瘢索"作为一个词条收录，仅举《万历野获编》中的一个书证。笔者以为，"瘢索"一词，一方面其本身有较多的书证，一方面辞书中收录了与其平行的词语，所以也应该与"索瘢"、"毛举"二词一样，单独立目。

包认 （赵文华）与胡宗宪同追所侵军饷……郡中又金派富户包认。拆其第。每一椽亦勒价三两。乡人受毒不可言（8，213）。

案：仅此一例。"包认"一词，义为"全部承担"。《汉语大词典》未收此词，而收有与其完全同义的同素词"抱认"，二者盖为异形词的关系。窃以为作"包认"更为合理。《辞源》《辞海》等亦未收此词。

他例如，朱熹《朱子语类》卷一百六："每岁本州为两州包认上供钱若干，尽数解纳，而两州绢绝不来！"《元史·陈天祥列传》："始言课程增添三百万锭，不取于民而办，今却迫胁诸路官司增数包认。"

卑冗 初鼐已中乡试。为山西代州教职。负才不屑卑冗。欲弃官再就试。为吏部驳奏（15，400）。

案：仅此一例。"卑冗"一词，义为"地位低下的官职"。《汉语大词典》未收此词，而收有与其构词理据相同并且同义的同素词"贱冗"。《辞源》《辞海》等亦未收此词。

他例如，唐杜佑《通典》卷二十二："自隋以来令史之任文案烦屑，渐为卑冗，不参官品。"宋赵善璙《自警篇》卷五："韩忠献公琦监左藏库时，方贵高科多径去为显职，公独滞于筦库，众以为非宜。公处之自若，不以为卑冗职事，亦未尝苟且。"宋李昉《太平广记》卷九十四："相国当于卑冗官中，访一孤寒家贫有才干者，使为曹州刺史。"清鄂尔泰《钦定周官义疏》卷一："然则周官之史胥不以卑冗限其终身可知矣。"

"卑冗"一词，还有一个常用的意义为"指诗文风格繁冗低下"。例如，宋罗大经《鹤林玉露》卷十六："律诗则如王维、韦应物辈亦自有萧散之趣，未至如今日之细碎卑冗无余味也。"清倪涛《六艺之一录》卷七十三："《刘光俊墓志》，高肃撰，无书者姓名。光俊无殊绩可称，肃文亦卑冗。"《钦定四库全书总目》卷一百六十七："岳申文宗法韩苏，故其气骨遒上，无南宋卑冗之习。"

本案　簿之有无。总不可知。然代言视草。尚须存稿。岂有圣断处分。寄草创于近弼。而条拟本案。不留一字。他日谁为将顺。谁为规正。又何从辨之。况六科俱有抄旨底案。则阁中虽无故事。特设此一簿亦宜（8，223）。

案："本案"一词，《汉语大词典》仅列一个义项"此案，这个案件"，且仅举清黄六鸿《福惠全书·刑名·邀捕役》一例："若果能擒获本案真盗，绝不株连，则必尔赏。"

此处显然不为此义，当别为一义。今谓此处"本案"一词，义为"公文的底本"。《汉语大词典》《辞源》《辞海》等皆未收此义。"本"有"底本；底稿"义，例如《南史·萧藻传》："自非公宴，未尝妄有所为，纵有小文，成辄弃本。"唐韩愈《进王用碑文状》："其碑文，谨录本，随状封进，伏听进止。"而"案"有"官府处理公事的文书、成例和狱讼判定的结论等"义，如《隋书·刘炫传》："古人委任责成，岁终考其殿最，案不重校，文不繁悉。"唐韩愈《蓝田县丞厅壁记》："文书行，吏抱成案诣丞……丞涉笔占位署惟谨。"宋黄伯思《东观馀论·记与刘无言论书》："宪因言政和初入于陕西，发地得竹简一瓮，皆汉世讨羌、戎驰檄文书，若今吏案行遣。"

他例如，汉郑玄注、唐贾公彦疏《周礼注疏》卷七："是其用官财者，先奏白于王，王许可，则御史赞王为辞。下职内是其贰令，职内则书之为本案，然后给物与之。"

边递　当蒙古破襄阳时。贾尚与群妾据地斗蟋蟀。置边递不问也（24，625）。
案：仅此一例。"边递"一词，义盖为"从边疆传递来的报告战况的文书"。

《汉语大词典》未收此词，而收有与其近义的同素词"边警"。《辞源》《辞海》等
亦未收此词。

辨黠　海开府吴中。人人以告讦为事。书生之无赖者。惰农之辨黠者。皆弃
经籍、释未耜。从事刀笔间（22，556）。

案："辨黠"一词，义为"能言善辩，灵巧聪明"，《汉语大词典》未收此词，
而收有"辩黠"一词，正为此义。仅举一例，如郭沫若《十批判书·古代研究的
自我批判》："但人是有使用价值的，起初择其辩黠柔顺者以备驱遣，那便是臣，
便是妾，即所谓家内奴隶。"二者为异形词。《辞源》《辞海》等亦未收此词。

标准　朱裕盖以两京地方俱居偏方。不足标准。欲立圭于四方（20，527）。

案：仅此一例。此处"标准"一词，义为"作为衡量事物的依据或准则"，为
动词义。《汉语大词典》未收此义。《辞源》《辞海》等亦未收此义。

他例如，《朱子语类》卷七十九："中，不可解做极。极无中意，只是在中，
乃至极之所，为四向所标准，故因以为中。"元胡震《周易衍义》卷十二："然六
经之道，范模万世；七篇之书，标准千载。此因晦而致明也。"《王阳明全集·悟
真录之九》："应隆内明而外通，动以古之豪杰自标准。"明张宁《方洲集》卷二：
"且薄蚀为变象之重，日月为列曜之宗，显者忽慢若斯，微者差谬可见，何以均
齐七政？何以标准四方？"

博奕　是年论刻二篇。俱肤甚。又刻一诏。更寥寥数语。不今不古。比时出
格刻程。意必博奕惊人。不意技止于此（14，377）。

案：仅此一例。此处"程"指程文，即科举考试时，由官方撰定或录用考中
者所作，以为范例的文章。"博奕"一词，义为"渊博而有文彩"，《汉语大词典》
未收此词。《辞源》《辞海》等亦未收此词。

又：此处三种现代排印本皆作"博奕"，唯台湾《明季史料集珍》本原亦作"博
奕"，而后以墨涂去"奕"字，而旁改为"奥"字。今谓作"博奥"固通，但根据
本书作者沈德符喜用生僻词语或自造词语的特点来看，原作"博奕"的可能性更
大，况且作"博奕"也是符合造词理据的，尽管书证较少。

亦指渊博而有文彩的文章。例如清秦蕙田《五礼通考》卷一百七十一："夫书画辞赋，才之小者。匡国理政，未有其能。陛下即位之初，先涉经术，听政余日观省篇章，聊以游意当代博奕，非以教化取士之本。而诸生竞利，作者鼎沸。"

簿录 增不胜愧悔。一夕雉经死。名下狐鼠惧罪。即时鸟兽散去。其署中所蓄。中丞簿录以献（6，176）。所谓国将亡。听于神。二人神魄。盖已为鬼趣所簿录矣（27，702）。

案：仅此二例。"簿录"一词，义为"登记在册"，《汉语大词典》于此词条下收有义项"查抄财产，将其登记入册"，此义是在原义的基础上扩大了义域。《辞源》《辞海》等则未收此词。

他例如，宋李攸《宋朝事实》卷十五："唐李吉甫始簿录元和国计，并包巨细，无所不具。"明宋濂《元史·文宗本纪二》："壬子，赈通州诸县被兵之民粮两月，被俘者四千五百一十人，命辽阳行省督所属簿录，护送归其家。"清张廷玉《明史·职官志一》："簿录俘囚，配没官私奴婢，咸籍知之。"

C

才抱 虽年仅七旬。然去旧游之地。已将四十年。反以贬秩再至……盖才抱未展。不能抑郁邱园。未必宦味之浓也（20，521）。

案：仅此一例。"才抱"一词，义为"才能抱负"。《汉语大词典》未收此词。《辞源》《辞海》等亦未收此词。

裁审 言官虽处不讳之朝。下语亦须裁审（20，512）。

案：仅此一例。"裁审"一词，义为"仔细考虑"。《汉语大词典》未收此词。《辞源》《辞海》等亦未收此词。

他例如，唐陆贽《三进量移官状》："幸希圣聪更赐裁审。其拟官状并未敢改革，谨重封进，伏听进止。"明庄昶《定山集》卷十："惟先生熟察而裁审之。幸不以某为山林偏僻之论，竟束之高阁而不顾也。"清陆陇其《四书讲义困勉录》卷二十二："一介不取，千驷弗顾，无论非义，即义所当得，亦当再三裁审。"清傅恒《平定准噶尔方略》前编卷三十九："事虽未定而先事裁审则条理精详，其于久远之计庶几有禅。"

才武 福达亡命携二子投钺。钺爱其才武。改姓名张寅（18，466）。

案：仅此一例。"才武"一词，义为"才能与武艺"。《汉语大词典》未收此词，而收有"材武"一词。二者盖为异形词的关系。但按《汉语大词典》的编纂体例，应该收录此词，至少应该在"材武"条下说明。《辞源》《辞海》等亦未收此词。

他例如，宋蔡承禧《上神宗论遣李宪措置边事》："至于小郡列堡而以才武名者，不可胜数。小有事宜，岂无一人可任者。"《元史·博尔术列传》："博尔术，阿儿剌氏。始祖孛端察儿，以才武雄朔方。"明陆容《菽园杂记》卷七："不然，则深渊之底，蛟龙之所蟠据，人虽气正而才武，非其素履熟由之地，而亡生以徇之，鲜有不堕其牙颊者矣。"《明史·王应熊列传》："祥才武不及英，而应熊委任过之。"

菜佣 而皇亲王道化。本内有名。竟不升。岂其才力出诸菜备下哉（补遗3，879）。

案：仅此一例。"菜佣"一词，义为"菜农；从事蔬菜生产的农民"。《汉语大词典》未收此词。《辞源》《辞海》等亦未收此词。

他例如，明贺复徵《文章辨体汇选》卷三百七十一："有野趣而不知味者，樵牧是也；有果蓏而不及尝者，菜佣牙贩是也。"清谷应泰《明史纪事本末》卷八十："又菜佣汤之琼见先帝梓宫过，恸哭，触石死。"清李卫等撰《畿辅通志》卷一百四："且市籍菜佣俱充部伍，其费无算。"清雷鋐《读书偶记》卷一："贫苦菜佣所持不过数百钱，为终年营生之计。"

仓惶失措 先朝太常卿，多以黄冠充之，如蒋守约、崔志端之属，至列衔宗伯，亦以此辈娴习科仪，进止合节，儒臣或仓惶失措耳（13，348）。

案：仅此一例。"仓惶失措"一词，义为"因惊慌而举止失常，不知所措"，今已固定为成语。《汉语大词典》《辞源》《辞海》等皆未收此词，而收有其同义词张惶失措、惊惶失措、手足失措、举止失措等。

《万历野获篇》词汇研究

侧厘 因思南唐一隅。尚能作澄心堂纸。妙冠古今。乃全盛圣朝。不遑与侧厘结一胜缘耶（26，660）。

案：仅此一例。"侧厘"一词，为"纸"的代称。《汉语大词典》未收此词，而收有"侧理纸"一词，亦省称"侧理"。义为"纸名。即苔纸"，例如晋王嘉《拾遗记·晋时事》："侧理纸万番，此南越所献。后人言陟理，与侧理相乱。南人以海苔为纸，其理纵横斜侧，因以为名。"宋王洋《和陈长卿芭蕉诗》："书生几上侧理纸，巫女庙中尼峡神。"清陈康祺《燕下乡脞录》卷九："赵谷林征君昱家藏侧理纸，盖南越人以海苔为之，质坚而腻，世不轻有。""侧厘"盖为"侧理"之同词异写，但义域扩大。《辞源》《辞海》等亦未收此词，而《辞源》于"侧理纸"下说明也作"陟厘""侧梨"，《辞海》在"侧理纸"下说明"侧理"亦作"陟厘"。

他例如，宋祝穆《古今事文类聚别集》卷十四："张华献《博物志》，制侧厘纸万番，南越所献也。汉人言陟狸与侧理相乱，南人以海苔为纸，其理纵横衰侧，因以为名。"宋李彭《日涉园集》卷三："诗成胆力壮，巨轴书侧厘。"元方回《桐江续集》："何人幻出一横枝，毛颖陈玄涂侧厘。"清姜宸英撰《湛园札记》卷："纸名侧理，亦曰侧厘。"

诧谓（一） 又有吴人周中石、名恭先者。娄中王文肃客也。曾为诸生。去为山人称诗流。寓襄阳。马少时即与相识。顷暂归里。诧谓石匠。我能遇止使君。令若辈售石如初（24，618）。一日。同社馆东郊外韦公庄者。邀往宴集。诧谓余。有神技可阅（24，626）。

案："诧谓"一词，义为"告诉；告知"，同义复词。"谓"有"告诉"义，例如《诗·小雅·隰桑》："心乎爱矣，遐不谓矣。"朱熹集传："谓，犹告也。"《汉书·陆贾传》："臣常欲谓太尉绛侯。"颜师古注："谓者，与之言。""诧"亦有"告知"义，例如《庄子·达生》："有孙休者，踵门而诧子扁庆子。"成玄英疏："诧，告也。"唐韩愈《落齿》诗："因歌遂成诗，持用诧妻子。"清周亮工《书影》卷四："且诧余曰：'君常诮余仕女太肥，试阅此卷，予十指间娉婷多矣。'"《汉语大词典》《辞源》《辞海》等皆未收此词。

他例如，《弇州四部稿》卷七十四："迨而今乡之人阙供者辄诧谓儿曰：'嗜！

女不习殷先生拜祷耶？'"《弇州四部稿续编》卷五十九："长夏醉而临池，不茗而醒。游客每徙倚其地，辄诧谓余：'此何必减王卫军芙蓉池也。'余谢不敢当。"

诧谓（二） 万历辛卯年。宁夏副总兵哱拜。有雀驯扰其肩不去。诧谓旦夕登坛。次年叛兵杀党中丞。推拜父子为主。正去岁雀集之日也。因决意作逆。以致夷灭（29，747）。

案：此处"诧谓"一词，义为"以为，认为"，同义复词。"诧"与"谓"有相同的义项：告知。而由于相因生义或者同步引申的结果，"诧"在此处也具备了"谓"所具有的"料想，以为"义。《汉语大词典》《辞源》《辞海》皆未收此词。

他例如，明吴之鲸《武林梵志》卷六："傚从富春登观山，望江以南，峰阜蔚起，若有宝云卿霭笼护其上，诧谓神嚣仙的，是宜建名刹。"明王世贞《弇州四部稿》卷十二："诧谓官不贫，珠玉纵横出。"《弇州四部稿》续稿卷一百十七："偕行大悲，诧谓君与孺人之为德，累积纤细，以有不孝，其报亦无爽矣。"清秦蕙田《五礼通考》卷一百五十一："中法不谙纬行之原，一见金星在纬南北七八九度，即诧谓本星失行。岂非诬乎？"

谄秽 丁丑江陵之夺情。庚辰江陵之乞身。无人不保。举朝如狂。又谄秽令人呕哕矣（8，221）。

案："谄秽"一词，义为"阿谀奉承，丑陋鄙俗"。《汉语大词典》《辞源》《辞海》等皆未收此词。

伥子 然此后青衿日恣。动以秦坑胁上官。至乡绅则畏之如伥子（22，556）。

案：仅此一例。"伥子"一词，义为"鬼魅，鬼魂"，《汉语大词典》未收此词。"伥"有一义为"旧指为虎所食或溺死者的鬼魂"。例如《太平广记》卷四百二十八引唐戴孚《广异记·宣州儿》："小儿谓父母曰：'鬼引虎来则必死。世人云：为虎所食，其鬼为伥。我死，为伥必矣。'"《太平广记》卷四百三十二引宋孙光宪《北梦琐言·逸文·周雄毙虎》："凡死于虎、溺于水之鬼号为伥，须得一人代之。"明都穆《听雨纪谈·伥裰》："人或不幸而罹虎口，其神魂不散，必为虎所役，为之前导。今之人凡毙于虎者，其衣服巾屦，皆别置于地，此伥之所为也。"故"伥子"

亦为"鬼魅，鬼魂"。《辞源》《辞海》等亦未收此词。

他例如，《通鉴纪事本末》卷二十一上："奄人王宝孙，年十三四，号为伥子，最有宠，参豫朝政。虽王垣之、梅虫儿之徒亦下之。控制大臣，移易诏敕，乃至骑马入殿，诋诃天子。公卿见之，莫不慑息焉。"

敞洁 京师最多凶宅。归德沈宗伯为史官时。从里居补官入都。僦居亦敞洁。与先寓密迩（补遗4，925）。

案：仅此一例。"敞洁"一词，义为"宽敞洁净"。《汉语大词典》未收此词，而收有其同素词"敞丽、敞豁、敞静、敞闲、敞平、敞朗、敞亮"等。《辞源》《辞海》等亦未收此词。

他例如，宋张淏《会稽志》卷三："而所构华壮敞洁，甲于郭内所为晋安寺者。"宋龚维蕃《重建先生祠记》："左右二塾虚明敞洁，以延学子。"元宋本《水木清华亭记》："又前则田畴迤逦，亭半出溪上，三楹颇加黝垩，敞洁以雅。"清于敏中《钦定日下旧闻考》卷一百三十四："香积泉右有方亭，敞洁可坐。"

场伶 一时子弟俱佻达少年……益务招集健儿同居处。乃至沉命胥徒场伶市棍。未免阑入（18，477）。

案：仅此一例。"场伶"一词，《汉语大词典》未收，义盖为"伶人"。《辞源》《辞海》等亦未收此词。

沉官 万氏伯仲。虽又进秩。仍为沉官（5，138）。

案：仅此一例。"沉官"一词，义为"有官名而无固定职事之官。与职事官相对而言"。

《汉语大词典》未收此词，而收有其平行词"散官"。《辞源》《辞海》等亦未收此词。

他例如，明徐纮《明名臣琬琰续录》卷一："时公为仪制郎中，特陈修德弭灾十四事：一畏天戒，二任燮理……十三却贡献，十四汰沉官。"

沉剧 其初得疾时。梦慧秀被桎梏至……吴惊悸汗流。醒而沉剧。以至不起（27，695）。

案："沉剧"一词，义为"谓病情沉重，病势加剧"。《汉语大词典》未收此词形，而收有其异形词"沈剧"。仅举《续资治通鉴·宋真宗乾兴元年》一例："当丑徒干纪之际，属先皇违豫之初，雁此震惊，遂至沈剧。"《辞源》《辞海》等亦未收此词。

沈滞　冯于内典究心。平日以莲邦自许。一旦沦入神鬼趣中。为修证耶。为沈滞耶。俱未可定也（28，721）。

案：仅此一例。从行文体例来看，此处"沈滞"一词，当与"修证"一词相对为义。"修证"一词，义为"佛教称修行证理为修证"，证理，证悟真理。则"沈滞"一词当义为"沉沦，堕落"，此处指未上升到极乐世界而堕入神鬼趣中。《汉语大词典》未收此义。《辞源》《辞海》等亦未收此义。

斥籍　自辛巳后。凡经丁亥、癸巳、己亥、乙巳四斥籍。无有议起废者（11，302）。然是时。方以重典刑乱国。良民多坐微眚。隶斥籍。其戴恩者必无多（17，428）。

案：仅此二例。"斥籍"一词，义为"明代给犯罪的人所编的册子"。《汉语大词典》未收此词。《辞源》《辞海》等亦未收此词。

斥吏　维时又有无赖青衿王制者。同一斥吏。伪造海中丞疏（22，572）。

案：仅此一例。"斥吏"一词，义为"被革退的官吏"。《汉语大词典》未收此词，而收有与其构词理据相同的同素词"斥生"。《辞源》《辞海》等亦未收此词。类此都可看作用类推手段造出来的"词法词"[①]。

畴算　况制历家畴算。亦以子正初刻为本日之始（20，524）。

案：仅此一例。"畴算"一词，义为"计算"。《汉语大词典》未收此词，而于"筹算"一词下收有义项"谋划计算"，但只说明亦作"筹箅"。盖"畴算"与此二词亦为异形词的关系。《辞源》《辞海》等亦未收此词。

出局　首挨一品恩荫。例拜尚宝司丞。次挨与六卿至一品者。得拜中书舍人。

[①]董秀芳：《汉语的词库和词法》，北京大学出版社2004年版，第9页。

中书考满十二年。始升三级为主事。又九年为尚宝卿。俱仍管中书事。即加至四品三品不出局。约略与玺卿等。诸胄君苦之。反羡京幕郎署之递转早得金绯。膺龚黄之寄（11，286）。且一转参议。须满三考始一迁。俱在本衙门。即加至尚书。亦无出局者。以故有志者俱不屑就。或郎属为堂官所开送。多宛转避之（20，517）。

案：仅此二例。此处"出局"一词，义为"官员离开本衙门到别的部门"，《汉语大词典》未收此义。《辞源》《辞海》等亦未收此义。

他例如，宋董煟《救荒活民疏》："会李不权州，臣迫官期出局，故行之未免作辍，良可叹息。"宋陈骙《南宋馆阁录》卷六："麟台故事：三馆秘书升迁外补者，众必酿会置酒集于僧舍以饯之，其外补者或赋诗以赠其行。祖宗盛时，三馆之士出局必相过从，或集于名区僧舍饮酒赋诗。"《金史·选举志三》："宫中诸局分承应人，有年满数差使者，往往苦于稽留，而卒不得。其差者，复多不解文字而不干，故公私不便。今后愿出局者听，愿留者各增其秩，依旧承应。其十人长，虽老愿留者亦增秩，作长行承应，余依例放还。"

触权 自江陵诸子鼎甲以来。政府象贤。例为建言者所议。至娄江公子之才。亦指摘及之。盖以触权之名甚美。不问其无忝科第否也（16，420）。

案：仅此一例。"触权"一词，义为"触犯权贵"，《汉语大词典》未收此词。《辞源》《辞海》等亦未收此词。

他例如，明尹台《洞麓堂集》卷六："犹恐批引连类，上伤主心，下卒不免犯势触权之祸。"明周起元《周忠愍奏疏》卷上："放弃诸臣，批鳞者不罪，触权者永锢。"明胡广《性理大全书》卷六十八："及其衰也，怀济时之志则以触权而婴祸，谢事丘壑则以党锢而陷刑。"清孙奇逢《中州人物考》卷一："知无不言，言无不尽，虽触权犯忌，遭大谴责，不悔也。"从最后这个例子我们也可以看出《汉语大词典》应该为"触权"收词立目，因为《汉语大词典》收录与其地位平等的"犯忌"一词。

传代 盖挟册传代诸弊。视里试有加焉（15，391）。

案：仅此一例。此处"传代"一词，义为"谓应科举考试时请人传递答卷或者代考"，《汉语大词典》未收此义。《辞源》《辞海》等亦未收此义。

疵秽 倘及三考。则京堂在望。惟恐后生搜抉疵秽。遏其大用。日惟俯首鞠躬。连揖深拱（26，667）。

案：仅此一例。"疵秽"一词，义为"缺点；过失"，《汉语大词典》未收此词，而收有与其同义或近义的同素词"疵玷、疵瑕、疵垢、疵衅、疵点"等。《辞源》《辞海》等亦未收此词。

窜取 （中丞）闻之大怒。讼之官。系韦狱中。牧之以重赀窜取而出。携之远逃（23，600）。

案：仅此一例。"窜取"一词，《汉语大词典》仅列一个义项"偷袭攻取"，且仅举《明史·濮英传》一例："纳哈出余众窜匿者尚数十万，闻师旋，设伏于途，谋俟大军过窜取之，未发。"

今谓上揭例中显然不为此义，当别为一义。细绎文义，盖为"混入谋取"义。《汉语大词典》未收此义。《辞源》《辞海》等亦未收此义。

他例如，宋周密《癸辛杂识》别集卷上："郑润父霖来守苏，盖旧游也。因燕集扣其人，知在刘处，亟命逮之。隶辈承风，径入堂奥窜取以去。"清王澍《竹云题跋》卷三："后来好事家以其迹似褚，又不细考其世次本末，但窜取碑字凑集成文，而割裂他碑诸款，以便售利耳。"清徐乾学《资治通鉴后编》卷一百五十二："今四郊多暴骨，窜取以易，谁复知之？"

D

戴恩 然是时。方以重典刑乱国。良民多坐微眚。隶斥籍。其戴恩者必无多（17，428）。

案："戴恩"一词，义为"感戴恩德"，仅此一例。《汉语大词典》未收此词，而收有与其同义的同素词"戴德"，且仅举清陈梦雷《绝交书》一例："不孝抵家，将军招至军前，恩礼有加，罔测其故，尚意为年兄揄扬之过，戴德不遑。"《辞源》《辞海》等亦未收此词。

他例如，《太平广记》卷四百六十七："某家楚水者也，今不幸，死在朝夕，非君不能活之。倘获其生，不独戴恩而已，兼能假君禄益，君为将为相，且无难矣。"《宋史·兵志十二》："又况废监以来，牧地之赋民者，为害多端，若复置监牧而收地入官，则百姓戴恩，如释重负矣。"《醒世恒言》卷二十六："百姓戴恩怀德，编成歌谣，称颂其美。"

荡肆 刘高俱名士。然为守令一方。则上下自有体。何至荡肆乃尔（22，578）。

案：仅此一例。"荡肆"一词，义为"放荡，放肆"，《汉语大词典》未收此词。《辞源》《辞海》等亦未收此词。

他例如，宋王安石《李通叔哀辞并序》："求其所为文，则一本于古，华虚荡肆之学盖未尝接于其心。"明罗洪先《念庵文集》卷三："分明二人属两家风气，今比而同之，是乱天下也。持此应世，安得不至荡肆乎？"

底案 簿之有无。总不可知。然代言视草。尚须存稿。岂有圣断处分。寄草创于近弼。而条拟本案。不留一字。他日谁为将顺。谁为规正。又何从辨之。况六科俱有抄旨底案。则阁中虽无故事。特设此一簿亦宜（8，223）。今实录所载姓名。稍异一二。偶得当时底案。录其姓名。并刑部奉旨于后（18，470）。

案："底案"一词，义为"官府公文或判断文书等的底本"，《汉语大词典》《辞源》《辞海》等皆未收此词。"案"有"官府处理公事的文书、成例和狱讼判定的结论等"义，见"本案"条，不赘述。

他例如，明方以智《通雅》卷三："唐之甲历，则奏钞底案也。"《钦定平定台湾纪略》卷五十五："但各该员于某项照何例支放若干，均未随时具报。即间有禀及者，亦无细数，清册亦难作为报销之底案。"《世宗宪皇帝朱批谕旨》卷二十八："所有虚浮，皆在采买米、豆、草束等项，及雇运脚价内藏掩，然而皆有底案可稽。"《世宗宪皇帝朱批谕旨》卷一百二十六之三："若河库零星支给，并临时通融给发之项，抚臣衙门并无底案可查。"

弟兄 凡内人呼所配为菜户……唯名下人。及厮役辈。则曰某公为某老太弟兄。盖老太乃宫女尊称。而弟兄则翁姬之别名也（6，178）。

案：仅此一例。从文义显然可知，此处"弟兄"一词，义为"明代宫廷中厮役对宫女配偶的称呼"，《汉语大词典》未收此义。《辞源》《辞海》等亦未收此义。

貂弁　虽主上惑于貂弁。秕政日闻。赖诸公匡救弥缝（7，194）。

案：仅此一例。"貂弁"一词，义盖为"宦官，太监"。《汉语大词典》未收。《辞源》《辞海》等亦未收此词。

调简　是年正月。锦衣卫经历沈炼。抗疏纠首辅严嵩。嵩力辨。谓炼作县败官调简。今知京察必处。以故建言祈免黜幽（12，304）。

案："调简"一词，亦仅此一例，义为"调任政务清简的州县"，《汉语大词典》未收此词，而收有与其构词理据相同、意义相反（义为"调任政务繁剧的州县"）的平行词"调繁"。益可见《汉语大词典》在收词立目时并未很好地联系相关条目。《辞源》《辞海》等亦未收此词。

他例如，明文秉《烈皇小识》卷七："众心愤恨，几激民变。巡抚黄希宪曲庇之，仅以调简。"明孙懋《孙毅庵奏议》卷下："贵州参议某某才识疏庸，虽调简不闻展布。"《明史·选举志三》："郡县之繁简或不相当，则互换其官，谓之调繁、调简。"顾炎武《日知录》卷八："后乃一齐其品，而但立繁简之目。才优者调繁，不及者调简。"清傅泽洪《行水金鉴》卷一百十二："公请以桩草折银复建之，害由此息。调简登州，历四川参政。"

读本　通政为大九卿之一。然两参议以读本为职。皆选仪貌整而声音洪者（20，517）。而左右参议又以读本故。必由遴选而授。班行厌薄之不肯就。鸾台重地。积轻已非一日（20，518）。窃谓鸿胪既司引奏。吐纳殿廷。何不即以读本属之（20，518）。

案：仅此三例。此处"读本"一词，义为"朗读奏本"，《汉语大词典》未收此义。《辞源》《辞海》等亦未收此义。

他例如，明佚名《明珠缘》第一回："两边引奏官接了奏章，一面进上御前拆封。读本官跪下宣读，皆是水灾告急。"清《圣祖仁皇帝圣训》卷二十九："上谕大学士等曰：'昔听政时每令读本，朕与公过必隆、公鳌拜共听之。'"

黩肆　成化中有襄阳人王臣者。以跛名瘸子。用方术见幸。自云能立成黄金。

上信之。拜锦衣千户。命同太监王敬下江南采诸药。以备点化。至吴越间,黩肆万状,几激变乱,被劾伏诛(27,698)。

案:仅此一例。"黩肆"一词,义为"贪污恣肆"。《汉语大词典》未收此词。《辞源》《辞海》等亦未收此词。

敦讲 于是一时风靡。论议如出一口。敦讲年谊。情比埙篪(15,386)。

案:"敦讲"一词,义为"亲密地谈论"。《汉语大词典》《辞源》《辞海》等皆未收此词。

他例如,金佚名《大金吊伐录》卷一:"累交聘礼,敦讲世和。"同书卷二:"兹者大军南来,自抵京邑,敦讲旧好,许约盟书,宗社载安,生灵宁息。"宋王珪《华阳集》卷二十三:"敕卿敦讲邻和,辅承使指,方寒威之正厉,念长路之多勤。"

E

阿骂 后为少宰。勒庶吉士避道。至遭阿骂(9,244)。

案:仅此一例。"阿骂"一词,义为"斥责;咒骂",同义复词。"阿"通"诃",义为"斥责"。《老子》:"唯之与阿,相去几何?"刘师培斠补:"阿当作诃。《说文》:'诃,大言而怒也。'《广雅·释诂》:'诃,怒也。''诃'俗作'呵'……'唯之与阿',犹言从之与违也。"按:马王堆汉墓帛书甲本《老子》作"诃",乙本作"呵"。《荀子·君道》:"其于人也,寡怨宽裕而无阿。"《明成化说唱词话丛刊·花关索认父传》:"言道太子多上伏,要娶三娘子一人,要去寨中为寨主,大王不可阿来人。"《汉语大词典》未收此词。《辞源》《辞海》等亦未收此词。

讹惑 其书以嘉靖初元为始。似续陈建所著。然专借以报凤仇。且屡改易以行垄断。抑通纪之不若矣。宜亟付秦焰。免致讹惑后学可也(25,638)。

案:"讹惑"一词,义为"误导;错误地引导"。《汉语大词典》《辞源》《辞海》等皆未收此词。

他例如,唐道宣《广弘明集》卷八:"徒讹惑生民,败伤王教。真俗扰动,归正无从。"宋柳开《河东集》卷二："世既炽耀其释老也，讹惑于上下之人。"元王逢《经杨节妇故居》："丁丑夏，彗星见。天下童男女讹惑，皆成配。"

扼控　往时邱文庄建议立四辅。以宣府为北府。永平为东府。俾守松亭关一带。及扼控辽左（24，606）。

案："扼控"一词，义为"控制"。《汉语大词典》未收此词，而收有其同义异序词"控扼"。《辞源》《辞海》等亦未收此词。

他例如，宋徐梦莘《三朝北盟会编》卷四十六："非以虎符起天下兵扼控边陲，荡攘群敌，则何以震慑远人？"宋蔡襄《端明集》卷二："符离封城古云望，扼控东南地形壮。"《宋史·蛮夷列传》："时威州亦建亨、祺二州，然亨至威才九十里，寿宁距茂才五里，在大早江之外，非扼控之所，未几皆废。"

F

法嗣　今姚继之后。盛于吴中。俱不肯名广孝法嗣耳（27，682）。

案："法嗣"一词，《汉语大词典》收有二义：1.佛教语。禅宗指继承祖师衣钵而主持一方丛林的僧人。宋苏轼《器之好谈禅戏语器之可同参玉板长老》诗："丛林真百丈，法嗣有横枝。"《红楼梦》第二二回："五祖欲求法嗣，令诸僧各出一偈。"2.指学艺等方面的继承人。宋施彦执《北窗炙輠》卷上："时夜半起，槌其法嗣门，索火甚急，法嗣知其得句也。"金王若虚《滹南诗话》卷三："鲁直开口论句法，此便是不及古人处，而门徒亲党以衣钵相传，号称法嗣，岂诗之真理也哉？"元刘埙《隐居通议·诗歌一》："合二十五人以为法嗣，谓其原流皆出 豫章也。"

今谓此处"法嗣"一词，义为"后代，后裔"，与上举二义相关而有别。此则标题名为"酒帘得子"，讲的是少师姚广孝因见一酒帘书法，经问知为一里中少年所书，欢喜之下认其为子，取名姚继。姚继由此显贵，位至太常少卿。但以后姚继的后代却不愿意承认自己是姚广孝的后代，因为其只是姚继的义父，不具血缘关系。

《万历野获篇》词汇研究

逢世 丰坊先为主事。值大礼议起。欲考献皇。同衙门有公本争之。坊附名。得旨同众廷杖降调。及后考察。以通州同知罢官家居。又上疏请宗献王入太庙。自谓当时迫于父学士熙严命不敢违。非本意也。其时又有主事陆澄。亦以大礼抗疏异议。请告归。 及见张、桂大用。又疏诵张、桂之功。谓得之业师王守仁。而始悟前说之非。二人富贵熏心。改口逢世。又诿其责于父师。真悖逆之尤（20，509）。

案：仅此一例。此处"逢世"一词，义为"媚世；求悦于当世"。《汉语大词典》于此词条下仅列一个义项"谓遇到好世道"，未收此义。《辞源》《辞海》等亦未收此义。

他例如，明陆时雍《诗镜总论》："率而好尽者，易俗也；率而畏人者，易俗也；媚而逢世者，易俗也。"清靳辅《文襄奏疏》卷八："又臣前此逢世无术，以致负谤招尤。"清胡文学辑《甬上耆旧诗》卷十："性亢洁，不喜逢世。张桂受上殊宠，朝士尽奔走。顾独慕先生名，欲相款引，终不一折节。岁时上寿，遣吏投刺，驰马过其门。诸老恨之入骨。呼为'轻薄小黄毛'。同辈亦多姗螫者。"

服辜 盗始吐实。得林尸于江。归而敛之。盗尽服辜（23，602）。

案：仅此一例。"服辜"一词，义为"服罪；承担罪责而死"。《汉语大词典》未收此词，而收有与其近义的同素词"服罪"及与其同音且同义的同素词"伏辜"。二者盖为异形词的关系。《汉语大字典》《汉语大词典》虽收有"服"字通"伏"字的义项，而此义却不在其中。《辞源》《辞海》等亦未收此词。

他例如，《宋史·石公弼列传》："呼舟人物色之，乃公备与寓客妻通，杀其夫，畏事觉，所至窃官钱赂其下，故诡为此说。即收捕穷治，皆服辜。"元陶宗仪《南村辍耕录》卷二十八："公怒其诟辱师表，有伤风化，勾摄赴官。服辜。"《元史·申屠致远列传》："致远谳之，得其情，溶服辜。"明刘元卿《贤弈编》卷四："古涧首之州，及至官，成遂服辜。"

伏骼 先人劝其他迁。未举。一日拆坑。则一少妇尸在焉。宛然如生。宗伯大惊。立移他所。此等枉死伏骼。京中往往有之（补遗4，925）。

案：仅此一例。"伏骼"一词，义为"伏尸；倒在地上的尸体。指死者"，《汉语大词典》未收此词，而收有与其有相同义项的同素词"伏尸"。《辞源》《辞海》等亦未收此词。

副篷　商丘沈龙江大宗伯亦苦乏嗣。其门人相知者。欲往谋纳副篷（23，596）。

案：仅此一例。"副篷"一词，义为"妾"，同义复词。《汉语大词典》未收此词。《辞源》《辞海》等亦未收此词。"逼""篷"在"附属"义上相同，例如《左传·昭公十一年》："僖子使助蓬氏之篷。"杜预注："篷，副倅也。蓬氏之女为僖子副妾。"《文选·张衡〈西京赋〉》："属车之篷，载猃猲獢。"薛综注："篷，副也。"宋赵与时《宾退录》卷一："三司副使曰篷。"元马祖常《寄六弟元德宰束鹿》诗："汝今作出县，我偶尚书篷。"清黄宗羲《玄若高公墓志铭》："所配范氏，赠淑人；继徐氏，封淑人；篷施氏。"

G

告逆　林以告逆功。升光禄少卿。寻以都御史抚江南（8，213）。

案："告逆"一词，义为"告发造反的阴谋"。《汉语大词典》未收此词，而收有其同义或近义的同素词告首、告奸、告讦、告罪、告密、告发等。

割卷　丙午科之秋。顺天第四名邹汝矿以割卷败露。枷于礼部门。其文本出马显忠求补缺额不允。未几郁死（16，419）。顷丙午顺天乡试。第四名郑汝矿者。浙江之绍兴人也。与同里人顺天书办俞姓者作奸。割人佳卷。以致高掇（26，670）。

案：仅此一例。"割卷"一词，《汉语大词典》未收，盖义为"古代科举考试时，作弊者将水平较高者的试卷割取下来粘贴到自己的试卷上，以求考中"。《辞源》《辞海》等亦未收此词。

他例如，《明史·选举志二》："其他指摘科场事者，前后非一，往往北闱为其，他省次之。其贿买钻营、怀挟倩代、割卷传递、顶名冒籍，弊端百出，不可穷究，而关节为甚。"

故物　先朝中式举人。会试不到者。降充吏。如四川马湖府王有学等。后以展辨得免吏役。复入会场。已会纪其事矣……何不引王有学等例。还其故物而就试欤？（15，401）。此非科目也。反不失故物。亦异矣（16，409）。

案：仅此二例。此处"故物"一词，义为"过去的官职"。《汉语大词典》于此词条下仅列一个义项"旧物；前人遗物"，未收此义。《辞源》《辞海》等亦未收此义。

他例如，宋魏泰《东轩笔录》卷十："陆经，庆历中为馆职。一日，饮于相国寺僧秘演房，语笑方洽，有一人箕踞于旁，睥睨经曰：'祸作矣，近在顷刻，能复饮乎？'陆大怒，欲捕之，为秘演劝而止。薄暮，饮罢上马，而追牒已俟于门，陆惶惧不知所为。复见箕踞者行且笑曰：'无苦，终复故物。'既而陆得罪，斥废累年。嘉祐初，乃复馆职。"《明史·张养蒙列传》："将见媚子宵人投袂竞起，今日献灵瑞，明日贡珍奇，究使败节文官、偾军武帅，凭藉钱神，邀求故物，不至如嘉靖末年之浊乱不止也。"

H

骇笑 炜每出。辄服所赐衣冠。前列诸神免迎牌。及拷鬼械具。已可骇笑（4，121）。近偶有一二西台谈及。云曾以视工至一冬曹郎私宅。适其同管工内官移庖在焉。邂逅欢甚。固留同集。但席间每呼曹郎为表兄。曹郎有赧色。西台怪询其故。则云吾与工部公偕勤王事。为表里衙门。故有此呼。以示亲昵。西台骇笑而别。抑更奇矣（19，489）。汪无计。乃赁其邻空室。穴以入其庭。伺其将出。扶服叩首泣于阶下。永嘉骇笑。虽待遇如初。而心薄之（21，549）。其门下词客如潘之恒、俞安期辈。又从而付会之。作歌作颂。更堪骇笑（25，630）。

案：共四例。"骇笑"一词，义为"惊讶讥笑"。《汉语大词典》未收此词，而收有其平行词"惊笑"，正为此义，仅举《新唐书·魏元忠传》一例："故汉拜韩信，举军惊笑；蜀用魏延，群臣觖望。"《辞源》《辞海》等亦未收此词。

他例如，《太平广记》卷二百六十："唐代宗朝，京兆尹黎干以久旱，祈雨于朱雀门街。造土龙，悉召城中巫觋，舞于龙所。干与巫觋更舞，观者骇笑。"宋张戒《岁寒堂诗话》卷上："往在柏台，郑亨仲、方公美诵张文潜《中兴碑》诗，戒曰：‘此弄影戏语耳。’二公骇笑，问其故。"《宋史·常安民列传》："善观天下之势，犹良医之视疾，方安宁无事之时，语人曰‘其后必将有大忧’，则众必骇笑。惟识微见几之士，然后能逆知其渐。"明于慎行《谷山笔麈》卷十一："万历壬辰，倭寇朝鲜，朝廷遣兵援，恐其不胜，欲调播酋杨应龙兵东救朝鲜。又听一妄男子上言，欲发暹罗之兵，使由海道捣其巢穴，庙堂以为奇策，识者闻之，无不骇笑。"

呵詈　（仰芹）方发封读数行。即大声呵詈。且叹恨曰。冯氏从此不祀矣（22，573）。

案：仅此一例。"呵詈"一词，义为"呵斥，责骂"。《汉语大词典》未收此词，而收有其同音同义异形词"诃詈"。《辞源》《辞海》等亦未收此词。

狠横　然其中如黄绾之狡险。彭泽之狠横。又岂可以磊磊目之（25，628）。

案：仅此一例。"狠横"一词，义为"凶狠蛮横"。《汉语大词典》未收此词，而收有与之同义或近义的同素词"凶横、鸷横、骜横、顽横、蛮横"等。《辞源》《辞海》等亦未收此词。

洪护　后魏道武帝。用崔浩之言。尽诛缁流。毁梵宇。可谓备极惨毒。而太子不遵其命。多所洪护。至胡太后而其教愈盛（27，679）。

案：仅此一例。"洪护"一词，义为"大力庇护；大力维护"，《汉语大词典》未收此词。

花籍　所蓄乐户较他藩为多。今以渐衰落。在花籍者尚二千人（24，612）。

案：仅此一例。"花籍"一词，义盖为"旧指户口册上的户口"，《汉语大词典》未收此词，收有与其同义的同素词"花户"。《辞源》《辞海》等亦未收此词。

蓁诱　士大夫素以豪杰自命。不幸为此辈所蓁诱。入其彀中（17，450）。

案：仅此一例。"蓁诱"一词，义为"收买利诱"，《汉语大词典》未收此词。《辞源》《辞海》等亦未收此词。

挥使　其园后属一挥使。为吴妓借居。余曾久留于中。绝无他异。今又属他姓矣（28，727）。

案：仅此一例。"挥使"一词，为"指挥使"或"都指挥使"的简称。《汉语大词典》未收此词。《辞源》《辞海》等亦未收此词。

他例如，宋司马光《涑水记闻》卷四："召挥使骂曰：'衙官，汝何敢如此，欲求决配乎？'指挥使百拜流汗，乃舍之。"

J

记认　凡其同乡。江南四府监生卷。皆另为一束记认之。不派房。不批阅（15，389）。

案：此处"记认"一词，义为"做标志；做记号"，《汉语大词典》于此词条下收有名词性的"标志；记号"义，而未及此义。实则此词亦可用作动词，体用同称，这是许多实词的共同特点。《辞源》《辞海》等则未收此词。

他例如，元朱凯《昊天塔孟良盗骨》："这骨殖都有件数，每件件有郎主朱笔记认的字迹在上。那一个敢假得？"《二刻拍案惊奇》卷二八："小人其时就怕后边或有是非，要留做证见，埋处把一棵小草树记认着的，怎么不现在？"《东周列国志》第五十八回："若依我说，将三叶次第记认，你次第射中，方见高手。"明冯梦龙《精忠旗》第二十六折："掩埋已毕，将何记认？嗄，有了，近处有小橘二株，移来植于冢上，却不是好？"

顺及："记认"的同素异序词"认记"，与"记认"完全同义，具备"记认"一词的所有义项：1.记忆认识；2.标志；记号。3.做标志；做记号。《汉语大词典》《辞源》《辞海》等皆未收此词。例如，明张国维《吴中水利全书》卷十六："仍于四旁用土封识，不得移动此桩。不独界限分明，亦可认记老岸，使兴工之后，不得增高两岸，以虚报河身丈尺。"《弇山堂别集》卷八十四："且弥封等官多有认记改作之弊，今虽欲辨之，无由矣。"《二刻拍案惊奇》卷二八："曾有人将颜色认记杨树一叶，我于百步外射之，正穿此叶中心，故曰百步穿杨。"清温达《圣祖仁皇帝亲征平定朔漠方略》卷三："仍会同提督孙思克，将地之界限，令伊标下官弁认记之。"

胶互　焦芳从吏部。刘宇从兵部。先后入阁……皆逆瑾所引。胶互弄权（7，194）。

案：仅此一例。"胶互"一词，义为"互相勾结"，《汉语大词典》未收此词。《辞源》《辞海》等亦未收此词。

他例如，清吴伟业《绥寇纪略》卷四："延绥贼薮同恶胶互，逋逃归之者首尾不绝。"

节次　刑部侍郎齐韶之斩西市也。时为正统十三年之七月初旬。罪既不蔽其辜。节次亦非其候。天下至今冤之（18，482）。

案：仅此一例。此处"节次"一词，义为"时节，时间"。因为古代尤其是明清两朝处决犯人一般在阴历九月以后，即所谓秋后问斩，而齐韶被斩在七月，故云非其候。《汉语大词典》未收此义。该书《补遗卷一·内监·王振恩卹》有云："天顺七年。河南裕州民告其知州秦永昌贪暴。上命锦衣官校核之。逮至京师鞫。籍没其家。斩永昌于市。时五月初旬。非行刑时也。"与此事同。《辞源》《辞海》等亦未收此义。

他例如，元秦简夫《东堂老劝破家子弟》："想你父亲死后，你将那田业屋产，待卖与别人，我怎肯着别人买去？我暗暗的着人转买了，总则是你这五百锭大银子里面，几年月日节次不等，共使过多少。"

阱捕　夫妇俱化为虎。残害人畜。不可胜计。百计阱捕终莫能得（补遗 4，925）。

案：仅此一例。"阱捕"一词，义为"挖陷阱捕捉野兽"，《汉语大词典》未收此词。《辞源》《辞海》等亦未收此词。

他例如，明谢肇淛《滇略》卷十："夫妇皆化为虎，残害人畜不可计，百方阱捕，竟不能得。"

究终　时张氏阖门惴恐。祸且叵测。乃大行金于内。昭圣亦百端祈请。事稍懈犹罚子麟等俸。二张朝参。究终罢不许（5，151）。时人皆为不平。究终不能坐郭（18，474）。二人俱市井驵侩。本无足道。然亦以小慧寸长。坐致华膴。又有神物附之。似非偶然。究终不能救其败（27，702）。

案：仅此三例。"究终"一词，义为"终究，究竟"。《汉语大词典》未收此词，而收有其同素异序同义词"终究"，但所举二例皆为现代汉语例。《辞源》《辞海》等亦未收此词。

居址　忆往年先人为史官。今晋江李九我宗伯。入馆后二科。而居址最近。臭味亦最洽……毫无町畦也（10，271）。

案：仅此一例。"居址"一词，义为"住处，住所"，《汉语大词典》未收此词。《辞源》《辞海》等亦未收此词。高文达《近代汉语词典》收有此词，仅举东鲁古狂生《醉醒石》第十回一例："这三个问了姓名居址，道：'异日必图环报。'"

他例如，明金幼孜《北征录》："但见鹿蜕角满地，间见人家居址坟茔，渐见有数卒驱驴过，问大营所在，皆不知。"明王守仁《王阳明全集·静心录之六》："闻余姚居址亦已分析各人管理，不致荒废，此亦了当一事。"明陆容《菽园杂记》卷七："如太仓城中军民居址、街衢河道，皆作纳粮田地。"《二刻拍案惊奇》卷三："问起妙通师父，说着姓名居址，家中长短备细，故此托名前来，假意认亲。"

剧盗　唐末朱温、李克用。皆一时剧盗酋豪（5，138）。偶至粤西。为剧盗陈亚三等所戕（23，601）。

案："剧盗"一词，义为"大盗，强悍的贼寇"。《汉语大词典》未收此词，收有与其同义的同素词"剧贼、豪贼、鼎贼、大盗"等。《辞源》《辞海》等亦未收此词。

他例如，《宋史·高宗本纪》："扈从统制苗傅忿王渊骤得君，刘正彦怨招降剧盗而赏薄。"《金史·石抹元毅列传》："有剧盗白昼恣劫为民害，元毅以术防捍，贼散去。"《元史·成遵列传》："武昌自十二年为沔寇所残毁，民死于兵疫者十六七，而大江上下，皆剧盗阻绝，米直翔涌，民心遑遑。"《明史·邢珣列传》："招降剧盗满总等，授庐给田，抚之甚厚。"

绝响　若光学士。则自嘉靖末年张蒲州特拜。骇为奇事。今遂绝响。但为大宗伯兼官而已（10，260）。向来闽中无大拜者。唯永乐间杨文敏入阁。然不由翰林。此后二百年绝响矣（10，269）。然戊辰庶常诸君尚沿馀习。以故陈玉垒、王对南、于谷峰辈。犹以四六擅名。此后遂绝响矣（10，270）。其引退者。类知吏将议及。藏拙居多。即小京堂绝响矣，何论中丞（11，280）。而御史径超金堂。遂绝响矣（17，448）。予幼时。犹见老乐工二三人。其歌童也俱善弦索。今绝响矣（25，641）。

案：此处"绝响"一词，义为"故事、先例中断"，为动词。《汉语大词典》于此词条下收有二义：1.后因称中断散失之学术技艺为"绝响"。2.指最高造诣的学问技艺。皆为名词义。未收此义。其实此义即由义项1稍加引申而来。《辞源》《辞海》等亦未收此义。

俊称 莫、袁俱负俊称。知名当世。此举颇不为乡评所与（8，220）。

案："俊称"一词， 义为"美好的声誉"。《汉语大词典》未收此词，而收有与其义同或义近的同素词"英称、美称、嘉称、令称、俊声、儁望"等。《辞源》《辞海》等亦未收此词。

他例如，宋李流谦《与姚县丞启》："袭簪笏于显门，初无侈习；振衣冠于宦海，蔚有俊称。"宋陈亮《喻夫人王氏改葬墓志铭》："今有子四人，曰：榉老、榆老、樇老、槿老。而汝方亦能以学问自见于乡间。楠老今名宏，有俊称。桧老名宪，能经纪家事，而不废学。"明孙承恩《紫泉行赠阶守张子》："张子磊落多俊称，一麾出守秦川行。"明许应元《草桥先生传》："少长从先生长者游，有俊称，选为学士，与邑人王一槐荫伯相友。"

K

开送 且一转参议。须满三考始一迁。俱在本衙门。即加至尚书。亦无出局者。以故有志者俱不屑就。或郎属为堂官所开送。多宛转避之（20，517）。

案：仅此一例。"开送"一词，义为"挑选推荐"。《汉语大词典》未收此词，而收有与其同义或近义的同素词"保送、选送、解送"等。《辞源》《辞海》等亦未收此词。

他例如，明汤显祖《牡丹亭·延师》："我杜宝出守此间，只有夫人一女。寻个老儒教训他。昨日府学开送一名廪生陈最良。年可六旬，从来饱学。一来可以教授小女，二来可以陪伴老夫。"明何孟春《乞恩分豁疏》："访得直隶镇江府丹徒县省祭官任汉，本府两考役满吏李棠，俱各写字端楷，谙晓行移，已经行令该府开送跟随前来书办。"《烈皇小识》卷二："若近日所推年例，吏科都给陈良训，谁为开送，谁为商计哉？"《四库全书总目》卷八十三："其余内外各官，果有真知灼见，在内开送吏部，在外开报督抚，代为题荐。"

勘功 时内臣督工竣事。叙荐阁部科道诸臣皆用骈语。如宪臣勘功胪列无异。识者已骇其僭矣（29，742）。时给事中泽州人徐涵碧奉使勘功。至则与丁协力倾在事诸文武。军中数十万人。皆切齿恨之（补遗4，937）。

案："勘功"一词，义为"核实功绩"，明清时代多用此语。《汉语大词典》未收此词。《辞源》《辞海》等亦未收此词。

他例如，明孙承恩《文简集》卷五十："予俾汝事勘功论赏，惟公惟明。"明潘希曾《竹涧集》奏议卷二："吴山年力方壮而累建军功，志操可观而亦善骑射，见奉查勘功，升都指挥佥事。"明毕自严《石隐园藏稿》卷七："王寨之捷，皆臣弟徙薪之成算也。当时督师题叙巡关勘功，俱谓臣弟积劳难泯。"清张廷玉等编《明史·刘綎列传》："綎戍朝鲜二年，劳甚，觊勘功优叙，乃赂御史宋兴祖。"清刘于义等编《陕西通志》卷五十一："御史勘功，始奏铣绩，且有功不伐，尤边臣所难。诏以银币重赏之。"

刻礉 恭敏自是铁汉。此举似太刻礉（18，459）。

案："刻礉"一词，义为"苛刻；峻刻"，同义复词。《万历野获编》一书的另一种版本，收入台湾《明季史料集珍》中的版本中作"礉刻"（1204页）。《汉语大词典》未收此词。《辞源》《辞海》等亦未收此词。

他例如，清陈鼎《东林列传》卷二十四："可聘为人恭谨，外刚而内和，不尚刻礉诡激之行，以钩取声誉。"

空凄 朕南巡谒陵。今又视大峪山峪地空凄。岂如纯德山完美（补遗1，797）。

想世宗何等英断。始而曰丰衍。既而曰空凄。尚未有定见如此。况臣下书生臆断乎（补遗1，798）。

案："空凄"一词，义为"空旷凄清"。《汉语大词典》未收此词。《辞源》《辞海》等亦未收此词。

宽洁　惟严分宜最后得另建南面一所。甚宽洁（8，216）。街道惟金陵最宽洁。其最秽者无如汴梁（19，487）。

案："宽洁"一词，义为"宽敞洁净"。《汉语大词典》《辞源》《辞海》等皆未收此词。

他例如，明徐宏祖《徐霞客游记·粤西游记一》："下午，大雨大至，既霁，乃迁寓于都司前赵姓家，以其处颇宽洁也。"《初刻拍案惊奇》卷二十一："两个投宿于旅邸，小二哥接引，拣了一间宽洁房子，当直的安顿了担杖。"明洪楩《清平山堂话本》卷四："天色晚，两个投宿于旅邸。小二哥接引，拣了一间宽洁房，当直的安顿了担杖。"

狂错　仅此一例。杏源自梦谴后。即得心疾。亦入庠为诸生。而性理狂错。往往不竟闱中试而出（28，718）。

案：仅此一例。"狂错"一词，义为"狂乱，错乱"。《汉语大词典》未收此词，而收有与其同义或近义的同素词"舛错、乖错、僻错、昏错、混错"等。《辞源》《辞海》等亦未收此词。

他例如，唐孙思邈《备急千金药方》卷四十三："防己地黄汤，治言语狂错，眼目霍霍。或言见鬼精神昏乱方。"

L

阑出　其他剔红填漆旧物。自内廷阑出者。尤为精好（24，613）。

案：仅此一例。此处"阑出"一词，义为"混出，搀杂而出"，《汉语大词典》未收此义。《辞源》《辞海》等亦未收此义。

《汉语大词典》于此词条下列有义项"无凭证擅自出边关。后泛指不受约束，擅自出疆界"，举例如《史记·汲郑列传》："愚民安知市买长安中物而文吏绳以为阑出财物于边关乎？"《汉书·匈奴传上》："汉使马邑人聂翁壹间阑出物与匈奴交易。"此二例中亦当义为"混出，搀杂而出"。

又，《汉语大词典》于此词条下又列有义项"谓任意删除应有的内容"，仅举清王鸣盛《十七史商榷·〈南史〉合〈宋〉〈齐〉〈梁〉〈陈书〉·〈王茂传〉有潘妃事》一例："东昏侯潘玉儿自缢事……但当入潘传中，乃潘则无传，而反叙于《王茂传》，阑入阑出，全非史法。"于与其相对的词条"阑入"下却无与此相对应的义项。今谓此处"阑出"一词，亦当义为"混出，搀杂而出"，如此，正好与《汉语大词典》于"阑入"条下所列义项"搀杂进去"相反相成。

滥典 故事。文臣一品。始得祭九坛。至于杂流。则不在此例。本朝惟嘉靖间。邵元节、陶仲文。以方士得一品之恩。此最为滥典（13，345）。太祖封张正常为真人。以嗣龙虎山之业。其号不过十字。宣宗宠刘渊然。真人封号至十八字而极矣。此后恩渐杀。惟嘉靖间邵元节之封。其真人号亦同渊然。虽一时异数。然两朝滥典。人以为骇。不知宪宗朝亦有之（27，695）。至衮龙二字。非至尊不敢称。永乐间始有赐亲王及他王者。以为非常之典。然皆亲皇弟侄也。自英宗以来。间及疏属郡王。最为滥典（补遗1，794）。陆炳以三公兼三少。殁赠忠诚伯。谥武惠。诚为滥典（补遗1，811）。至于飞鱼斗牛等服，亚于蟒衣，古亦未闻，今以颁及六部大臣。及出镇视师大帅。以至各王府内臣名承奉者。其官仅六品。但为王保奏。亦以赐之。滥典极矣（补遗2，831）。成化末年滥典。俱李孜省、邓常恩辈为之（补遗4，917）。

案："滥典"一词，义为"过度的恩典；任意给与恩赐"，《汉语大词典》未收此词。《辞源》《辞海》等亦未收此词。

滥恩 盖守法于初政。而滥恩于末年。不特圣主倦勤。而掖地之执奏。亦久废矣（5，133）。按邻彭二公。一言而止内臣滥恩。功亦伟矣（6，157）。且真人母妻俱称元君。又非可夫人比。而滥恩至此。真堪扼腕（13，345）。正德初年横赐。如武弁自参游以下。俱得飞鱼服。此出刘瑾右武。已为滥恩（补遗1，823）。董中峰以会元鼎甲。负一代重名。乃作此丧心事。已无面目居人世。他日何以得

昭雪复官。身后崇赠大宗伯。赐上谥文简。似不可解。穆宗初元。滥恩亦其一也
（补遗2，845）。

案："滥恩"一词，义为"过度的恩典；任意恩赐"。《汉语大词典》未收此词。
《辞源》《辞海》等亦未收此词。

类俗　其所属酋刀干孟者恶之。遂偕其类俗内叛。率兵寇腾冲府。伦发畏怖。
挈家走云南（30，760）。

案：仅此一例。"类俗"一词，义为"同类的人，同族"，《汉语大词典》未收
此词。《辞源》《辞海》等亦未收此词。

冷差　此差一出二三年。凡嗜进图改他曹者。往往不愿就。以故堂官反谓恬
退无竞。乞此冷差。欣然允之（18，459）。

案：仅此一例。"冷差"一词，义为"没有好处可得的差使"，犹今之"清水
衙门"，与"肥缺"、"热地"相对成义。《汉语大词典》未收此词。《辞源》《辞海》
等亦未收此词。

俚习　今按乐者必先学笛。如五凡工尺上一之属。世以为俗工俚习。不知其
来旧矣（25，649）。

案："俚习"一词，义为"鄙陋的习俗"，《汉语大词典》《辞源》《辞海》等皆
未收此词。《汉语大词典》收有与其同义或近义的同素词"陋习、敝习、流习"等。

他例如，宋颜复《上哲宗乞详议五礼以教民》："婚姻之礼不教，则流于委巷
俚习；宾客之礼不教，则流于游衍嬉乐。"

俚下（附：厮品）　又吴下向来有俚下妇人打三棒鼓乞钱者。予幼时尚见之
（25，650）。（数人）皆俚下厮品。徒堪呕哕（26，673）。

案：仅此二例。"俚下"一词，义为"粗俗浅陋"，《汉语大词典》未收此词，
而收有其同素同义异序词"下俚"及与其同义或近义的同素词"俚浅、俚恶、俚
鄙"等。《辞源》《辞海》等亦未收此词。

他例如，《新唐书·侯思止列传》："思止本人奴，言语俚下。"宋魏泰《东轩
笔录》卷九："杨安国，胶东经生也，累官至天章阁侍讲。其为人讦激矫伪，言行

鄙朴，动有可笑，每进讲则杂以俚下廓市之语。"宋黄震《黄氏日抄》卷四十："会表兄弟序以正月十日、六月二十日酒肴相会。世俗俚下之词，闾阎米盐之贱，谨勿出诸口。"明徐一夔《始丰稿》卷五："或缘情指事，见于语言，犹不免汩于俚下。"

"厮品"一词，义为"地位低下的人"，《汉语大词典》亦未收此词。

俚拙 乃有闽之莆田人林少白者。刻稿行京师。俚拙之极。见者无不喷饭（26，677）。

案：仅此一例。"俚拙"一词，义为"粗俗拙劣"，《汉语大词典》未收此词，而收有与其同义或近义的"俚浅、俚恶、俚鄙、俚窳"等。《辞源》《辞海》等亦未收此词。

他例如，元刘壎《隐居通议》卷十七："近见东年临《秀亭记》，金人文字，失其姓名。记文亦简洁可观，但诗末句俚拙耳。"元吴师道《礼部集》卷十一："又有好取俚拙不文之作，以不拘格律为工。"明胡应麟《少室山房笔丛正集》卷十五："盖好学而文辞俚拙。"明沈德符《顾曲杂言》："今无论其杂用庚清、真文、侵寻诸韵，即语意亦俚拙可笑，真不值一文。"《钦定四库全书总目》卷一百九十七："杨载序俚拙万状，亦必出伪托。"

丽竖 京师自勋戚金吾中贵大侠。以及名娼丽竖。车载马驰云贺药王生日。（24，617）。至于习尚成俗。如京中小唱、闽中契弟之外。则得志士人致娈童为厮役。钟情年少狎丽竖若友昆。盛于江南而渐染于中原（24，622）。

案："丽竖"一词，义为"容貌姣好的少年"，可以指少女，如例一；可也可以指少男，如例二（此条标题即为"男色之靡"）。《汉语大词典》《辞源》《辞海》等皆未收此词。

他例如，汉张超《诮青衣赋》："晏婴洁志，不顾景女。及隽不疑，奉霍不受；见尊不迷，况此丽竖。"明王世贞《艺苑卮言》卷六："文有仗境生情，诗或托物起兴。如崔延伯每临阵，则召田僧超为壮士歌；宋子京修史，使丽竖燃椽烛；吴元中起草；令远山磨隃麋。是或一道也。"以上二例皆指容貌姣好的少女。

力限　元曲有一题而传至四五本者。予皆见之。总只四折。盖才情有限。北调又无多。且登场虽数人。而唱曲只一人。作者与扮者力限俱尽现矣（25，648）。

案：仅此一例。"力限"一词，义为"功底，功力"。《汉语大词典》未收此词。《辞源》《辞海》等亦未收此词。

两截　潜邸从龙之赏。宣宗之后。即接景帝。凡旧臣俱沾恩命。而其一时之厚薄。后日之荣枯。竟成两截。则莫如宣德一朝。如两庶子陈瑛、张山。即大拜入阁。可云厚矣。而洗马戴纶以兵部侍郎出镇交阯。中允林长懋为郁林州知州。一守夷方。一斥瘴乡。此际之疏薄已极矣（1，19）。严分宜作相。受世大诟。而为德于乡甚厚……焦泌阳在武宗朝。党附逆瑾……乃近日中州举乡贤。王岵云方伯。为文祭之。盖以泌阳邑人。至今犹思之也。可见居官居乡。自是两截事（8，214）。嘉靖六年秋。时届圣诞。上谕辅臣曰。朕思每年初度。一应该衙门援例请建斋祈寿。夫人君欲寿。非事斋醮能致。果能敬天。凡戕身伐命事。一切致谨。必得长生。今将内二经厂。外二寺。凡遇景命初度。一应斋事。悉行禁止。所谓省一分有一分益。止存朝天宫一醮。以仿春祈秋报。庶见崇正之意。上此谕洞达天人之际。杜革淫祀。可谓至严。又十许年。而斋醮事兴。移跸西苑。躬尚玄修。自旱涝兵戎。以至吉凶典礼。先则叩玄坛。后则谢玄恩。若报捷。又云仰仗玄威。如此几三十年。视六年圣谕。遂若两截矣（补遗1，795）。刘自强何足言。若杨襄毅亦竟作两截人。可惜可叹（补遗2，835）。

案：从以上诸例显然可知，"两截"一词，义为"相差极大的两种类型"，《汉语大词典》未收此词，却收"两截人、两截事"。《辞源》《辞海》等亦未收此词。《朱子语类》中查到此词用例40个，此外，元杂剧、《水浒传》、《西游记》、《杨家将》、《禅真逸史》、《王阳明全集》、《三宝太监西洋记》等均各有数例。

劣升　孙恕甚。又中之楚按。楚抚计下考劣。升崇府审理（20，520）。今上辛巳。察典不谨去者。次年即起用。为今大司徒赵南渚（世卿）。则初为南户部郎。特疏讥切时政。江陵怒。劣升长史（11，302）。今上辛巳。大司农赵世卿。先以建言忤江陵。劣升楚府长史（11，303）。周以丁丑劣升王官。赵以庚辰疏高时事。亦转楚府长史（20，520）。

《万历野获篇》词汇研究

案：第一例标点有误，当作"楚抚计下考。劣升崇府审理"，其中"下考"一词，义为"官吏考绩列为下等"。《北史·杜铨传》："（正玄）隋开皇十五年举秀才，试策高第。曹司以策过左仆射杨素，怒曰：'周孔更生，尚不得为秀才，刺史何忽妄举此人？可附下考。'"宋张栻《斜川日雪观所赋》诗："政拙甘下考，智短空百忧。"另三处校点者却未割裂此词。可见，校点者之所以标点有误，根本原因在于不了解"劣升"一词的意义。今谓"劣升"一词，义为"降职"，《汉语大词典》未收此词，但收有与其结构方式相同，构词理据也相同，而意义相反的同素词"优升"，义为"荣升，升职"。例如唐白居易《卢元勋除隰州刺史制》："言行事立，朕甚多之！虽有优升，未酬义烈，宜以一郡，宠而莅之。"《宋史·选举志六》："帝察辜臣有闻望者……令合门再引对，观其辞气文艺，并得优升。"清黄六鸿《福惠全书·杂课·新垦》："此盖胥里承望风旨，为本官加级优升之径。"《辞源》《辞海》等亦未收此词。

他例如，明潘季驯《两河经略》卷一："如有实心任事，劳苦倍常者，俯赐破格超擢。中间间有劣升王官等项，准与改擢。"卷四："候工完日，将供事官员查有劾劳实绩者，分别等第，题请超擢。中间如有劣升王官等项，亦准改擢，或从另议优处。"

劣转 下吏应劣转者。又借以避王官。稍略刻木羣。即已得之（11，296）。盖以琐垣得藩臬。如郡邑之劣转王官也。此又不知出何典故矣（12，308）。若散给事不过金事。以处不称职者。谓之劣转（12，311）。张号钓石。山东汶上人。以岁贡至今官。江陵败。张亦劣转长史（23，592）。

案："劣转"一词，义为"贬官，降职"，《汉语大词典》未收此词，而收有与其构词方式相同、构词理据相同，意义相反的同素词"优转"，义为"优迁，改官晋级升职"。举例如北齐魏收《魏书·于忠传》："忠白高阳王雍，自云世宗本许优转。雍惮忠威权，便顺其意，加忠车骑大将军。"该书《吏部·任子为郎署》："以主事为二甲初授官，及外长吏与甲科为六馆者优转之缺，故靳之也。"《辞源》《辞海》等亦未收此词。

他例如，《明史·吴用汲列传》："考后劣转赵志皋，又以吴中行、赵用贤而迁怒。"明佚名《明珠缘》第四十回："游凤翔先经考察，劣转知府，乃从宽姑复原职；今又逞辞市恩，撼饰琐渎，仍著以知府用。"

龙象　（许敬庵、李见罗）两人同时龙象。合并一方。文武奔附如狂（22，561）。

案：仅此一例。此处"龙象"一词，义为"知名人物，名流"。《汉语大词典》未收此义。此义当是由该词本义"龙与象。水行中龙力大，陆行中象力大，故佛氏用以喻诸阿罗汉中修行勇猛有最大能力者"引申而来。《辞源》《辞海》等亦未收此义。

他例如，宋张炎《词源·附录》："《山中白云词》八卷，实能冠绝流辈，足与白石竞响，可谓词家龙象矣。"

娄猪　近年丁酉。南教坊马四娘号香兰者。年过五旬。虽蓄妓十馀曹。而门庭阒然。愁窘无计……适金华虞生者。年甫弱冠。游南雍。求见四娘。重币为赘。问其所属意。无一入目者。惟以娄猪为请。时马谢客已久。惭其诸妓。固却之。苦请不去。姑留焉（20，531）。予顷在都门。偶闲步入教坊……则是日适宫掖有喜庆。此家正充乐工俳长。其艾豭娄猪俱应役出矣（26，677）。

案：仅此二例。"娄猪"一词，《汉语大词典》释为"母猪。比喻淫乱的女子"，仅举《左传·定公十四年》一例："野人歌之曰：'既定尔娄猪，盍归吾艾豭？'"杜预注："娄猪，求子猪，以喻南子。艾豭喻宋朝。"南子，卫灵公妃，淫乱，故以喻之。一说谓娄猪为求牡之猪。参阅清王鸣盛《蛾术篇·娄猪》。

今谓，上揭例中的"娄猪"一词，似当义为"鸨母"，此义与《汉语大词典》所收义项紧密相关，但所指毕竟差异甚大，故宜另列一义。《辞源》《辞海》等亦未收此义。

卤悍　其表文沓文俱卤悍之甚。不足供墨池下陈矣（26，660）。

案：仅此一例。"卤悍"一词，义为"粗糙坚硬"，下文云"往时吴中文沈诸公。又喜用祿褙家复褙故纸作画。亦以灰尽墨发。而不顾纸理之粗。终非垂世物也"可证。《汉语大词典》未收此词。《辞源》《辞海》等亦未收此词。

M

贸首　此传盛行人间。后有语璠以不当刊送者。遂止不行。因与冯成贸首之仇（8，225）。即富平、新建。贸首相仇。亦从司农公起见。其祸蔓延至今（9，238）。后来沈与刘赵隙遂不解。以致富平太宰。新建相公。成贸首之仇（19，486）。新安人例工制墨。方于鲁名最着……而同里程君房几超而上之。两人贸首深仇（26，660）。京师相詈。指其人曰白眉赤眼儿者。必大恨成贸首仇。其猥贱可知（补遗4，919）。

案："贸首"一词，义为"形容仇恨极深，乃欲谋取对方的头颅才甘心"，《汉语大词典》未收此词，而收有与其同义的"贸首之雠"一词。《辞源》、《辞海》收有此词，释义也正确。

媚权　吏科纠之云。考察之任。向不以属内臣。希琏乃借以媚权。殊失大体。有负重任。乞正其罪（补遗1，819）。

案：仅此一例。"媚权"一词，义为"谄媚权贵"。《汉语大词典》未收此词。《辞源》《辞海》等亦未收此词。

他例如，明朱长祚《玉镜新谭》卷十："刑部等衙门，尚书等官臣苏茂相等谨题为奸弁媚权杀人之状，自供甚悉。"明佚名《明珠缘》第四十一回："枭奴卖主列冠裳，恶宦媚权毒桑梓。"

N

虐侮　四明有所爱庶子。百端虐侮之（16，420）。

案：仅此一例。"虐侮"一词，义为"虐待侮辱"，《汉语大词典》未收此词。《辞源》《辞海》等亦未收此词。

他例如，宋郑樵《通志》卷一百三十四："时上方盛淫宴，虐侮群臣，自江夏王义恭以下，咸加秽辱。"

P

裵裵 （江陵）虑馆僚之怨也。屡令其子编修致书慰藉。促其还朝。沈亦裵裵未决（22，572）。

案："裵裵"一词，同"裴回、裴徊、裵徊、裵回、徘徊"。类化俗字。《汉语大词典》未收此词形。《辞源》《辞海》等亦未收此词形。

旁訾 即间有建白者。多旁訾掣其肘。盖虑始甚难。小有蹉跌。罪及首事（12，323）。

案：仅此一例。"旁訾"一词，义为"闲言闲语"，《汉语大词典》未收此词，而收有与其同义且构词理据相同的同素词"旁议"。《辞源》《辞海》等亦未收此词。

偏戾 邱有清望。而性偏戾。为给事时。楚中抚臣方廉。以五金遗之。邱辄上疏发其事。方因罢去（18，463）。

案：仅此一例。"偏戾"一词，义为"偏颇而不合情理"，《汉语大词典》未收此词。《辞源》《辞海》等亦未收此词。

他例如，宋张栻《癸巳孟子说》卷二："诐者，险辞也；淫者，放辞也；邪者，偏戾之辞也；遁者，展转而莫知其极也。"《王阳明全集·静心录之十》："故其发于言行也，日见其宏廓深潜，中和信直，无少偏戾。"明尹台《洞麓堂集》卷四："宋称仁厚，继传亦莫循祖政。元丰、元祐役法，各有偏戾。"清方苞《礼记析疑》卷三十三："行发于身，虽偏戾莫之能禁也。"

Q

奇快 袁中郎觞政。以金瓶梅配水浒传为外典。予恨未得见。丙午遇中郎京邸。问曾有全帙否。曰。第睹数卷。甚奇快（25，652）。天主之教。自是西方一种。释氏所云旁门外道。亦自奇快动人（30，784）。

案：仅此二例。"奇快"一词，义为"奇妙痛快"，《汉语大词典》未收此词。

《万历野获篇》词汇研究

《辞源》《辞海》等亦未收此词。

他例如，明王世贞《弇州四部稿》卷一百二十二："足下弭节三湘，放奏九辨，令郢雪益辉，巫雨流润，不大奇快也！"明贺复徵编《文章辨体汇选》卷七百二十二："君绝叹以为奇快。其后各罢去，而诗时时相示。"清晏斯盛《学易初津》卷上："象辞之文浑古奇奥，前后上下一气相承；爻辞之文精核奇快，前后上下亦一气相承。各有神味，各为一篇。"清方苞辑《钦定四书文》卷五："文处处觑定此指，用笔之清辨奇快，使人心开目爽。"

祈吁 （归德）每晨进阁。辄肃拜稽首。且有祈吁之语。以冀挽回天听。无日不然（补遗 2，837）。

案：仅此一例。"祈吁"一词，义为"呼天祈神"，《汉语大词典》未收此词，而收有与其同义的同素词"吁祷"。《辞源》《辞海》等亦未收此词。

他例如，宋胡寅《斐然集》卷十一："臣之于君，犹子之于父，休戚利害，一关其身。则必尽诚祈吁，无缘隐匿。"元刘仁本《羽庭集》卷六："一有灾沴、疾病、困苦之加，则存乎厌禳祈吁之典者，亦人情物理所必然也。"明杨寅秋《临皋文集》卷四："伏乞霜台指授机宜，俾奉以周旋，职无任祈吁。"清李清馥《闽中理学渊源考》卷六十四："岁余，出知婺州，方溯桐庐，江水暴迅，舟横欲覆。母在舟中，公哀号祈吁，舟忽自正。母甫及岸，舟覆。"

契弟兄 凡闽人呼男淫者为契弟兄（6，178）。

案：仅此一例。从文义显然可知，"契弟兄"一词，义为"对男同性恋者的称呼"，《汉语大词典》未收此词。《辞源》《辞海》等亦未收此词。

秦焰 其书以嘉靖初元为始。似续陈建所著。然专借以报凤仇。且屡改易以行垄断。抑通纪之不若矣。宜亟付秦焰。免致讹惑后学可也（25，638）。

案："秦焰"一词，义为"指焚书之火"，因与秦始皇焚书事有关，故名。《汉语大词典》等未收此词，而收有与其同义的同素词"秦火"。

轻蔑 武臣自总戎而下。即为副将及参将。体貌素崇。与司道同列。近来多黠卒及游棍滥居之。日以轻蔑（19，496）。

案：仅此一例。此处"轻藐"一词，义为"轻微，低微"，形容词。《汉语大词典》于此词条下仅列一个义项"小看，蔑视"，为动词义，未及此义。《辞源》《辞海》等亦未收此义。

檠榜 遇李来谒。冯迎谓之曰。公所取士。不但文嘉。即檠榜徐生亦名实俱称。果檠得榜起。李惊愕别去。细询于人。盖末名为徐学易。滁州人。素以力闻。能于监中手扶堂柱……故有是言（16，416）。

案：仅此一例。此处"檠榜"一词，义为"明清时乡会试时被录取但居于榜尾的生员"，与"压轴"的构词方式相同。《汉语大词典》于此词条下仅收一个义项"矫正弓弩的器具"，未收此义。《辞源》《辞海》等亦未收此义。

求偿 世蕃不能为厉于平津。而但求偿于发难之台臣（8，213）。此儿罪自当死。何至为厉求偿。将毋夙世冤对耶（28，713）。

案："求偿"义为"报复"。《汉语大词典》《辞源》《辞海》等皆未收此词。

曲揣 观世宗屡谕。不特明晰事理。且曲揣人情（27，685）。

案：仅此一例。"曲揣"一词，义为"深刻揣摩"。《汉语大词典》未收此词。《辞源》《辞海》等亦未收此词。

他例如，宋王钦若《册府元龟》卷六百二十四："深明奸隙，曲揣敌意，戒乎轻举，洞于未萌。"

曲解 若王守之诱王桢于死。为计甚狡。即部曲未必深喻其机。而此马能曲解人情。报仇雪恨如此。真可与袁粲家狞狗同传（28，717）。

案：此处"曲解"一词，义为"深入了解；深刻体会"。《汉语大词典》于此词条下收有二义：1.不顾客观事实或歪曲原意，作错误的解释。2.谓稍稍消解。未及此义。《辞源》《辞海》等则未收此词。

曲体 上因传旨。此后遇京官夜还。无问崇卑。令铺军执灯传送。孝宗之曲体臣下如此（1，16）。又每人给一围屏一溲器。可谓曲体之至。但宫掖邃远。以春尖徒步为苦耳（23，588）。

案：此处"曲体"一词，义为"深入体贴"，《汉语大词典》未收此义。《辞源》《辞海》等亦未收此义。

他例如，明凌蒙初《二刻拍案惊奇》卷三十一："律上所以有'不愿者听'及'许尸亲告递免简'之例，正是圣主曲体人情处。"明余邵鱼《东周列国志》第五十五回："吾当时曲体亲心，不杀此女，不意女父衔恩地下如此。"《明史·李祯列传》："诸臣求去，约有数端。疾病当去，被言当去，不得其职当去。宜曲体其情，可留留之，不可留则听之。"

趋骛 嘉靖末年。徐华亭以首揆主盟。一时趋骛者人人自托吾道（24，608）。

案：仅此一例。"趋骛"一词，义为"趋附投奔"，《汉语大词典》未收此词，而收有与其同义的同素异序词"骛趋"，且仅举严复《〈古今文钞〉序》一例："而海内学子之所骛趋，亦日以是新术于吾之旧鹄最便。"《辞源》《辞海》等未收此词。

他例如，宋廖刚《高峰文集》卷十一："性端介，不善趋骛，故人亦鲜能知者。"

趋之如骛 紫柏名震东南。缙绅趋之如骛（27，692）。

案：仅此一例。"趋之如骛"一词，义为"像野鸭成群而往。比喻很多人争相趋附、前往"。《汉语大词典》未收此词，而收有其平行词趋之若骛、趋之如骛。所举最早例为晚清曾朴《孽海花》第二七回，偏晚。"骛"用同"鹜"。《辞源》《辞海》等亦未收此词。

他例如，清谷应泰《明史纪事本末》卷三十一："又况括苍诸坑颇产贡金，椎埋嗜利者因缘为奸，趋之如骛，聚众益多。"

铨地 朱山阴病。强半邸第。不能干铨政。铨地亦不忍忘之（9，245）。四人者先后在铨地十余年。与永嘉相始终（9，245）。今胄君在仕途多求速化。甚而有诟詈选郎者。铨地以忌器优容之（11，285）。又忆乙酉年。吾乡马廊庵比部。疏论时宰。侵及诸言官。谪山西马邑典史。时御史滇人孙愈贤。按宣大。正马所首纠者。盖铨地有意困之也（11，293）。自隆庆初始罢大臣不遣。归重巡盐御史及盐法道。于是运使之权日轻。体日削。且铨地以处知府之下考者。胄子乙科往往得之（22，573）。

案："铨地"一词，义为"主管选拔官员的部门。亦指主管选拔官员之长官"，《汉语大词典》未收此词，而收有与其同义或近义的同素词"铨曹、铨廷、铨部"等。《辞源》《辞海》等亦未收此词。

他例如，明王世贞《少师大冢宰赠特进太傅蒲坂杨襄毅公录序》："虽柄臣睥睨其傍，以伺公之隙，而卒不可得。自是历佐三朝，或长铨地，或仍领中枢，或再长铨地。"明孙继皋《辩辞疏》："奏为辱官旷职，义当引决，恳恩亟罢，以重铨地事。"清赵宏恩《江南通志》卷一百四十八："贡靖国，宣城人，万历进士，授刑部主事。时张居正相欲周内其所憾者，令其子以通家刺投谒，且以铨地饵之。靖国还其刺曰：'误耳。原无世谊也。'力争之，事得白。"

R

热剂 惟世宗晚年西宫奉玄。袯庭体例。与大内稍异。兼饵热剂过多。稍有属意。间或非时御幸不能尽行册拜。于是有未封妃嫔之呼（3，77）。此二法盛行。士人多用之。然在世宗中年始饵此及他热剂。以发阳气（21，547）。顷年又有孙太公者。自云安庆人。以方药寓京师。专用房中术游缙绅间。乃调热剂饮童男。久而其阳痛绝胀闷。求死不得。旋割下和为媚药。凡杀稚儿数十百矣（28，725）。

案：仅此三例。"热剂"一词，义为"中医指具有热性或温性的药"。《汉语大词典》未收此词，收有与其同义的同素词"热药"。《辞源》《辞海》等亦未收此词。

"热剂"一词，在历代医学类书中多见。他例如，汉张机《金匮要略论注》卷七："至桂枝乃热剂而不嫌峻者，桂枝得甘草正所以行其热也。"宋杨士瀛《仁斋伤寒类书》卷一："阴极发燥或阴毒用火熨炙，及投热药以致发燥者，并不可误用凉药。燥甚仍与热剂用四逆汤返阴丹。"金张从正《儒门事亲》卷一："医者不察，更以热剂养胃，温剂和脾，致令头面汗出，燥热潮发。"明朱橚《普济方》卷三十九："寒剂荡涤，热剂干燥，反伤和气，耗其津液。"明皇甫录《皇明纪略》："孝宗之崩，病热也。院判刘文泰以热剂进，上渴甚，索水，执不可。"

忍薄 盖当时士风忍薄。凡遇丧而不得夺者。谓为无能见弃。故衰经视事。

习为故常（12，319）。嘉靖末年。新郑故都御史高捷。有子不才。屡戒不悛。因手刃之。中丞殁后。其地公举乡贤。物论金谓无忝此典。独河南提学副使杨本庵力持之。则专指杀子一事。极诋其忍薄。乡祀事遂终不行（12，319）。

案：仅此二例。"忍薄"一词，义为"残忍薄情"。因当时为官者，多遇亲丧而不去职守丧，故云。《汉语大词典》未收此词，而收有与其义近的"忍毒"一词，且本书中亦有"忍毒"用例。《辞源》《辞海》等亦未收此词。

他例如，元杨维桢《东维子集》卷六："李庚伯之孝纪，则鄂人对亦不无忍薄之愧。"明夏良胜《东洲初稿》卷五："呜呼！旅魂摇摇，归路且辽。吾羁于官，尚未能归尔于故山之腰。尔柩在侨，吾岂忍薄而置于兹之沈潦。"明温纯《温恭毅集》卷三十："我修谨，人犹以惰肆目，是我实未修谨也；我悯恤，人犹以忍薄归，是我实未悯恤也。"清陆陇其《四书讲义困勉录》卷三十五："沈无回曰：'白圭之二十取一，大约是以忍薄之道行之。不知其流弊且至于去人伦，无君子。'"

S

商评 时娄江曹孝廉家一仆范姓。居苏城亦好骨董。曾购一阎立本醉道士图。真绝笔也。王以廉值胁得之。索价千金。损之亦须数百。好事者日往商评（26，655）。

案：仅此一例。"商评"一词，义为"商讨评价"，《汉语大词典》未收此词。《辞源》《辞海》等亦未收此词。

他例如，宋李昂英《文溪集》卷三："草堂诗，名辈商评尽矣，反复备论为一书者盖鲜。"金刘祁《归潜志》卷十二："碑文既成，以示王丈及余。信之欲相商评，王丈为定数字。"清觉罗石麟《山西通志》卷二百二十四："道在乾坤烦指授，事关今古费商评。"《四库全书总目》卷五十："商评人物者易，语名物制度者难。"清朱彝尊撰《经义考》卷二百二十："子贡问当时从政者，夫子比之斗筲而不数。盖师弟之间商评真语，何害于德？"

顺及："商评"一词，另有"商量；商决；计议"义。例如明陈洪谟《治世余闻》下篇卷二："弘治中有回回入贡，道山西某地，经行山下，见居民男女，竞汲山下一池。回回往行，谓伴者：'吾欲买此泉，可往与居人商评。'伴者漫往语，民言：'焉有此！买水何用？且何以携去？'回回言：'汝毋计我事，第请言价。'民笑，漫言须千金。"明祝允明《怀星堂集》卷十九："而家计盈缺，一无所动于中。家人当缺时为之商评，则徐徐曰'听其自然'而已。"

上腾　近年科道寥寥数人。各为上腾计。建白殊尠（26，667）。

案："上腾"一词，义为"升官，发迹"。《汉语大词典》未收此词，而收有与其同义或近义的同素词"升腾、迁腾"等。此义他书暂时未见用例。《辞源》《辞海》等亦未收此词。

又，"上腾"另有一义为"升腾；向上冲"，用例甚多。例如宋乐史《太平寰宇记》卷一百七："其水碧色，莫测深浅，春夏不增减，天欲雨即有白雾上腾，乡人以为验。"宋苏辙《上哲宗论水旱乞许群臣面对言事》："臣闻天气下降，地气上腾，阴阳和畅，雨泽乃至。"明杨一清《关中奏议》卷十八："夫君尊如天，臣卑如地，其情易疏而难亲，其分易睽而难合，故天气下降，地气上腾，然后岁功成，君泽下流，臣诚上达。"清蓝鼎元《平台纪略·东征集》卷一："本镇询问疾苦，嘉与维新，严饬弁兵，秋毫无犯。一日三捷，猛气上腾。"

上烝下报　武大后世化为淫夫。上烝下报。潘金莲亦作河间妇。终以极刑。西门庆则一呆憨男子。坐视妻妾外遇。以见轮回不爽（25，652）。

案："上烝下报"一词，义为"泛指乱伦的性行为"。晚辈男子和长辈女子通奸，叫"烝"或"蒸"；反之，叫"报"。《汉语大词典》《宋元明清百部小说语词大辞典》皆只收"上蒸下报"，而未收其异体形式"上烝下报"，且未做说明，又都仅举《醒世恒言》中同一条孤证。《辞源》《辞海》等亦未收此词。

烧材　夫楠材坚矣。昨至大之质。未二日毁之。与烧材不异（补遗1，793）。

案：仅此一例。"烧材"一词，义为"烧火用的材料"，《汉语大词典》未收此词。他书暂时未见用例。《辞源》《辞海》等亦未收此词。

甚口　邸中偶与袁中郎谈诗。其攻王李颇甚口而詈。于鳞尤苦（25，632）。赵为浙之乐清人。生平甚口好评。以故人亦相疑（补遗3，880）。

《万历野获篇》词汇研究

案：仅此二例。"甚口"一词，义为"很有口才"。《汉语大词典》收有此词，仅举《左传·昭公二十六年》一例："有君子，白晰，鬒须眉，甚口。"孔颖达疏："甚口，大口也。"一说谓很有口才。林尧叟注："甚口，甚有口辩。"沈钦韩补注："甚口，言其善骂。"《辞源》《辞海》皆仅释作"大口"，仅举《左传》例。

今谓"甚口"一词由以上注解发展为两个互不相关的义项：1.大口。2. 很有口才。作第二义解的他例如，明王世贞《弇山堂别集》卷二十六："焦以尹龙事坐谪桂阳，云出华意。故怨之刻骨，而谤詈甚口。"明王世贞《嘉靖以来首辅传》卷一："其所以攻宏甚口，宏亦不能抗。"明王世贞《读书后》卷八："余读《宋史·林灵素传》，怪其诞幻甚口而无它奇术。"

陞级 而行人在国初本无定员。最为冗散。以故亦列于未入流之官。今已陞级为三甲进士优选。不可入仕子一途矣（13，334）。

案：此处"陞级"一词，义为"谓从较低的级别升到较高的级别"。《汉语大词典》未收此词形，而收有其异形词"升级"，而于此义项下所举最早例为现当代作家韦君宜《洗礼》。当大大提前其始见年代。《辞源》亦未收此词形。

升举（附：津导） 余尝叩辰玉。令姊升举后。曾有盼蟹相示。以践生前诸约否。辰玉云绝无之。想亦恨伪托者玷辱清名。故秘其津导耶（23，594）。

案："升举"一词，义为"登仙，成仙"。《汉语大词典》未收此词形，而收有"昇举"一词，正为此义，且仅举该书《神仙·王子龙》一例："夫仙以点化授人，且许以昇举，其非妖妄明甚。"二者为异形词的关系。则该词仅见于本书。《辞源》《辞海》等亦未收此词形。

又，"津导"一词，盖义同"津涂"，义为"途径；门径"。仅此一例。《汉语大词典》未收此词。《辞源》《辞海》等亦未收此词。

生志 李白洲预为墓道。托李献吉为生志。竟不及葬其中（29，749）。

案：仅此一例。"生志"一词，义为"为活人所做的墓志"，《汉语大词典》未收此词。《辞源》《辞海》等亦未收此词。

失平 诸公在事。恩怨未免失平。晚途悔吝。颇多自取（7，184）。英宗复辟后。刑赏最为失平。而杀人抵偿。更有极倒置可骇者（补遗3，881）。

案：仅此二例。"失平"一词，义为"不公平，不公正"，《汉语大词典》未收此词。《辞源》《辞海》等亦未收此词。

他例如，宋袁枢《通鉴纪事本末》卷十下："廷尉者，天子之吏也，犹不可以失平。"宋郑樵《通志》卷一百九十七："安帝元初二年，澧中蛮以郡县徭税失平，怀怨恨。"《钦定四库全书总目》卷六十五："又以房琯为中兴之相，高骈为平乱之将，褒贬既已失平。"清徐乾学《资治通鉴后编》卷七十三："因陈八事，曰：主恩不立、臣权太盛、邪议干正、私恩害公、外国连谋、盗贼恣行、羣情失职、刑罚失平。"

石户 （灵岩山）其石最佳者中砚材。次亦当碑碣用。年来山麓居民与石户为奸。据为己有。日夜椎凿。巉岏颓堕。非复旧观（24，618）。

案：仅此一例。此处"石户"一词，义为"石匠"。下文即有"居民石匠。两失重赏。不胜恚恨"语。《汉语大词典》未收此义。《辞源》《辞海》等亦未收此义。

他例如，清尹继善《云南通志》卷二十九："岂独山农石户固讶所罕闻，即使缙绅士夫犹茫然失据。"清王原祁《万寿盛典初集》卷二十九："市野之欢声雷动，山农石户，咸叩首而祝。"

食味 天宇陡黑。对面不辨。急呼张烛。则坊巷无赖。已乘暗剽掠衣物食味。道上行人俱颠仆（29，746）。

案：仅此一例。"食味"一词，《汉语大词典》仅列一个义项"品尝滋味，吃食物"，所举二例皆出自《礼记》。

今谓上揭例中"食味"一词，义为"食物"。名词。

他例如，《太平广记》卷一九〇："其家尝收菮苵子，其妇女多取之熬捣，一如辣末。置于食味中，然后饮以浊醪。"《宋史·礼志十一》："所上食味，委宫闱令监造讫，安仁省视之。"元高明《琵琶记》第八出："长安富贵真罕有，食味皆山兽，熊掌紫驼峰，四座馨香透。"明于慎行《谷山笔麈》卷十五："唐制御馔器用九钉食，以牙盘九枚，装食味于上。"明安遇时《包龙图判百家公案》第三卷："霎时间军人抬过一席酒，排列食味甚丰。"

《辞源》《辞海》等亦未收此义。

市公　初不难借其子以市公。终于攒锋聚镝。受前人未有之弹射。所谓拙事无好手也（16，420）。

案：仅此一例。"市公"一词，义为"假装公正以取悦于人"。《汉语大词典》未收此词。而收有与其结构方式、构词理据相同，词义相近相关的"市恩"一词。《辞源》《辞海》等亦未收此词。

他例如，清和珅《大清一统志》卷九十六："智愚不相欺，贫富不相耀，民不诪张，士不挟党，卿大夫不凌贱市公。"

市姬　四娘还曲中即病亡。诸妓星散。巧孙亦去为市姬。不理歌谱矣（25，647）。

案："市姬"一词，义为"市井老妇"，《汉语大词典》未收此词，而收有与其意义相反相成的"村姬"一词。《辞源》《辞海》等亦未收此词。

他例如，宋张君房《云笈七签》卷一百一十三上："卢相名杞，少时甚贫，与市姬麻婆者，于东都废宅，税舍以居。"明王鏊《姑苏志》卷六十："又多买敝衣，择市姬之善缝纫者，制衲衣数百。"宋佚名《宣和书谱》卷七："（王蒙）美姿容，居贫，帽弊入市，而市姬悦其貌，遗以新者。"明朱存理《赵氏铁网珊瑚》卷十："至于脱簪珥代市姬酬遗金于主，以救其死，则又似窦谏议而过之。"明杨慎《丹铅续录》卷四："（戴山）即王羲之为市姬题扇处也。"

试职　盖此时拨各衙门观政。尚未限定常规。以故巧黠者能越次得之。然而必先授试职或逾年再考不称。则又调别衙门（11，291）。

案：此处"试职"一词，义为"为考察官员能力而先期尝试授予的职务，官职"。《汉语大词典》于此词条下仅列一个义项"任职"，为动词义。且仅举二例，《后汉书·胡广传》："臣等窃以为广在尚书，勤劳日久，后母年老，既蒙简照，宜试职千里，匡宁方国。"唐韩愈《唐故虞部员外郎张府君墓志铭》："按皇甫氏子母病不侍，走京师求试职。"未收此名词义。

《辞源》《辞海》等亦未收此义。

收拾　时江陵已决计雪高。恐谳时。大臣尚执高主使。便难收拾。乃谋之刑部郎郑汝璧（18，474）。盖此举姑以慰释人心。一辨真伪。则事体便难收拾矣（24，615）。

案：此处"收拾"一词，义为"处理"。《汉语大词典》虽于此词条下列有十二个义项，然未及此义。《辞源》《辞海》等亦未收此义。

姝少　臣子乃与君父争姝少。兴固豪矣。谓之知命则不可（18，482）。

案：仅此一例。"姝少"一词，犹"少艾"，义为"年轻美丽的女子"。《汉语大词典》未收此词。《辞源》《辞海》等亦未收此词。

他例如，宋李昉《太平御览》卷九十九："时张贵人宠冠后宫，威行阃内，年几三十。帝妙列伎乐，陪侍嫔少，乃笑而戏之云：'汝年当废矣。吾已属诸姝少矣。'贵人潜怒，上不觉。"明董斯张《广博物志》卷二十八："宋尼释智通，京师简静尼也，年貌姝少，信道不笃。"

熟筹　士人不幸。处人伦之变。割爱亦须熟筹。如乐羊、金日磾以功名身家起见。不足言矣。若乃唐淮南节度使马举之斩其子。则以退还。南唐大将刘仁瞻之斩其子。则以叛降。本朝大将戚继光之斩其子。则以败绩。此军法所不贷。不得已也（28，712）。

案：仅此一例。"熟筹"一词，义为"深思熟虑；仔细筹划"，《汉语大词典》未收此词。《辞源》《辞海》等亦未收此词。《宋元明清百部小说语词大辞典》收有此词，仅举一例，如清素庵主人《睢阳忠毅录》："此所谓防患于未形，愿明公熟筹之。"

他例如，唐张九龄《曲江集》卷十："每事先防，彼将自劳，众则携贰。我乘其隙，从此可图，善熟筹之，勿失便也。"宋苏轼《东坡全集》卷七十七："某喜公济物之事，故详以告。可否更在熟筹，慎勿令人知出于不肖也。"明何孟春《何文简疏议》卷七："臣反复熟筹，再三博访，各官所论事体颇宜。"清翟均廉《海塘录》卷五："今因沙涨，石船不能拢塘。艰于抬运，不得不熟筹挽运之法。"

属视　然迩年矿税诸珰。凌轹督抚大臣。属视藩臬监司。参提郡邑长史。缙绅惨祸。又不可胜纪矣（补遗1，821）。

案：仅此一例。"属视"一词，义为"当作下属看待；蔑视"。"其时张琼暴贵当国。以宰相自处。视六曹为属吏"（20，513）可作"属视"一词的注脚。《汉语大词典》未收此词。《辞源》《辞海》等亦未收此词。

他例如，明陈应芳《敬止集》卷一："如皋尹奉檄来勘。而尹故善谀当路风旨，州又适同知署事。时届端阳，方驾龙舟戏水上为乐，属视如皋，不为礼，尹怒而去，报如前。"清黄宗羲编《明文海》卷四百六十三："而是时逆奄贤初用事，势张甚，属视诸曹郎。顾方欲得政与南司争，时时察郎署中贤才有声者以礼下之。"清赵宏恩监修《江南通志》卷一百四十二："秦堈字俨海，无锡人，天启壬戌进士。由知州入为户部郎，管东宫厅，节费辞美，以清廉称。巨珰张彝宪督理户工二部，属视诸曹，堈不为屈。忤珰，告归。"

厮劣　正德初年。逆阉窃柄。如焦、如刘、如曹。固厮劣下材。品尤在眉州之下（补遗2，829）。

案：仅此一例。"厮劣"一词，义为"低劣"，《汉语大词典》未收此词。而收有其同素词"厮下"。《辞源》《辞海》等亦未收此词。

俗工　月亭后小半已为俗工删改。非复旧本矣（25，646）。今按乐者必先学笛。如五凡工尺上一之属。世以为俗工俚习。不知其来旧矣（25，649）。

案：此处"俗工"一词，义为"浅薄平庸的乐工"。《汉语大词典》《辞源》《辞海》等皆未收此词。《汉语大词典》收有与其地位平等、意义相近的同素词"俗儒、俗医、俗吏、俗僧"等。

他例如，明朱载堉《乐律全书》卷二十一："凡造律，必良工而后可也。俗工无与焉。"清王坦《琴旨》卷下："谨案：此条原文《泥笙诗》'无词之说'，误以'无词之谱'。为是又拘于俗工指法，误疑一字一弹之不成声。"《四库全书总目》卷一百十三："古乐湮而琴不传，所传者声而已。近世一二俗工，取古文词，用一字当一声，而谓能声。"

根据"工"的技能类别的不同，"俗工"一词还可指"浅薄平庸的画工"。例如宋郭熙《林泉高致·画题》："而今士大夫之室，则世之俗工下吏，务眩细巧，又岂知古人于画事别有意旨哉！"宋龚明之《中吴纪闻》卷一："（天王像）近为一俗工修治，遂失初意。"元陶宗仪《南村辍耕录》卷十一："近代俗工，胶柱鼓瑟，不知变通之道，必欲其正襟危坐，如泥塑人，方乃传写。"民国柯劭忞《新元史·李时列传》："时，总角即知向学。年十六，从巨渊至上都，视俗工所画，辄羞赧弃去。"

亦可指"浅薄平庸的医士"。例如明孙一揆《赤水元珠》卷十五："七疝者何？寒、水、筋、血、气、狐、癫是也。俗工不识，目为膀胱。"明王肯堂《证治准绳》卷四十四："临病应变之术，妙自神会，非俗工之所知。"明徐用诚《玉机微义》卷四十三："然此等方尽多，大抵在补气、补血、补土。俗工惟在速效以罔利，迎合病人之意。"

总之，"俗工"一词的精确释义为"浅薄平庸的艺人"。根据各种不同的职业技能，所指内涵也不尽相同，所以其外延也相应非常宽广，几乎可以涵盖从事所有职业的艺人。

俗优 梁伯龙有红绡、红线二杂剧。颇称谐稳。今被俗优合为一大本。南曲遂成恶趣（25，647）。

案：此句又见于本书作者沈德符另一著作《顾曲杂言》中。"俗优"一词，义为"浅薄平庸的戏曲演员"。《汉语大词典》《辞源》《辞海》等皆未收此词。

他例如，清李绿园《歧路灯》第九十五回："吃了茶，抚台道：'俗优不堪入目，还可再奏一出否？'学台道：'弟素性不甚识戏，一出已略观大意。'"

T

歎诧 正统戊辰。上从钦天监正彭德清之请。改加冬夏二至昼夜各五十一刻。颁次年历。时皆歎诧为异事（20，527）。最后出颜清臣书朱巨川告身一卷。方歎诧以为神物（26，655）。

案：仅此二例。"歎诧"一词，义为"惊叹"。《汉语大词典》未收此词形，而收有其异形词"叹诧"，但于此义项下仅举一例，如清王韬（1828—1897）《淞隐漫录·王莲舫》："（荷娇）探怀出一镜畀女，晶莹透澈，光鉴毫发，面纹历历可数。曰：'以此相天下士，当无遁形矣。姊其宝之。'女归，为父母备述颠末，深为嗟诧。"偏晚。《辞源》《辞海》等亦未收此词形。

题差 掖县越官为御史。因巡方题差。上见名不雅。改为焕（2，62）。

案：仅此一例。"题差"一词，义为"官员向上级主管部门或皇帝提交任职官员的名单"，《汉语大词典》未收此词。《辞源》《辞海》等亦未收此词。

他例如，明王世贞《弇山堂别集》卷八十四："前次题差京考之时，亦令酌量道里远近，稍加余日，以备阴雨。"明温纯《温恭毅集》卷五："顾臣等伏思之：推知等官虽已行取，各有经手钱粮刑名事务稽查，候代须多时。而道里远者如闽、广、楚、蜀相距数千里，非数月不能遽到。若直待到齐同选，计期必至三四月间。比及试职实授而后题差，为期益更远矣。"《明史·职官志一》："凡差三等，由吏部选授曰注差，疏名上请曰题差，札委曰部差。或三年，或一年，或三月而代。"清黄宗羲编《明文海》卷四百四十四："是时宣蓟边备废弛，乃题差本部左侍郎杨公博前往经略。"

天下 至故元泰定帝后宏吉剌氏。下为丞相燕帖木儿之妾。即其本朝天下母也。于是天地易位矣（28，708）。

案：此处"天下"一词，义为"天子；皇帝"。因古代最高统治者皇帝认为自己统治四海，拥有天下，故称。《汉语大词典》未收此义。后唐庄宗李存勖好俳优，又知音，能度曲，自取艺名叫"李天下"。即用此义。《辞源》《辞海》《中国历代官称辞典》等亦未收此义。但《中国历代官制词典》收有此义，例举《礼记·中庸》疏、《礼记·礼运》疏，当补充更晚书证。

听采 而此公处心听采。亦见一斑（17，450）。

案："听采"一词，义为"听而采纳之"。《汉语大词典》未收此词形，而收有其异形词"听采"，所举最晚例为宋司马光《学士院试李清臣等策问》。当补充北宋以后例。《辞源》《辞海》等亦未收此词形。

庭隶 此皆市狙庭隶所为。且亦有不宵为者。缙绅辈反恬然不以为耻。真可骇也（21，542）。

案：仅此一例。"庭隶"一词，义为"皇帝的近侍"。《汉语大词典》未收此词，而收有与其同义的同素词"御隶"。《辞源》《辞海》等亦未收此词。

通事　照得养豕宰猪。固寻常通事（1，32）。

案：仅此一例。此处"通事"一词，义为"寻常的事情；普遍的事情"。《汉语大词典》未收此义。《辞源》《辞海》等亦未收此义。

他例如，明章世纯《四书留书》卷二："诚以举道，道兼于体。用彼物我者，通事也。又孰从而遗之？繇此观之，诚之可贵又甚矣。"卷六："乐所以大，以万物也；仁所以近，以在我也。且夫我备万物，万物备我，通事也。"

推升　尝见天界寺廊庑出示。推升诸僧职事（27，688）。

案：仅此一例。"推升"一词，义为"推举升任"。《汉语大词典》未收此词形，而收有"推陞"一词，释为："明代谓官员未经满考即行升补。清代则谓循序升迁为'推陞'。"二者盖为异形词的关系，但《汉语大词典》对"推陞"的释义义域过窄，此词所涉及的对象范畴应扩大。《辞源》《辞海》等亦未收此词形。

脱套　别号滥觞非一。有出新意者。有自鸣其志者。似稍脱套。然亦有所本（23，584）。

案：仅此一例。此处"脱套"一词，义为"脱俗，不落俗套"。《汉语大词典》未收此义。《辞源》《辞海》等亦未收此义。

他例如，明冯梦龙修订《精忠旗》二十折："如今称颂他功德的尽有，却没有说及清字，岂不新鲜脱套也乎哉！"明抱瓮老人《今古奇观》五十二卷："不想这位小姐执定成亲的古板，不肯趋时脱套，认真做起新妇来。"

W

危切　时工科都给事中王德完。新自家居补官至都。始露章力谏。其辞哀婉而危切（3，96）。末年悉除此等严法。且训戒后圣。其词危切（18，457）。

《万历野获篇》词汇研究

案：仅此二例。"危切"一词，义为"严厉恳切"。《汉语大词典》未收此词。《辞源》《辞海》等亦未收此词。

他例如，宋袁枢《通鉴纪事本末》卷十下："书三四上，辞情危切。"元脱脱《金史·梁襄列传》："方今海内安治，朝廷尊严，圣人作事，固臣下将顺之时，而臣以蝼蚁之命，进危切之言。"明杨士奇《历代名臣奏议》卷二百三十六："旧寇未平，新患方起，忧叹危切，实堪疚心。"《明史·袁宗儒列传》："宗儒等复引灾异，力请罢皇店，遣边兵，既又谏帝巡边。语极危切。皆不报。"

帷薄 心恨甚。至是具疏指屠淫纵。并及屠帷薄（25，645）。

案：仅此一例。"帷薄"，义为"内室，隐私"。《汉语大词典》未收此词，而收有与其同义或近义的"帷箔、帷薄、帷屏"等。《辞源》《辞海》等亦未收此词。

他例如，后晋刘昫《旧唐书·高宗本纪》："既荡情于帷薄，遂忽急于基扃。"元脱脱《宋史·韩熙载列传》："煜以其尽忠言事，垂欲相之，终以帷薄不修，责授右庶子，分司洪州。"《明史·解缙列传》："妇女非帷薄不修，毋令逮系。"

委毗 世宗既以创改大礼。得愉快于志。故委毗春曹特重（2，56）。

案：仅此一例。"委毗"，义为"倚重，倚靠"。《汉语大词典》未收此词，而收有与其同义或近义的同素词"依毗、倚毗"等。《辞源》《辞海》等亦未收此词。

他例如，宋韩琦《安阳集》卷六："十年西北保疆垂，只恐非才误委毗。报国心诚虽慷慨，背时踪迹极孤危。"

稳叶 惟周宪王所作杂剧最伙。其刻本名诚斋乐府。至今行世。虽警拔稍逊古人。而调入弦索。稳叶流丽。犹有金元风范（25，642）。

案："稳叶"一词，义为"工稳而协调"。《汉语大词典》未收此词，而收有与其同义的同素词"稳协"，且仅举清冯班《钝吟杂录·正俗》一例："平侧宫商，体势稳协，视齐梁体为优矣。"二者盖为异形词的关系。《辞源》《辞海》等亦未收此词。

他例如，清仇兆鳌《杜诗补注》卷下："唐初祖构，正名为律。所以声调稳叶，气色鲜华。"

问斥 先是乙酉科。以余姚县生员。冒顺天通州籍。名胡正道中式。已经参论问革。今安得复冒徽州。奉旨。王国昌查明问斥如前（16，420）。

案："问斥"一词，义同"问革"，义为"问罪罢除功名"，仅此一例。《汉语大词典》未收此词。可见其收词尚未照顾到一致性原则。《辞源》《辞海》等亦未收此词。

他例如，明王世贞《弇山堂别集》卷八十四："九月，监试北城御史毛在疏谓中式举人李鼎踪迹可疑。核之，则国子监生李一鹗按察副使逊子也。初囔响南场，考官问斥，改名入试，斥为民。"

芜陋 乃知芜陋之谈。易入人如此（25，638）。

案：仅此一例。"芜陋"一词，义为"芜杂粗俗"。《汉语大词典》未收此词，而收有与其同义或近义的同素词"芜俚、芜杂、芜谬、芜秽、芜驳"等。《辞源》《辞海》等亦未收此词。

他例如，宋刘安世《尽言集序》："余两重之，是以敢忘芜陋，而谬为之叙。"宋陆佃《陶山集》卷八："允赖圣神灼知芜陋，念臣才能虽薄，犹是旧人，察臣悔咎固多，实非余党，拔之末路。"明陈暐《吴中金石新编》卷五："余忝为公郡人，于斯盛事在所当述，故不敢辞以芜陋。"《钦定四库全书总目》卷七十三："初，宋谈钥尝辑《吴兴志》，而文颇芜陋。"清傅恒《平定准噶尔方略》卷首："第臣等学殖芜陋，才识梼昧。"

X

希绝 今朝讲久不举行。此典希绝矣（补遗1，794）。

案：仅此一例。"希绝"一词，义为"稀少断绝"。《汉语大词典》未收此词形，而收有其异体形式"稀绝"，释为"消失脱落"。仅举北魏郦道元《水经注·河水一》一例："《穆天子》《竹书》及《山海经》，皆埋缊岁久，编韦稀绝，书策落次，难以缉缀，后人假合，多差意远。"

作"稀少断绝"意的，他例如，宋潘自牧撰《记纂渊海》卷八十六："八方巨海之中，有祖洲、瀛洲、玄洲、炎洲、长洲、元洲、流洲、生洲、凤麟洲、聚窟洲等十洲，并是人迹所希绝处。"明徐元太《喻林》卷四十二："如有钞宝，世所希绝，在愚下人边，常被污贱。"明郑真《荥阳外史集》卷九十七："时日已暮，人踪希绝，四望无际，遂至埠头寻宿。"明张永明《张庄僖文集》卷三："皇上笃念亲亲，特允照给。实天地高厚之殊恩，古今希绝之旷典。"清高士奇《松亭行纪》卷上："憩云罩寺，僧指净业上方白猿洞、天门开诸胜，人踪希绝，怅然久之。"《辞源》《辞海》等亦未收此词形。

闲谩　其有力者。则乞解银。及借各曹署闲谩之差。以省雇募之费（15，403）。

案："闲谩"一词，义为"清闲而无足轻重者"。《汉语大词典》未收此词形，而于"闲慢"一词下收有此义，且说明，"亦作'闲慢'"。今谓"闲谩"一词亦与"闲慢"为异形词的关系，《汉语大词典》未及。《辞源》《辞海》等亦未收此词形。

贤书　先朝中式举人。会试不到者。降充吏……夫摈贤书为功曹。固为苛政。然祖制不可违。若已列胥吏。复入南宫。不几辱宾兴盛礼欤（15，401）。

案：此处"贤书"一词，义为"中式举人"。此义由其本义"贤能之书，谓举荐贤能的名录，后因以'贤书'指考试中式的名榜"引申而来。这种词义引申方式，顾之川称之为"连类而及"①。《汉语大词典》收其本义，未收此引申义。《辞源》《辞海》等亦未收此义。

《万历野获编》中还有一个正好与"贤书"一词异曲同工、相对成趣的词语"废籍"。该词本义为"废员之名册"，例如该书《礼部·恩诏冠带之滥》："庚午考察科道一案，全出高新郑私意，高失位后，凡在废籍者，公论翕然推毂。"该书《补遗·外国·奉使被议》："此数君俱才谞著闻，以出疆偾事，一时同入废籍。"后引申为"指废员"，例如该书《京职·中书行人》："时富平孙太宰新起田间，受知江陵相公，从废籍骤转中丞。"该书《佞幸·士人无赖》："都御史李实，给事中张善，俱献房中秘方，得从废籍复官。"《明史·周延儒传》："于是郑三俊长吏部，刘宗周长都察院，范景文长工部，倪元璐佐兵部，皆起自废籍。"《汉语大词典》同时收有"废籍"的这两个义项。

---

① 顾之川：《明代汉语词汇研究》河南大学出版社2000年版，第214页。

相失　万一愚侍御纠董宗伯疏。首引先大父先君遭辱为言……万久在公车。游学吴越间。习见董氏诸奴之生事而恶之。以故入台即首上疏。偶知余家小相失一事。遂引为確證（13，342）。

案：仅此一例。"相失"一词，义为"失和，结怨"。《汉语大词典》未收此词，而收有与其构词理据相同、构词语素相反、词义亦相反（表"彼此投合"义）的"相得"一词。本书中亦有表"彼此投合"义的"相得"一词的用例：李为娄江癸酉乡试门生。师弟最相得（7，199）。严寅所太宰（清）。滇人也。本籍嘉兴县人。先大父为蜀之川南分守。严以中丞抚其地。相得甚欢（11，281）。当楚恭王壮年时。吾乡有沈樟亭者（名失记）为楚纪善。相得如鱼水（4，126）。

他例如，宋魏泰《东轩笔录》卷五："吕大以为议己，自是尤与平甫相失也。"宋陆游《老学庵笔记》卷五："常夷甫方兼太常，晚与文忠相失，乃独谓公有定策功，当加忠字，实抑之也。"《宋史·陶谷列传》："谷性急率，尝与兖帅安审信集会，杯酒相失，为审信所奏。"《谷山笔麈》卷四："新郑之入也，对士夫语常曰：'华亭有旧恩，后小相失，不足为怨。'"《明史·常遇春列传》："会纳哈出请降，诣右副将军蓝玉营，酒次，与玉相失，纳哈出取酒浇地，顾其下咄咄语。"

又："相失"一词，还有一个常用义"失散；相互离散"。例如宋司马光《涑水记闻》卷十一："平仆夫王信以颉敦负留后印及宣敕从平在阵，与平相失，贼尽夺其衣服并颉敦等，信逃窜得免。"宋孟元老《东京梦华录》卷六："每一坊巷口，无乐棚去处，多设小影观棚子，以防本坊游人小儿相失，以引聚之。"《宋史·王凯列传》："代迁，边寇犹钞掠，以为内殿崇班、麟州路缘边都巡检使，与同巡检张岊护粮道于青眉浪，寇猝大至，与岊相失。"《金史·禹显列传》："大兵四向来追，显适与负釜一兵相失，乞饭山寺中，僧走报焉，被执不屈死，时年四十一。"明宋濂《元史·章卿孙列传》："章卿孙，蜀人，本刘氏。幼为章提刑养子，与母富氏相失三十八年，遍访于江西诸郡，迎归养之。"

《辞源》《辞海》等亦未收此词。

挟邪　京师五方所聚。群饮及博徒浪子。理亦宜禁。但有可笑事。如正统间。顺天大兴知县马通所建白者。真令人绝倒。谓京城有号风流汉子者。专以嫖赌致钱。充花酒费。宜令娼妓家。不得有双陆、骨牌、纸牌、骰子……夫醉人囊三木固为非法。若挟邪之博具。决不能禁。亦不必禁（20，516）。

案："挟邪"一词，义为"小街曲巷。多指妓院"。《汉语大词典》未收此词。而收有与其同义的同音词"狭斜"。二者盖为同音同义异形词的关系。《辞源》《辞海》等亦未收此词。

他例如，清沈雄《古今词话》下卷："祝枝山尝傅粉墨，从优伶入市度新声，多向挟邪游。"

挟诈 洪武中有诏。凡火居道士。许人挟诈银三十两。钞五十锭。如无。打死勿论（27，680）。

案：仅此一例。"挟诈"一词，义为"要挟敲诈"。《汉语大词典》未收此词。《辞源》《辞海》等亦未收此词。

他例如，明朱长祚《玉镜新谭》卷十："又有在官孙司房，即孙应奇，韩长班，即韩翼，马科，各不合故违诓骗财物……乘机挟诈银二百八十二两，侵匿在家。"明徐弘祖《徐霞客游记》："然亦止虑有诈局，俟怜而纳之，即有尾其后以挟诈者，不虞其为盗也。"《明史·思恩列传》："六年，瑛受属挟诈事觉，帝以土蛮宥不问，令法司移文戒之。"

"挟诈"一词，还有一个更常用的意义"心怀奸诈"，《汉语大词典》未收此词，而收有与其同义的同素词"挟奸"。例如宋司马光《涑水记闻》卷十："若仲淹即有表谢，则是挟诈要君，乃可罢。"宋魏泰《东轩笔录》卷八："自萧注等为经略，或挟诈以罔上，或不能绥御远人，致陷四郡。"《宋史·余靖列传》："会靖数言契丹挟诈，不可轻许，即遣靖往报，而留夏国封策不发。"《金史·徒单兀典列传》："兀典忌伟得众，欲挟诈坑之，完颜素兰时为同华安抚使，力谏乃止。"明焦竑《玉堂丛语》卷四："太子少保尹直，挟诈怀奸，恬无廉耻。"

卸罪 嘉靖壬辰。杨编修芳洲抗疏论汪鋐与郭勋等之欺罔。上下之诏狱。杨为蜀之遂宁人。汪遂指为故相新郑公之侄。故为之报仇。拟大辟。盖为己卸罪地。且以媚首揆永嘉也（10，265）。

案：仅此一例。"卸罪"一词，义为"推卸罪名"。《汉语大词典》未收此词。而收有与其义近的同素词"卸责、卸过"等。《辞源》《辞海》等亦未收此词。

他例如，明文秉《烈皇小识》卷五："至是，狱上，果多为恂卸罪，上大怒，并三俊亦下狱。"明凌蒙初《二刻拍案惊奇》卷三十九："本是与我无干，今库吏自盗，他要卸罪，官面前暗栽着我。"《明史·满朝荐列传》："深求奸细，不过为化贞卸罪地耳。"《明史·崔文升列传》："然构造之说，涟疑文升误用药，故为此以图卸罪，其实出于文升果否，未知也。"

兴创　京师五方所聚。其乡各有会馆。为初至居停。相沿甚便。惟吾乡无之。先人在史局时。首议兴创（24，608）。

案：仅此一例。"兴创"一词，义为"兴建；创立"。《汉语大词典》未收此词。《辞源》《辞海》等亦未收此词。

他例如，宋丁特起《靖康纪闻》："重惟本朝兴创之图，首议西宫尊崇之礼。"宋张君房《云笈七签》卷一百一十九："楚王异之，密加庆祝，将欲兴创堂宇，以答祥应。"《宋史·职官志一》："中书省掌进拟庶务，宣奉命令，行台谏章疏，群臣奏请兴创改革，及中外无法式事应取旨事。"明何孟春《余冬序录》卷六外篇："然弼教题坊古意，自在礼部，内而国学，外而府州卫县学，规制之兴创，条格之宣布，生徒科贡之考试，行留公移，必经焉。"

行縢　孔子履在晋武库中。元康中已与斩蛇剑同焚。至宋靖康。金人掳去古物。又有女娲琴。孔子履。何耶。岂宣尼行縢尚留两緉耶。又唐宣宗令有司仿孔子履名鲁风鞋。宰相以下俱效之。号遵王履。则似孔子履未焚也（27，686）。

案：仅此一例。"行縢"一词，《汉语大词典》收有两个义项：1.绑腿布。2.喻远行。上揭例中显然为"鞋子"义，词义转移。《辞源》《辞海》等亦未收此义。

雄重　盖六卿事柄雄重。台长亦西汉亚相之职也。同宋之执政（10，272）。张尚书以南大司马兼北右都御史。督兵征倭。所辖江南凡六省。事权最雄重（22，555）。

案：仅此二例。此处"雄重"一词，义为"权高势重"。《汉语大词典》于此词条下仅列一个义项"雄劲厚重"，且仅举《旧唐书·音乐志二》一例："开元初，广州献之，言音雄重如丈夫，委曲识人情，慧于鹦鹉远矣。"未收此义。《辞源》

《万历野获篇》词汇研究

《辞海》等亦未收此义。

他例如，宋王溥《唐会要》卷六十："诸郡刺史亦须地望雄重，兵额稍多处方得兼授。如在前已兼中丞须再除者不在此例。"宋周应合《景定建康志》卷二十四："南厅壁记国家驻跸钱塘，而金陵为留都。地望雄重，东南会府莫先焉。"明杨士奇《历代名臣奏议》卷一百四十："西蜀，天下之大镇。事权委寄素号雄重，出守者有大用之渐。"明王世贞《嘉靖以来首辅传》卷六："拱故为祭酒，而张居正以中允兼司业。拱自负以必且相，相则当雄重，不为经常贵人而已。"

敻绝 三人者官爵高卑敻绝。而同事南宫已为可异（14，370）。其进也不以科目。且文艺去李、杨二公远甚。即爵位功名。亦相悬敻绝（15，405）。

案：仅此二例。此处"敻绝"义为"悬绝，差别很大"。《汉语大词典》未收此义。而于其同素词"悬绝"下收有此义。《辞源》《辞海》等亦未收此义。

他例如，宋赵汝楳《易雅》："三变之余，为九者十二，为七者二十，为六者四，为八者二十八。其多寡敻绝如是。"宋晁迥《法藏碎金录》卷六："见外境而迷者，继踵竞进，居怨府，蹈畏途，触祸机，懵然不知；见内境而悟者，拂衣独往，跻寿域，栖天真，养太和，翛然自得。高卑敻绝，何啻霄壤。"明张丑《清河书画舫》卷八上："古今人不相及处，微特学力敻绝，抑亦天分有限。"清陈法《易笺》卷一："上下之分之敻绝，未有若天泽者。"

修玄 且往岁世宗修玄御容在焉。故亦不废（2，49）。比上修玄事兴。群小托名方技希宠（21，541）。

案：仅此二例。"修玄"义为"信奉道教"。《汉语大词典》未收此词，而收有与其同义的同素词"奉玄"、"玄修"。本书中多有"玄修"的用例，其后日事玄修。即于其地营永寿宫（2，49）。厚烷以谏世宗玄修锢高墙。穆宗放还（4，118）。又十许年。而斋醮事兴。移跸西苑。躬尚玄修（补遗1，795）。至嘉靖末年。世宗好玄修（补遗3，906）。

他例如，《明史·邹应龙列传》："然帝虽罢嵩，念其赞修玄功，意忽忽不乐。"《明史·陆炳列传》："三十三年命入直西苑，与严嵩、朱希忠等侍修玄。《明史纪事本末》卷五十二："工部尚书赵文华乞归，以病请。上方修玄，禁奏疏，尤讳言疾。疏入，触上怒，罢。"清黄宗羲《明儒学案》卷三十五："盖世人因贪生乃修玄。玄修既彻，即知我自长生。"

《辞源》《辞海》等亦未收此词。

Y

芽柯　饮茶精洁无过于近年。讲究既备。烹沦有时。且采焙俱用芽柯。无碾造之劳。而真味毕现。盖始于本朝（补遗2，850）。

案：仅此一例。"芽柯"一词，义为"植物的嫩芽"。《汉语大词典》未收此词。《辞源》《辞海》等亦未收此词。

严核　世穆两朝实录。皆江陵故相笔也。于诸史中最称严核（2，60）。

案："严核"一词，义为"严谨明察"。《汉语大词典》未收此词形，而收有其异体形式"严覈"一词，列有二个义项，皆仅举一例，所举皆为清代例，偏晚。《辞源》《辞海》等亦未收此词形。

他例如，明张国维《吴中水利全书》卷十四："其经费钱粮准将协济，修河等项银两酌议动支，仍严核冒破，务期工筑坚整，可资永利。"清秦蕙田《五礼通考》卷一百五："宣帝无所后父母者也，有司必不敢曰考、曰妣，而曰亲、曰母，又仅比诸侯王，此亦严核于名实矣。"清陈鼎《东林列传》卷七："十二月升右金都御史，巡抚宣府，严核将士，劾庸懦，补虚伍。"

艳妒　时慈圣太后宫近侍张本者尤尊信。言之太后。内出全藏经赐之。时分赐者不止劳山一处。张本遽填海印寺给与。一时缁素俱艳妒之（27，692）。

案：仅此一例。"艳妒"一词，义为"艳羡嫉妒"。《汉语大词典》未收此词。《辞源》《辞海》等亦未收此词。

阳茎　媚药中又有腽肭脐。俗名海狗肾……试之。用牝犬牵伏其上。则枯腊皮间阳茎挺举。方为真物（21，550）。

案：仅此一例。"阳茎"一词，义为"男子和某些雄性哺乳动物的外生殖器官。

兼有排尿功能"。《汉语大词典》未收此词。尤其有趣的是，这个义位今天却叫做"阴茎"，而《汉语大词典》虽收"阴茎"一词，却未举例。证明此义位早期当用"阳茎"一词来表示，"阴茎"一词则是后起新词。《辞源》《辞海》等亦未收此词。

他例如，明王肯堂撰《症治准绳》卷八十七："痘值五六朝身发恶，热躁谵语，两眼翻厥，肚腹膨胀，小便闭塞恶痛，叫号不宁。盖因枭毒澄聚于膀胱，而于阳茎窍里骤结鸩疗，名骊含疗。"明缪希雍《神农本草经疏》卷八："淫羊藿味辛，寒，无毒，主阴痿，绝阳茎中痛，利小便。"清乾隆敕撰《御定医宗金鉴》卷五十七："肾疗色黑，起于地阁、后颈、耳窍、背窬、腰脊、阳茎之处。"清魏之琇《续名医类案》卷四十八："邱汝诚治一婴孩，以线缚其阳茎，肿胀不得脱，号呼欲绝，令汲水，掷之于器，惊啼，复故。"

顺及："阳茎""阴茎"二词意义相同，却各自包含一个与对方意义相反的词素。一阳一阴，一古一今，是不同的时间段对同一事物的称呼，二者侧重的区别性意义特征不同。"阳"是针对性别说的，"阴"是针对部位来说的。这两个看似平常的词语，给我们两点有益的启示：其一，由两个意义相反的语素分别与另外一个相同语素组合构成的两个词语，它们可以是意义相同的；其二，无论是"阳茎"还是"阴茎"，其中一方都可以根据另一方通过类化的方式产生。

与上举二词形似相反而实则异曲同工的是"阴痿""阳痿"二词。"男子性功能衰败，阴茎不举的病症"这个义位，古代汉语中用"阴痿"表示，例如《史记·五宗世家》："端为人贼戾，又阴痿，一近妇人，病之数月。"张守节正义："阴痿，不能御妇人。"《万历野获编》中亦有二例。又龙生三子。一为吉吊。盖与鹿交。遗精而成。能壮阳治阴痿（7，191）。又若万文康。以首揆久辅宪宗。初因年老病阴痿。得门生御史倪进贤秘方。洗之复起（21，547）。同样的意义，现代汉语中却用"阳痿"来表示，例多，不赘举。

又如："形体介于大小之间的"这个义位，现代汉语用"半大"来表示，例如老舍《骆驼祥子》二十："院子很小，靠着南墙根有棵半大的小枣树。"崔璇《一条裤子》："看您老过桥的那股劲儿，象个半大小伙子。"而古代汉语中却用"半细"来表示，例如元孔齐《至正直记》卷二《买妾可谨》："先人晚年，尝置半细婢三四人，虽以家法素守之严，且先姚制御之谨，犹为欺弊。"（2，52）

　　李申将这种现象称为"反词同指"，他进而归纳了造成这种现象的原因：（1）由于观察角度或参照物不同，从而对同一事物产生不同的说法。（2）事物之间有些具有一定的连带关系，因而相对而言的双方往往可以表达相同的意义。（3）因避讳而采用相反的字眼儿。（4）故意使用反语。（5）方言造成反词。按照这个说法，则上举三对"反词同指"现象都是由第一个原因造成的。李申还归纳了"反词同指"的三个特点：（1）有的可以互换，有的不能互换。（2）使用频率有所不同。两种说法往往一种常用，一种少用。（3）两种说法常常对举叠加，构成起强调作用的四字语。李申进一步指出，"'反词同指'现象从一个方面反映出汉语的特点，显示了汉语表达的丰富性。了解这一点，不仅对不懂汉语的人学习、掌握汉语有所帮助，就是对使用、研究汉语的人也不无必要。我们理解作品、诠释词语、整理古今文献时难免不会牵扯到此类问题"，"这说明此类现象应当引起我们的重视"[①]。

　　遗忽　接天顺八年三月初八日。皇太后圣谕。皇帝婚期在迩。必得贤淑为配。先时已常选择。尚虑有司遗忽。礼部具榜晓谕京城内外大小官民之家。素有家法女子。年十五至十八者。其父母送来亲阅（3，82）。

　　案：仅此一例。"遗忽"一词，《汉语大词典》仅收一个义项"犹言嫌弃轻视"。举例如，晋葛洪《抱朴子·交际》："或遗忽陵迟之旧好，或简弃后门之类昧，或取人以官而不论德。"《晋书·江统江惇传论》："惇遗忽荣利，聿修天爵。"清魏禧《陈胜论》："高节笃行者，坚僻迂疏，遗忽世务，不切于用。"

　　此义施诸上揭例不甚合。今谓上揭例中"遗忽"一词义为"遗忘；遗漏"，同义复词。从上下文义显然可知。其中"遗"字为"遗忘；遗漏"义，而非"遗弃；嫌弃"义；"忽"字义为"忽略；不经心"，而非"轻视"义。这是二者同义连文的语义基础。《辞源》《辞海》等亦未收此词。

　　他例如，宋赵汝愚编《宋名臣奏议》卷四十二："既可以开益陛下聪明，日新盛德，又使远方百姓皆知陛下烛见幽远，无所遗忽，衔戴上恩，倾心归附。"明钱谷《吴都文粹续集》卷九："夫介不远物，洁不亢已，勤不苟挠，敏不遗忽，吏能

[①]李申：《汉语"反词同指"现象探析》，《近代汉语文献整理与研究》，河北教育出版社2002年版，第21～30页。

尽此矣，仲权有焉可记也？"清库勒纳等编《日讲书经解义》卷十一："盖人君于庶务有难以周知者，若下侵众职，恐听断不无偶误，而当慎者反有所遗忽。"清梅文鼎《历算全书》："当时修史者之遗忽与？抑有所禁秘也？"

殷缛 汪奉丞夫妇来廓舍。徐礼接殷缛。馈饷无间。汪亦伪与周旋（补遗2，844）。

案：仅此一例。"殷缛"一词，义为"频繁；殷勤"。《汉语大词典》未收此词。《辞源》《辞海》等亦未收此词。

"殷缛"一词，另有一义为"（礼节）繁多；繁琐"。例如明张吉《与钟提学书》："乡射礼自先生司业敝藩，教诸生服习，生长是邦者，始得略睹三代制作之精微，仪文之殷缛。"明张吉《梧江别意诗序》："古之为礼本乎敬恭，而仪文度数殷缛浩繁，非竟日不能成事。"《汉语大词典》收有与其同义或近义的同素词"烦缛、繁缛、文缛、稠缛"等。

银泓 孙司礼隆在江南所造清谨堂颇精。以出内臣手。不为银泓所贵。然入用自佳（26，661）。

案：仅此一例。"银泓"一词，义为"砚台的别称"。《汉语大词典》未收此词，而收有与其同义的同素词"寒泓、宝泓、石泓、陶泓"等。《辞源》《辞海》等亦未收此词。

司礼太监孙隆在江南清谨堂造的墨，款式精巧，材料独特，深得明神宗喜爱，参见清姜绍书《韵石斋笔谈》卷下。[①]但由于它的发明者是个太监，所以当时用这种墨的人并不太多，"不为银泓所贵"是一种委婉的说法。

此处三种现代排印本皆作"银泓"，而《明季史料集珍》本作"姚泓"。大概是认为"银泓"一词不可解，故臆改之。但遍查《明史》及《明史纪事本末》，明代并未有叫姚泓的名人。历史上的姚泓是五胡十六国时期后秦的末代皇帝，年代相差甚远，不可能与明代史实相关。《明季史料集珍》本有"强不知以为知"的嫌疑。一字之差，天壤之别。

---

① （清）姜绍书：《韵石斋笔谈》《丛书集成初编》本，商务印书馆1937年版，第31页。

淫药 而钟鼓司内官陈义、教坊司左司乐晋荣。以进妓诛。锦衣百户殳崇高以进淫药诛（21，544）。涂在宣大时。值虏妇三娘子再与虏长婚媾。时虏妇已将稀龄。涂为备虏奁脂粉数十车。至房中淫药所谓揭被香者亦百瓶（22，565）。然寿光以受德王名酒。眉州以认万贵妃同族。且进淫药。俱见摈于宪宗末年（补遗2，829）。

案："淫药"一词，义为"春药"。《汉语大词典》未收此词，而收有与其同义的同素词"媚药"。《辞源》《辞海》等亦未收此词。

他例如，《醒世恒言》卷二十三："（海陵）自傅淫药，与阿里虎及诸侍嫔，裸逐而淫，以动重节。"《二刻拍案惊奇》卷十八："玄玄子财未交涉，何遽生谋？死尚身留，必非毒害。但淫药误人，罪亦难免。"

隐流 然通人开士。只宜匿迹川岩。了彻性命。京都名利之场。岂隐流所可托足耶（27，691）。

案：仅此一例。"隐流"一词，义为"隐士；隐逸之人"。《汉语大词典》未收此词，收有其平行词"隐人、隐士、隐夫、隐民"等。《辞源》《辞海》等亦未收此词。

他例如，宋范仲淹《依韵和延安庞龙图柳湖》："折翠贻归客，濯清招隐流。"明田汝成《西湖游览志余》卷八："独好佳山水，遇即恣游，倦辄访隐流。"明孙承恩《庞德公》："庞公大隐流，世利迥莫干。身如野鹤矫。心与浮云闲。"清阿桂《钦定盛京通志》："广罗山海忠孝，旁摭女史隐流。"清陈肇昌《金楚文献序》卷一百三："上自邃古，爰暨我朝，名卿硕彦，潜德隐流，莫不详其素履，掇其英华。"

英爽 又正德九年。扬州府海门县城东有古墓见发。视其题。乃骆宾王墓。启棺见一人仪貌如生。须臾即灭。盖英爽未散也（29，758）。

案："英爽"一词，《汉语大词典》只收有一个义项"英俊豪爽"，举例如《晋书·王济传》："济字武子，少有逸才，风姿英爽，气盖一时。"宋胡仔《苕溪渔隐丛话前集·李谪仙》引宋蔡绦《西清诗话》："太白历见司马子微、谢自然、贺知章，或以为可与神游八极之表，或以为谪仙人，其风神超迈英爽可知。"明顾起纶《国雅品·士品四》："王山人仅初，蚤岁英爽，读书经目成诵。"清魏秀仁《花月

《万历野获篇》词汇研究

痕》第四三回："镜中一个人影，衣服虽不华美，而丰采奕奕，英爽之气，见于眉宇。"皆用作形容词。《辞源》《辞海》等亦未收此义。

今谓本例中似不为形容词，似应为名词，作"精神；神灵"义解。"英"有"精灵；神灵"义，例如南朝齐孔稚珪《北山移文》："钟山之英，草堂之灵，驰烟驿路，勒移山庭。""爽"有"心神；神志"义，例如《左传·昭公七年》："用物精多，则魂魄强，是以有精爽至于神明。"孔颖达疏："精，亦神也；爽，亦明也。精是神之未着，爽是明之未昭。"后用以指心神、神志。三国魏曹植《释愁文》："寂寂长夜，或群或党，去来无方，乱我精爽。"宋宋祁《宋景文公笔记·考古》："荀彧之于曹操，本许以天下。及议者欲加九锡，彧未之许，非不之许，欲出诸己耳。操不悟，遽杀之。然则天夺其爽以诛彧，宁不信乎？"后来进一步引申用以指依附于形体的精神，即所谓"魄"。例如唐韩愈《为裴相公让官表》："承命惊惶，魂爽飞越，俯仰天地，若无所容。"金王若虚《故朝列大夫刘君墓碣铭》："惧夫魂爽之无依也，于是招之以葬于先茔。"《南村辍耕录·岳鄂王》："空山香火，犹将荐爽于渊泉。""英爽"此处为同义复词。

在元明史料笔记中，"英爽"一词作"精神；神灵"义解的例子很是不少。例如《南村辍耕录》卷三《贞烈》："死且三十余年，而其英爽不昧，复能托梦赵魏公，为书其诗。则节妇之名，因公之翰墨而愈不朽矣。"《南村辍耕录》卷五《隆友道》：后公子忽梦公怒云："绳锯发断。"明日启视，果有绳束发。其英爽尚如此。《南村辍耕录》卷五《隆友道》："如何寻约，亦念束发，岂其英爽，犹累形躯。"《南村辍耕录》卷二十《箕仙咏史》："意亦英爽不昧之鬼，依凭精魄，以阐扬其灵怪耳。"《双槐岁钞》卷八《棠花表节》："夫君一逝恨无涯，直入泉台作一家。岁岁雪霜凋不得，至今英爽在棠花。"

他例如，宋徐梦莘撰《三朝北盟会编》卷六十："伏惟英爽，歆此宠灵。"卷一一四："虽加恤典，未慰忠魂。载颂涣渥之恩，增贲宥密之职。灵兮英爽，歆此宠荣。"宋岳珂《金佗粹编》卷二十七："自是每持瓣香吊英爽，必顾瞻徊徨，移时而不忍去。"卷三十："英爽有知，其当肘夷门、蹠居庸也。"《宋史·李成大列传》："通直郎、知镇江府金坛县兼弓手砦兵正李成大劲气排霄，精忠贯日，壮志弗就，以没其身。遂以大夫之阶，官其二孤，用慰英爽。"《宋史·綦崇礼列传》：

"又曰：'英爽不忘，想生气之犹在；奸谀已死，知朽骨之尚寒。'"明凌蒙初《初刻拍案惊奇》卷二十："诉罢中心泪欲枯，先灵英爽知何在？"明谢诏《东汉秘史》第五十一回："时维腊月，谨以牲浆。神灵英爽，来格来尝。庶品用伸，伏惟尚飨。"《明史·加上谥号志》："谨上皇高祖考府君尊号曰玄皇帝，庙号德祖。伏惟英爽，鉴此孝思。"

优选　莫以明经优选。袁即家补官出（8，220）。但先朝知县。多升州同知。嘉靖初尚然。后遂为胥吏辈考中之官。及赀郎之优选。无一清流居之（11，296）。而行人在国初本无定员。最为冗散。以故亦列于未入流之首。今已升级为三甲进士优选。不可入仕子一途矣（13，334）。马寻以才望调礼部。优选江西提学（22，562）。

案："优选"一词，义为"受铨选而任官"。《汉语大词典》未收此词，而收有与其同义的同素词"优调"。《辞源》《辞海》等亦未收此词。

他例如，清顾炎武《日知录》卷八："坐庙堂者亦以是法为要而易行也，大官大职，列籍按氏，差第日月，逴然而宜大蠲弊法，简拔异能，爵以功为先后，用以才为序次，无以积勤累劳者为高叙，无以深资入考者为优选。"《清史稿》卷一六〇："例监历满考职，与不积分贡生一体廷试。每百名取正印八名，余用州、县佐贰。积分不满数，愿分部者，咨部不得优选。"

游婿　其语秽亵鄙浅。并桑濮之音。亦离去已远。而羁人游婿。嗜之独深（25，647）。

案：仅此一例。"游婿"一词，义为"游子，旅客"。《汉语大词典》未收此词。又作"游壻"，例如，至今金陵坊曲有时名者。竞以此道博游壻爱宠。女伴中相夸相谑以为佳事（24，622）。亦仅此一例。《辞源》《辞海》等亦未收此词。

舁卒　后来孙富平但循陆故事。不能授意于舁卒（9，244）。

案：仅此一例。"舁卒"一词，义为"轿夫"。《汉语大词典》未收此词。《辞源》《辞海》等亦未收此词。

他例如，明王世贞《弇州四部稿》卷七十二："时春而雪初霁，未尽消也，道泞甚，篮舆踯躅陂陀间，舁卒肩相辅，后趾躐前趾，而分级之半，猿贯上。"明王世贞《弇州四部稿》续稿卷九十六："广南故土帅地，而又远且瘴甚，其郡事皆帅擅之，而以一车数舁卒舁守抱印而寄食会省。"

寓公 邑中吴默泉太宰罢归。值甲子岁。倭破闽之兴化府。其乡绅张厉峰大司空。避地来吾乡。故与吴厚。因借其别宅以居。寓公已数年（26，666）。

案："寓公"一词，《汉语大词典》只收一个义项"古指失其领地而寄居他国的贵族。后凡流亡寄居他乡或别国的官僚、士绅等都称'寓公'"，上揭例中显然当为动词义"作寓公；官僚、士绅等流亡寄居他乡或别国"，下文即有"作寓公"的说法，时屠长卿年伯久废。新奉恩诏复冠带。亦作寓公（26，676）。《辞源》《辞海》等亦未收此义。

御寒 惟房中大酋方以毡御寒（24，614）。

案：仅此一例。"御寒"一词，义为"抵挡寒冷；抵御寒气"。《汉语大词典》未收此词。《古今汉语词典》收有此词，仅举现代作家韩少功《蓝盖子》："同意大家买点酒御寒。"《辞源》《辞海》等亦未收此词。

他例如，《太平广记》卷八十一："有兔大如马，毛洁白，长尺余，有貂大如狼，毛纯黑，亦长尺余，服之御寒。"《宋史·李侗列传》："道可以治心，犹食之充饱，衣之御寒也。"元脱脱《辽史·天祚皇帝本纪》："己丑，遇雪，无御寒具，术者以貂裘帽进。"明刘元卿《贤弈编》卷二："文潞公知成都，大雪会客，帐下卒有诤语，共拆井亭烧以御寒。"

Z

粘帖 选司官每遇大选前二三日。辄扃其火房。手自粘帖地方。暗标高下（11，289）。

案："粘帖"一词，义为"把纸张等胶附在另一种东西上"。《汉语大词典》未收此词，而收有与其同义的"粘贴"一词，所举最早例为清李渔《巧团圆·途分》。二者盖为异形语的关系。则此处可算新词了。《辞源》《辞海》等亦未收此词形。

占匿 己业荡尽者又于祖产再分。或称投靠以吓其白还。或云占匿以肆其夺取（22，558）。

案：仅此一例。"占匿"一词，义为"侵占财产或人口"。《汉语大词典》未收此词。《辞源》《辞海》等亦未收此词。

他例如，宋张扩《东窗集》卷十四："征税之利，出入浩繁，非恃文书无以稽察。尔违部使者之檄，辄占匿不遗，恶其害已，灼见汝奸，先褫一官，姑惩弛慢，核实定罪，尚听有司。"《元史·顺帝本纪》："己丑，诏诸王、驸马、御史台各衙门，不许占匿人民，不当差役。"《明史·食货志一》："宣宗之世，屡核各屯，以征戍罢耕及官豪势要占匿者，减余粮之半。"清赵宏恩《江南通志》卷一百十五："简籍，巴县人，嘉靖中泰州训导。州学田久被占匿，籍力请当事清还，仍增义田五百四十亩。"

长公 故相申吴门已从讲筵入阁。是日正得上所赐大字。其长公职方为予言（2，65）。谢中丞九十时。长公京兆君年七十余（12，314）。云间范牧之（允谦）孝廉。故宪中吴之长公。今学宪长倩之伯兄（23，600）。吴门顾上舍学一庵者。银台韦所长公也。居家循谨。但治生颇琐细（28，715）。时太宰居乡。颇纵其舍人子为不法。张乃法绳之。长公为郡伯者。日扶服顿颡于邑令（补遗3，895）。

案：此处"长公"一词，义为"长子"。《汉语大词典》未收此义。《汉语大词典》于此词下所列第二个义项为"宋苏轼为苏洵长子，其诗文浑涵光芒，雄视百代，当时尊之为'长公'"。其语源盖即此。惜乎《汉语大词典》未进一步顺流而下，揭示其后来之引申义"长子"。《辞源》《辞海》等亦未收此义。

又，"长公"一词，又有一义为"长兄"，可用来称自己的长兄或他人的长兄。此义亦由《汉语大词典》第二个义项稍加引申而来，与"长子"义实质相同，只是所称呼的对象不尽相同。本书中例如，赵长公巡方。为陕西巡茶任满。而乃弟代之。兄弟交承。亦一时佳话（2，62）。近来山人偏天下……吾乡则黄葵阳学士。及其长公中丞称莫逆。代笔札（23，586）。

他例如，明徐咸《西园杂记》卷下："弘治初，有姚节妇，方洲先生为立传，至是五十年，又见向妇。吾丰厓长公为作传，皆所谓疾风劲草，大有关于世教者欤！"丰厓为明徐泰的号，徐咸是徐泰的同母弟，见《浙江通志》卷一百七十九。

由此例更可见"长公"有"长兄"义。《辞源》收有此义,《辞海》未收。

长君 初徐华亭为分宜所猜防。乃以长君太常璠次女。字世蕃所爱幼子。分宜大喜(8,214)。一为瞿洞观汝稷同卿。故宗伯文懿公长君。文采品格。冠冕一时(11,285)。其长君廷和。已先登戊戌进士。为翰林检讨矣(16,414)。后张郡丞累晋秩。以中丞抚西粤着武功。官少司马归。长君名其廉字伯隔。以任子登乙未高第(22,555)。又吴江给事李龙门名周策者。其长君私刻记曰。礼科都谏长公子印(26,673)。未几。彻如长君允执名洪亮者试南宫。归未久亦暴疾早世(27,694)。

案:上述"长君"一词,义为"长子"。《汉语大词典》未收此义。《汉语大词典》收有"泛指公子"义,又收有"对他人长兄的尊称"义。皆与此义相关而有别。《辞源》《辞海》等亦未收此义。

掌行 次年周即正位宗伯。其在掌行多所建白。亦不尽允行(14,372)。且谥议为礼部掌行。当日何以不言。不过希恩于己。嫁祸于人(14,373)。至天顺间。又遣至楚府行祀礼。又遣至代府掌行丧礼(30,778)。

案:仅此三例。"掌行"一词,义为"掌管执行"。《汉语大词典》于此词条下仅列一个义项"犹领队",且仅举一例,《楚辞·远游》:"后文昌使掌行兮,选署众神以并毂。"王逸注:"掌行,掌领从行者。"当补收此义。《辞源》《辞海》等亦未收此义。

昭晦 但鼎即承卹典。泽他日昭晦与否。则不可考矣(6,167)。

案:仅此一例。"昭晦"一词,犹"昭雪",义为"洗清冤屈"。《汉语大词典》未收此词。《辞源》《辞海》等亦未收此词。

他例如,《宋文纪》卷十一:"天下之可哀者有数,而埋冤于黄泉者为甚焉⋯⋯追风古人,良以嘉叹。但事既昭晦,理有逆从。"

珍护 文渊阁印一颗。用银铸。玉箸篆文。乃宣宗所赐。止许阁臣用以进奏。不得施于外廷。历世相传珍护(补遗2,832)。

案:仅此一例。"珍护"一词,义为"珍藏爱护"。《汉语大词典》未收此词。

《辞源》《辞海》等亦未收此词。

他例如，清汪灏等编《御定佩文斋广群芳谱》卷七十二："昔年曾赏玩，移自碧山遥。古干摩文石，寒枝熨翠绡。虽殊楩梓用。终免雪霜凋。来者宜珍护，毋令困采樵。"

又："珍护"一词另有一个更为常用的义项"珍重爱护。一般用在书信的结尾，犹今之谓保重身体"。例如宋张孝祥《于湖集》卷四十："政远披承，千万珍护，即登严近。"宋程珌《洺水集》卷十四："徽缕一段，软密便体，聊致此诚，极寒珍护。"宋吕祖谦《东莱集》外集卷六："他惟若时珍护，前拜召节。"明胡直《衡庐精舍藏稿》续稿卷四："伏冀珍护，以幸斯世。"

珍收 况初祖衣钵。不过与孔子履等。后人自不忘本珍收之耳（27，686）。

案：仅此一例。"珍收"一词，义为"珍藏"。《汉语大词典》未收此词。《辞源》《辞海》等亦未收此词。

他例如，宋黄休复《茅亭客话》卷十："先生尤嗜酒，复喜藏书。自经史子集之外，凡奇诀要录未尝闻于人者，毕珍收之。"宋释契嵩《镡津集》卷二十二："彼为道前事，且出此帖示之。择言苦求得之，珍收南来以示余，若有异获。"明郁逢庆《书画题跋记》卷八："（《洛神赋》翰墨）仲长宜十袭珍收，慎毋轻出。"明曹学佺《石仓历代诗选》卷二百二十："国初，族祖从覆瓿中得公遗稿二十八首，珍收焉。"

织手 潘氏起机房织手。至名守谦者。始大富至百万。生子圭、璧二人（28，713）。

案：仅此一例。"织手"一词，义为"纺织工人；从事纺织工作的人"。《汉语大词典》未收此词，而收有其平行词"织女"。《辞源》《辞海》等亦未收此词。

他例如，清屈大均《广东新语》卷十六："长乐龙须磻亦产此草，而织手不及。"

致辨 然当时倘有以前疏质之者。林何词致辨（补遗3，887）。

案：仅此一例。"致辨"一词，义为"申辩；辩解"。《汉语大词典》未收此词，盖为"置辩"一词之同音假借。《辞源》《辞海》等亦未收此词。

他例如，宋程大昌《易原》卷六："予非乐与张氏致辨也。"宋陆九渊《陆九渊语录》："先兄遂与某议论致辨，又令某自说，至晚罢。"清张伯行《居济一得》卷七："黄日瑾所以兢兢致辨于周桥之必不可开者也。周桥不开，则淮扬可免昏垫矣。"清李清馥《庶子黄九石先生国鼎》："李文节病卧荒庙中，平昔相善之人多引去，甚至有排击自明非党者。国鼎间一日一视，或再。卒以此中蜚语。国鼎不致辨，上疏求去。"

"致辨"一词，另有一更常用的意义为"予以辨别；进行分辨"。例如宋方实孙《淙山读周易》卷三："上天下泽，一定而不可易，非有难辨者。唯三爻四爻在上下二卦之间，尤当致辨。"宋高似孙《子略》卷一："刘中垒父子秦汉《七略》已不能致辨于斯，况他人乎？"吴陆玑撰，明毛晋注《陆氏诗疏广要》卷上之下："但梧桐是一物。《尔雅》虽两释，实无异也。盖谓种类太多，如青桐、白桐、赤桐、冈桐、赪桐、紫桐、荏桐、刺桐、胡桐、蜀桐、罂子桐之类，不可枚举。其实各各不同。诸家纷纷致辨，转致惑人。"明黄佐《翰林记》卷十一："然儒之品有高下。高者，道德之儒；若记诵词章，前辈君子谓之俗儒。为人主尤当致辨于此。"清阎若璩《尚书古文疏证》卷二："愚谓三家皆注真古文书，不特与今文不同，抑与今孔书互异。安得取三家以当伏生乎？守节唐代人，已不能致辨于此矣。"

致语 吾乡则黄葵阳学士。及其长公中丞称莫逮。代笔札。然其才庸腐。无一致语（23，587）。

案：仅此一例。此处"致语"一词，义为"妙语，高明的言辞"。《汉语大词典》收有此词，而未收此义。但收有与其同义或近义的同素词"俊语、妙语、才语、杰语、佳语"，等等。《辞源》《辞海》等亦未收此义。

他例如，明王世贞《艺苑卮言·致语情语》："'归来休放烛花红，待踏马蹄清夜月'，致语也。'问君能有几多愁，恰似一江春水向东流'，情语也。后主直是词手。"

终於 时内臣曲媚孝肃。致英宗在天之灵。终於不安（3，77）。然谈者至今叹功之终于可成。惜徐未尽其用（12，320）。按失印一事。与唐裴度中书印相类。但裴旋得之。而此终於失耳（补遗2，832）。

案:"终於"一词,义为"终究;到底"。《汉语大词典》未收此词形,而收有其异体形式"终于",所举最早例为朱自清《背影》,偏晚。《辞源》《辞海》等亦未收此词形。

又案:《古今汉语词典》于"终于"下所引最早例为《资治通鉴·晋安帝隆安元年》:"今坐守穷城,终于困弊。"

嘱挟 况要津之嘱挟。簠簋之潜通。岂朝房公署所能绝耶(11,287)。

案:仅此一例。"嘱挟"一词,义为"嘱托要挟"。《汉语大词典》未收此词。《辞源》《辞海》等亦未收此词。

又案:此处三种现代排印本皆作"嘱挟",台湾《明季史料集珍》本原亦作"嘱挟",后以墨涂去"挟"字,旁改为"托"字,即作"嘱托"。今谓作"嘱托"固然不误,但考虑到沈德符喜用生僻词语或自造词语,当然是有理据的构词,我们认为原作"嘱挟"也是极有可能的,而且也是可以解释通的。

著辨 张寅即妖贼李福达。人人知之。著辨者亦众。后蔡伯贯□于蜀被擒。其谳词中。载其事甚详(7,202)。

案:"著辨"一词,义为"辨别;辨析;辨明"。《汉语大词典》未收此词,而收有与其同义或近义的同素词"分辨、别辨、剖辨、甄辨、明辨、澄辨"等。《辞源》《辞海》等亦未收此词。

他例如,明王世贞《答德甫用晦追和感事之作》:"门人著辨称非马,邑子矜名笑似龙。"《钦定四库全书总目》卷四十三:"是书大旨谓六书假借,于义可通,为变而不失其正。其不可通者,即不得不著辨以明之。"清胡渭《禹贡锥指》卷十三上:"元之君臣不学无术,无足深责。后之学者,凭一时之记注而直斥史汉为诞妄,则过矣。自王文恪著辨以来,学者始稍稍寻绎前载。"

著效 味此疏。则北方水利。明白著效如此。推之畿辅南北。再推之大河南北。其风土可施耕耨皆然矣。奈何泄沓因循。不一讲究。坐视他日危困。哀哉(12,321)。

案:仅此一例。"著效"一词,义为"收效,见效,起作用"。《汉语大词典》

未收此词，而收有与其同义或近义的同素词"奏效、显效、取效、收效"等。《辞源》《辞海》等亦未收此词。

他例如，《太平广记》卷三四六："郑余庆在梁州，有龙兴寺僧智圆，善总持敕勤之术，制邪理病，多著效。"《宋史·兵志十二》："方今马政不修，官吏无著效，岂任不久而才不尽欤？"《元史·方技列传》："其他以术数言事辄验，及以医著效，被光宠者甚众。"明陆树声《清暑笔谈》："昔人以理发、搔背、别耳、剌喷为四畅，此小安乐法。余所服二丹曰：'咽津纳息，为小还丹；澄心寂照，为夜气丹。'既无火候，又免抽添，久之著效。"《明史·郑晓列传》："王邦瑞抵抗权幸，踬而复起，郑晓谙悉掌故，博洽多闻，兼资文武，所在著效，亦不愧名臣云。"

著役 是年有江南巡抚徐检吾以苏松缙绅田产过多。定役与齐民等。故相申少师亦金白粮解户数名……申志不能堪。欲身自著役北上。或问公果行。上必怪问。旧弼何以出山。申答曰。我竟报名。云原任大学士某人。解粮到见朝。又安能难我（20，519）。

案：仅此一例。"著役"一词，义为"服役，承担劳役"。《汉语大词典》未收此词。《辞源》《辞海》等亦未收此词。

祝吁 （杏源）与同寅一少卿比邻。邻有笄女绝艳。杏源窥见心荡。屡欲挑之未果。一日。遇朔旦。同塾师诣都城隍庙祈祷。以邻女为请。且许事成酬谢。塾师从旁亦代为祝吁（28，718）。

案：仅此一例。"祝吁"一词，义为"呼天祈神"。《汉语大词典》未收此词，而收有与其同义或近义的同素词"吁祷、吁请、吁求、吁告"等。《辞源》《辞海》等亦未收此词。

壮子 独童性甚迂。初丧壮子。或诳之曰尚当还魂。遂不收殓。日冀其再生。为人所噍（28，712）。

案：仅此一例。"壮子"一词，义为"已经成年的儿子"。《汉语大词典》未收此词。《辞源》《辞海》等亦未收此词。

他例如，《宋史·张浚列传》："兄栻丧，无壮子，请祠以营葬事，主管五局观，迁湖北提举常平。"明陈耀文《天中记》卷十七："天地神明，人不可独杀。我不意当老见壮子被刑戮也。行矣！"明唐顺之《荆川集》卷十一："翁又失其壮子，独携二幼孙以居。"《醒世姻缘传》九十二回："今为晁夫人养生送死，三年服孝已完，又有了壮子，奉祀已不乏人。"

"壮子"一词，又有一义为"壮士；勇士"，与"壮儿"同义。例如明薛虞畿《春秋别典》卷六："齐庄公之时，有士曰宾卑聚，梦有壮子白缟之冠，丹绩之绚，束布之衣，新素履，墨剑室，从而叱之，唾其面，惕然而寤，徒梦也。"

追断 有一南方举人。投牒诉其妹为乐户掠买为娼。今偶遇于京师。乞追断完聚。孔大怒。尽法惩乐户（16，424）。

案：仅此一例。"追断"一词，义为"官方依法追回被侵占的财产或被拐卖的人口"。《汉语大词典》未收此词，而收有与其近义的同素词"追赔"。《辞源》《辞海》等亦未收此词。

他例如，《元史·刑法志二》："诸守库藏军官，夜不直宿，致有盗者，笞三十七，还职。捕盗不获者，围宿军官、军人追赔所失物货，俟获盗徵赃给还。若遇强劫，军官、军人力所不及者，不在追断之限。"《弇山堂别集》卷一百："庄田、湖荡、地宅多为刁豪侵占，抚按官不为清查追断，乃辄逮系校丁，殊为偏狥欺肆。"《明史·王轼列传》："出核勋戚庄田，请如周制，计品秩，别亲疏，以定多寡，非诏赐而隐占者俱追断。"民国柯劭忞《新元史·食货志八》："纲官雇人代替，须拘本户到官断罪，受赃者验赃追断，仍除名。"

拙笔 此等拙笔。无论为颂为规。要无佳句。何足尘乙览。时两英主在御。宜乎得罪（25，636）。

案：仅此一例。此处"拙笔"一词，义为"拙劣的诗文"。《汉语大词典》于此词条下收有三个义项，其中第二个义项为"质朴的诗文"，仅举清金人瑞《牛叟阁子游元墓有怀故园梅花》诗之三一例："束晳《补亡》真拙笔，华光画影便留痕。"与此义相关而有别。

他例如，《四书讲义困勉录》卷四："作此题者，惜管仲才是高手，骂管仲便是拙笔。"

"拙笔"一词,另有一义为"拙劣的书画"。例如明赵宦光《寒山帚谈》卷下:"其最下者,借佳纸浓墨掩其拙笔,或以笔势波折掩其谬结。皆书中穿窬之流,识者耻之。"《弇州四部稿》续稿卷一百六十八:"休承年已八十余,虽时时见拙笔,未隳家声。"清倪涛《六艺之一录》续编卷三:"文本正书杂用大小篆八分法,北朝碑多类此,书家嫌其乖劣。然以拙笔见古,与后代专逞姿媚者不同也。"

《汉语大词典》于此词条下所列第三个义项为"称自己所作诗文书画的谦词"。今谓宜将第二三个义项合并为一个,义为"指拙劣的诗文书画",这样能更准确地概括词义,义域的确定更符合实际。正如苏宝荣先生所说:"语言实践告诉人们,一个词的多种意义是在人们的语言活动中形成的,只有根据大量的语言事实,依据词在使用状态下的不同组合关系加以概括,才能建立辞书的义项(义位)。"[1]

《辞源》于此词条下仅释为"破败的毛笔。后常用作自己作品的谦称",义域亦偏窄。《辞海》等则未收此词。

左貂 但侍婢左貂之徒。未免妄测。以冀非常(3,97)。审如此言。则孝宗龙飞。当以怀恩为首功。覃昌次之。而内台诸珰。亦当受上赏。盖天祚神圣。使左貂辈。亦获收羽翼之勋(6,159)。江陵之得国也。以大珰冯保力。海内能讼言之。至其前后异礼。皆假手左貂(9,232)。此不过左貂辈缘以溪壑。然得无似高齐之郡君仪同耶(补遗1,812)。

案:从第六卷、第九卷两个例句的上下文,显然可知,此处"左貂"一词,义为"宦官,太监"。《汉语大词典》于此词条下未及此义。但此义的来源则同样出自《后汉书·宦者传序》:"汉兴,仍袭秦制,置中常侍官。然亦引用士人,以参其选,皆银珰左貂,给事殿省。"因为秦、汉的宦官一般是银珰左貂的装饰,故以此代宦官,属于借代的修辞手法。

他例如,明王世贞《读史有感十二首》其二:"子长负奇气,少多贤豪游。堕身蚕室间,戢影旃盂俦……金章耀左貂,济济十九侯。"明王世贞《山西第一问》:"帝位予夺于左貂,人主食息于中涓。宦官之势重,而天下之大计移矣。"

《辞源》于此词条下仅释为"在冠的左方加饰貂尾。"亦未及此义。《辞海》等

---

[1] 苏宝荣:《词义研究与辞书释义》,商务印书馆2000年版,第199页。

则未收此词。

作县　是年正月。锦衣卫经历沈炼。抗疏纠首辅严嵩。嵩力辨。谓炼作县败官调简。今知京察必处。以故建言祈免黜幽（12，304）。

案：仅此一例。"作县"一词，义为"指担任一县长官，治理地方"。《汉语大词典》未收此词，而收有与其构词理据相同、意义紧密相关（义为"指担任一郡长官，治理地方"）的平行词"作郡"。可见《汉语大词典》在收词立目时并未联系好相关条目，这可能与《汉语大词典》编纂时出于众手有关。

他例如，宋王栐《燕翼诒谋录》卷三："选人改京朝官，惮于作县，多历闲慢，比折知县资序。"宋朱熹《朱子语类》卷一百二十八："又如法中非作县不得作郡，故不作县者，必经营为临安倅。盖既为临安倅，则必得郡，更不复问先曾为县否也。"《宋史·选举志》："以获盐寇改秩，知临安府于潜县……郡以政绩闻，即召对，上曰：'闻卿作县有法。'遣还任。"《玉堂丛语》卷七："里人有在山东作县回者，曰：'昔传驾又将出，官民俱不知死所，卒赖渭厓回天。'"《治世余闻》上篇卷四："杨，慈谿人，好古而有文学，尝三作县，俱有异政。"《王阳明全集》静心录之八："忧时有志怀先达，作县无能愧旧交。"

《辞源》《辞海》等亦未收此词。《宋元明清百部小说语词大辞典》收有此词，仅举清韩邦庆（1856—1894）《海上花列传》一例："我如今在此作县，不能除得这一土豪，却还与百姓除什么害"，偏晚。

第三章 历史词语汇释

　　《万历野获编》是一部史料笔记，书中所记，包括朝廷典章制度、山川风物、社会风俗、治乱得失、名人历史、文苑词章、异域掌故、器物技艺、奇闻逸事，篇幅较大，内容广博，有极多的历史词。因为时代的原因，这些历史词可能当代人已不太能理解，常用的大型工具书也未将其完全搜罗，或虽收录但释义有误，或对其所处时代的把握不够准确，造成阅读障碍。

　　在解释历史词语时，各种工具书，不论是语文性的，还是专科性的，都存在一个共同的弊端：对某些——甚至可以说很多跨越几个朝代的历史名词进行解释时，往往不能精确地、全面地把握其所存在的朝代。一般都把本来几个朝代共有的历史现象或名物、制度、官职解释成某个或某一两个朝代特有的。在逻辑上说，是对概念的外延把握不周遍、不充分；在语义上说，是对词语的义域把握不全面、不准确。崔山佳在《近代汉语词汇论稿》中曾用较大篇幅对此类现象进行个案研究。[①]对这些词语的认识，或者完全不明其义，云苫雾罩，或者模棱两可，似是而非，不够精确。这在很大程度上损害了《万历野获编》一书的历史研究价值。

　　基于上述理由，我们认为有必要将《万历野获编》一书中较为重要的历史词语汇集起来，予以解释。本章主要解释《万历野获编》一书中的历史名词，另外解释个别与历史事实或历史现象有关的、出现在特殊历史时期（一般指明代或明、清两代）的动词。

　　本章的主要内容有三：解释未被工具书收录的历史词语；纠正工具书释义有误的历史词语；指出工具书虽解释正确但对义域的限定过宽或过窄（一般是过窄）的历史词语。

[①]崔山佳：《近代汉语词汇论稿》，巴蜀书社2006年版，第224～235页。

需要特别说明的是，拙作参考了当时所能见到的绝大多数相关的历史类专科辞典，少数当时新出的历史类辞书未及见到，拙作出版过程中又见到一些新出的历史类辞书，其中有些辞书收录了拙作中探讨的一些词条，如龚延明的《中国历代职官别名大辞典》[①]。为了一方面尽量保留拙作原有内容，一方面表示不敢掠美，当鄙见与其他辞书一致或相近时，稍作说明。

按察司 而山西按察司俞本。亦以曾祷关羽庙佑上还京。且录告神诗文以献矣（1，22）。朝觐官各有路费及馈遗私帑。宜令进献羡余以佐国计。且限为定制。布政司三百两。按察司二百两（2，62）。弘治元年。有云南按察司佥事林淮。奏称云南路远。母老不堪就养（11，284）。一应军民词讼。轻则量情发落。重则发巡按御史按察司问理（17，434）。时廖恭敏（庄）为刑部左侍郎。以岁俭民贫。差官不无扰民。但令抚按及按察司。自清刑狱。其遣官俟丰年再议（18，458）。惟弘治九年。湖广右布政司陶鲁。以功升本省左布政。兼广东按察司副使。带管广东岭东道（22，568）。而复用仍往总督，遇有诉讼，重则付都司、布政司、按察司，及巡按御史究问，轻则量情责罚（补遗3，894）。

案："按察司"一词，义为"行政机构名称。自唐代以来设置，但各个朝代名称不一。本书中为明代提刑按察使司的简称，即一省的司法机关"。《辞源》《辞海》《中国历代官制词典》收有与其关系密切的此机构的官职名称"按察使"，而未收此词。《汉语大词典》则"按察使"、"按察司"二者皆未收。

顺及：关于"按察使"这一官职的最初设置年代，《辞海》《中国历代职官别名大辞典》定为唐景云二年（711年），《辞源》定为唐景龙二年（708年），二者必有一方有误。经查《旧唐书》《钦定历代职官表》《御批资治通鉴纲目》等史籍，皆以景云二年为是。《唐会要》《文献通考》《事物纪原》等皆以景龙二年为是。《天中记》《古今事文类聚》《增文献通考》《文献通考》等以景云三年为是。众说纷纭，莫衷于是，且有同一书中自相矛盾者。

又案：《中国历代官称辞典》《中国历代职官别名大辞典》收有"按察司"一词，确定其为明清的提刑按察使司的简称。甚是。

[①] 龚延明：《中国历代职官别名大辞典》，上海辞书出版社2006年版。

《万历野获篇》词汇研究

按君 又涂镜源宫保（宗浚）为宣大制台。与按君宴会。遇有公事。按君须独出见。更衣领稍偏。涂为手整之（22，565）。徐初以草白鹿表。受知于胡襄愍梅林。戊午浙闱。胡嘱按君急收之（23，581）。

案：仅此二例。"按君"即"巡按"。明代有巡按御史，为监察御史赴各地巡视者。职权颇重，负责考核吏治，审理大案，知府以下均奉命。《汉语大词典》收有与其同义的"巡按、按台、按院"等词，未收"按君"。《辞源》《辞海》《中国历代官称辞典》《中国历代官制词典》《中国历代职官别名大辞典》等并未收此词。

把目 湖广永顺宣慰使彭元锦者。淫恶多狡计。遍遣把目渔色于外。偶一二土酋把目至京。遇溧阳监生冯泰运。与之往来（30，763）。

案：仅此一例。"把目"一词，义为"明、清时代对少数民族地区官吏的称呼"。《汉语大词典》《辞源》《辞海》《中国历代官称辞典》《中国历代官制词典》《中国历代职官别名大辞典》等皆未收此词。

他例如，清鄂尔泰等辑《世宗宪皇帝朱批谕旨》卷一百二十五之二："该长官司刀联斗昏庸乖戾，受汉奸把目主使，为害地方，民夷怨恨。"清康熙、雍正敕修《湖广通志》卷九十三："已遣营哨兵弁、苗头把目及本地熟习苗情之人分头入寨赍去晓谕。"乾隆十二年奉敕撰《钦定续文献通考》卷一百二十九："而镇城左右有回回、哈喇各种人，中多劲悍。若动以大义，特加鼓舞，各选把目以长之，量课粮食以饱之，按委操阅，稍立章程，视召募者不啻过之。"

白头疏 隆庆末年。华亭为御史齐康所攻……至吏部。则葛端肃为尚书。独不肯上。而侍郎刘自强。为白头疏上之（8，221）。

案：仅此一例。细绎文义，"白头疏"一词，义为"没有署名或印章的奏疏"。《汉语大词典》《辞源》《辞海》《中国历代官称辞典》《中国历代官制词典》《中国历代职官别名大辞典》等皆未收此词。《古今汉语词典》于"白头"下第二个义项为"不署名的或没有印章的"。例如现代作家沙汀《防空》："毛房墙壁的兼职，便是义务担任张贴各种告示，白头帖子，以及种种揭条。"又例如"白头材料"。本文例子中也正是这个意思。

编管 嘉靖己亥。世宗南巡还后。有任丘罢闲进士王联。以不法为御史胡缵宗所按。乃告胡作诗诅上……后胡仅从编管。而联竟抵法（18，463）。士人得罪。编管为戍卒者多矣。未有夷之隶役者（22，572）。时石妻子编管粤西。正曹之桑梓也（17，436）。

案：仅此三例。"编管"一词，《汉语大词典》释为"宋代官吏得罪，谪放远方州郡，编入该地户籍，并由地方官吏加以管束，谓之'编管'。此等刑罚亦有用于一般罪犯者"。《辞源》、《辞海》、高文达《近代汉语词典》、《中国历代官称辞典》、《中国历代官制词典》与此释义基本相同。今谓其释义甚确，而对时代的限定则未免过窄。从上例即可看出，此等刑罚至明代仍用。故其释义亦稍作修正："宋代官吏得罪，谪放远方州郡，编入该地户籍，并由地方官吏加以管束，谓之'编管'。此等刑罚亦有用于一般罪犯者。后世沿用。"《宋元明清百部小说语词大辞典》释义与上举工具书基本相同，但未限制时代，所举二例皆出自《喻世明言》。虽始见例偏晚，但也许不失为一种比较灵活的处理方法。

兵备 而前苏州知府蔡国熙。故有才名。以讲学受知于华亭。称弟子。至是入新郑幕。愿治徐事自效。遂起为苏松兵备（8，220）。是年驾出行边。惟督臣与雁行。即巡抚亦忝坐。不敢具宾主。若兵备则竟隅侍。驾晏然受之。人谓其器满将覆矣（17，444）。至今上乙酉。升蓟州兵备副使顾冲庵（养谦）为金都抚辽左。则以边才素着。庚寅升苏松兵备副使李养愚（涞）为金都抚应天。则以先朝直臣（17，448）。兵备官之设。始于弘治十二年……本年八月始设江西九江兵备官一员。盖以九江既管江防。又总辖鄱阳湖防。故特以专敕令按察司官领之（22，569）。时嘉禾兵备为沧州刘焘。有威望。以拒倭着声绩（29，750）。苏松兵备。广平蔡国熙。华亭徐相讲学高足也（补遗3，895）。同时有嘉湖兵备无锡张子仁。吾郡吴少参（绍）同年也（补遗3，895）。

案："兵备"一词，亦为明代官职名，且亦为"兵备道"的省称，与"兵道""兵使"同义。第八卷中蔡国熙既被称为兵备，又被称为兵使；第九卷中称嘉禾兵使，第二十九卷中称嘉禾兵备；第二十二卷中同一处前面称兵道，后面称兵使。《汉语大词典》《辞源》《辞海》《中国历代官称辞典》《中国历代官制词典》等并未收此词。唯《中国历代职官别名大辞典》收有此词，释为"（明）整饬兵备道官之省称，一般由按察司副使或佥事官担任"。所举二例皆出自《万历野获编》卷二十二。此词其他文献中亦用例极多，不赘述。

兵道　时蔡见庵（可贤）宪使。备兵阳和。正同督府宴犒于城上。蔡少年登第丰姿白皙如神仙。三娘子心慕之。在城下请于督府曰。愿得兵道蔡太师至吾营中一申盟誓。以结永好（17，447）。即如夯州之乡为苏州。止一兵道。是宜以宪礼别待之矣。但彼中兵使一缺。则苏州守代摄其事（22，574）。邑令知守意。竟论金抵偿。谳词上之郡。上之兵道。俱如拟。寻上之台使（22，577）。

案："兵道"一词，亦为明代官职名，盖为"兵备道"的省称。明制，各省重要地方设整饬兵备之道员，称为兵备道。清代沿置。《汉语大词典》《辞源》《辞海》《中国历代官称辞典》《中国历代官制词典》等未收。唯《中国历代职官别名大辞典》收有此词，释为"（明）兵备道、兵巡道、兵粮道等各道之通称，由按察司副使、佥事充任，属分巡道一类"，仅举清梁章钜《称谓录》卷二十一中孤证为例，书证偏少且偏晚。1999年版《辞海》收录"兵备道"一词，未收"兵道"一词。

他例如，明张翰《松窗梦语》卷一："王蓦赴兵道，以银饰为买和。"明凌蒙初《二刻拍案惊奇》卷十七："不想安绵兵备道与闻参将不合，时值军政考察，在按院处开了款数，递了一个揭帖，诬他冒用国课，妄报功绩，侵克军粮，累赃巨万。按院参上一本，奉圣旨，着本处抚院提问……过不多时，兵道行个牌到府来，说是奉旨犯人，把闻参将收拾在府狱中去了。"明潘季驯《河防一览》卷十二："及水道既至，业有专责，则漕河事务自应接管。若复归之兵道，恐非朝廷设官分职之意。"《明史·职官志四》："兵道之设，仿自洪熙间，以武臣疏于文墨，遣参政副使沈固、刘绍等往各总兵处整理文书，商榷机密，未尝身领军务也。至弘治中，本兵马文升虑武职不修，议增副佥一员，敕之。自是兵备之员盈天下。"

兵使　徐为高新郑所恨。授旨吴之兵使蔡国熙。至戍其长子，氓其两次子，籍其田六万（8，216）。嘉禾兵使刘庚。其同年也。首来相访。辄葛巾芒履以出。自云引疾不出门。送至中庭而止（9，246）。但州守权轻。属城不尽奉约束。仅一宪臣居城中。称兵使者（12，329）。即如夯州之乡为苏州。止一兵道。是宜以宪礼别待之矣。但彼中兵使一缺。则苏州守代摄其事（22，574）。未几。吴转江右兵使出山（27，694）。少参不堪其凌。诉之兵使（补遗3，895）。

案："兵使"一词，亦为明代官职名，职能基本上与"兵道"相同，亦称"治兵使者、备兵使者、饬兵使者"等。《汉语大词典》《辞源》《辞海》《中国历代官称辞典》《中国历代官制词典》等未收此词。唯《中国历代职官别名大辞典》收有此词，释为"（明）按察副使、分司整饬兵备道略称"，仅举《万历野获编》卷九中书证为例。

他例如，明王世贞《壬午江南武举序齿录后叙》："万历壬午秋，御史偕兵使者合吾吴、云间、晋陵、京口四郡勒射决策之士。"明王世贞《送山东按察使朱公迁山西右辖序》："于是有司第耿公功当迁，而又会吴阙兵使者，耿公迁。又奉玺书来治吴四郡兵……吴大治，而又会上谷阙兵使者，有司念以上谷视吴重，乃耿公又迁上谷兵使者。"明王世贞《奉赠宪使河中冯公迁治延鄜序》："岁乙丑之春，吏部臣言吴四郡治兵使者耿公习北事，宜调去为上谷治兵使者。"明王世贞《封征仕郎户科给事中见山李公墓志铭》："任滇之饬兵使者，则戒以时时宣恩，毋失裔夷心。"明谢肇淛《滇略》卷九："已上土官，自知府至驿丞悉属诸道节制，长官在内治者如之。其他羁縻而已，有事则备兵使者发符调之。"清李清馥《参议张庄甫先生冕》："备兵使者虑城守单弱，檄冕还。"

兵侍　至甲寅、乙卯间。王思质忤用御房功骤贵。以右都御史兼兵侍（补遗2，843）。

案：仅此一例。"兵侍"一词，为"兵部侍郎"的简称。《汉语大词典》《辞源》《辞海》等皆未收此词。

他例如，明郑晓《今言》卷四："乙酉，逮汝孝、希韩。革兵侍谢兰、职方郎中王尚学、户书李士翱、十三司郎中周鲁等职，与工书胡松俱戴罪冠带管事，候事宁处治。"

又案：《中国历代官称辞典》收有此词，释为"官名。宋以后对兵部侍郎的简称"，甚是。《中国历代官制词典》亦收有此词，释为"宋代兵部侍郎的简称"，核心义正确而义域错误。《中国历代职官别名大辞典》亦收有此词，分别释为"（宋）尚书省兵部侍郎省称，为兵部尚书佐贰官，从三品"、"（清）兵部侍郎省称"，而未述及明代有此称谓。

《万历野获篇》词汇研究

部堂　盖总制大臣。以部堂兼中丞者。方有此称（6，175）。其以监生儒士选者。亦得积资带衔卿寺部堂以上尊官矣（9，248）。闻部堂之至各科。科臣垂帘居内。部臣向内揖。科臣帘内答之。画本毕。再揖而行两人不相面也。统均之地。折腰于七品小臣。似衰威重。窃以为不赴亦可（11，283）。至正德七年。中原刘六、刘七等盗起。命太监谷大用征之。陆完以部堂为文帅。仅得称提督（22，552）。

案："部堂"一词，《汉语大词典》释为"清代各部尚书、侍郎之称。各省总督例兼兵部尚书衔者，也称部堂"，仅举一例，《醒世姻缘传》第一回："晁秀才一来新选了官，况且又是极大的县，见部堂，接乡宦，竟无片刻工夫做到借债的事。"黄肃秋校注："部堂，各部大堂的省称。此指吏部尚书。"《辞源》《辞海》《中国历代官制词典》释义基本与此相同。

今谓《汉语大词典》释义或确，而义域偏窄。从《万历野获编》一书来看，此词至少明代就有了。

又案：《中国历代官称辞典》释"部堂"为"清代，称中央各部、寺之长官为'堂官'。各省总督因多兼兵部尚书，故称'部堂'。"此项释义恐不确，且有常识性错误。清代各省总督当至少有十几个，而兵部尚书不可能有这么多。将"部堂"等同于"兵部尚书"无疑是错误的。《中国历代职官别名大辞典》释"部堂"为："（明）六部尚书别称。（清）（1）六部尚书、侍郎别称部堂。（2）总督例兼兵部尚书、右都御史，故亦有部堂之称。"甚为详尽正确。

布政司　又令两京布政司府州县各修官女学设庙。奉先代女师之神（3，87）。成化元年。添设山东、河南等各布政司劝农参政。及府同知通判县丞各一员（12，318）。又至成化八年壬辰。始命刑部差郎中、大理寺差寺正。各奉敕往两直各布政司。遇重辟可矜者。奏请宽贷（18，458）。太祖平定天下。分十二布政司。十五年增云南以至按察都指挥司（22，565）。去年兵革仓猝。有未及举行者。请以今年秋八月。令应天府及浙江等布政司皆补试（补遗2，856）。

案："布政司"一词，义为"行政机构名称，为明代承宣布政使司的简称。通称'行省'或'省'"。明洪武九年（1376年）改行中书省为承宣布政使司。宣德后，全国府、州、县等分统于两京和十三布政使司，每司设左、右布政使各一人，为一省最高行政长官。清代沿用"布政司"的简称，但全称去掉"承宣"二字，只叫布政使司。《汉语大词典》《辞源》《辞海》《中国历代官称辞典》收有与其关系密切的此机构的官职名称"布政使"，而未收此词。《中国历代职官别名大辞典》收有与其同实异名的"布司""布使"，而未收此词。

又案：《中国历代官制词典》收有此词，且做了正确解释。

仓巡　今卫幕则布满天下。动云待缺。凡州佐县佐以及驿丞仓巡之属。辄求代署（11，296）。

案：仅此一例。"仓巡"一词，义为"地方上管理粮仓的小官吏"。《汉语大词典》未收此词，而收有与其意义相同或相近的同族词"仓吏、仓官、仓胥"等。《辞源》《辞海》《中国历代官称辞典》《中国历代官制词典》等亦未收此词。唯《中国历代职官别名大辞典》收有此词，释为"（明）仓大使、副使及巡检司巡检、副巡检之连称"，亦仅举本书证为例立目。

他例如，明沈鲤《亦玉堂稿》卷十："戊辰奉母命出令江华，以经术润吏治，建言裁驻华通判及仓巡。"《钦定续文献通考》卷四十四："谢肇淛《五杂俎》曰：'从来仕宦法网之密，无如今日者。上自宰辅，下至驿递、仓巡，莫不以虚文相酬应。'"乾隆三十二年敕撰《钦定续通典》卷二十二："又上自阁部，下至驿处、仓巡，大抵以虚文相酬应。"

赤县　京师五方所聚。群饮及博徒浪子。理亦宜禁。如正统间。顺天大兴知县马通所建白者。真令人绝倒……赤县神君所见乃尔。欲其肃清辇毂。不亦难乎（20，516）？

案：仅此一例。此处"赤县"一词，义为"京都所治的县"。《汉语大词典》于此词条下所列第二个义项为"唐、宋、元各代京都所治的县"。所举三例，一例为唐人例，二例为宋人例，而不及元人例，更不及明人例。今谓此处显然指明代京都所治的县。《汉语大词典》释义义域过窄，朝代至少还应当包含明代，方为全面客观。

《辞海》释义同《汉语大词典》。《辞源》的解释义域更窄，时代只限定在唐代。《中国历代官称辞典》、《中国历代职官别名大辞典》则未收此词。

又案:《中国历代官制词典》虽于此词条下有一义为"又名京县,指京都所治之县",所举皆为唐、宋、元三朝京都所治之县。盖编者的意思还是认为此义项的适用范围仅限于唐、宋、元三朝。

大计(附:京察)　弘治六年。正月朝觐大计。吏部升谪方面州县等官。一千四百员。杂职一千一百三十五员(11,300)。今制匿名文书。禁不得行。唯内外大计。吏部发出访单。比填注缴纳。各不著姓名(11,301)。京朝官六年一大计。其法至严(11,302)。世宗于议礼诸臣。无所不假借。独严于大计(11,303)。大计六年一举。定于弘治末年(12,304)。嘉靖三十年辛亥。当大计京察(12,304)。六年京官大计。吏部都察院主之(12,305)。又三年而高被逐。江陵专政。则内外大计。一出其手定(12,305)。意者如近例。主上新登极大计。然铨部初题本时……且其时计典不举已十一年矣。今人动云六年大计。为祖宗定制。误矣(11,299)。至十年丁巳正大计京官之年。吏科都给事李源。又请考察浙江布政雍泰等、十三道御史徐升等。奏亦如之。事毕逾月。始考京官(补遗2,847)。嘉靖六年丁亥大计。张璁以兵部左侍郎。为北科道所纠。桂萼以礼部右侍郎。为南科道所纠(补遗3,883)。己亥大计诸京员。徐坐浮躁斥降去(补遗4,937)。

案:"大计"一词,《汉语大词典》收有三个义项:1.官吏每三年一次的考绩。《周礼·天官·太宰》:"三岁则大计群吏之治,而诛赏之。"郑玄注引郑司农曰:"三岁考绩。"明清两代考核外官的制度叫大计,每三年举行一次。《明史·佞幸传·朱隆禧》:"由进士历顺天府丞,坐大计黜。"清姚鼐《邱松亭家传》:"君采购严禁吏蠹……大计列一等,当擢。"并参阅《清文献通考·职官四》。2.重大的谋略或计划。3.谓国家岁终核算。

依据《汉语大词典》的意见,上揭例中"大计"一词,当适用于第一个义项。但事实并非如此。首先,《万历野获篇》中有则记载"至弘治十四年闰七月。用南吏书傅瀚奏。谓京官十年一考察。法太阔略。乞六年一考。从之。弘治十七年。又召十年一考。寻以给事中许天锡言。命六年一考。著为令"(11,300),可以看出,明代考察的年限不是三年,而是起先没有成规,有时是十年,有时是十一年,至弘治十四年以后定为六年,且中间又有反复,恢复到十年,至弘治十七年才以法令的形式确定为每六年一次。其次，考察的对象并不限于外官，有时也有京官，见上文。最后，《汉语大词典》所举最早例出自《明史》，不如《万历野获编》早。《辞源》《辞海》《中国历代官称辞典》《中国历代官制词典》亦认为考察年限仅限于三年。

"京察"一词，《汉语大词典》释为："明清定期考核京官的制度。明代每六年举行一次。清代吏部设考功清吏司，改为三年考核一次，在京的称'京察'，在外地的称'大计'"，所举最早例为《明史·选举志三》："考察之法，京官六年，以巳、亥之岁，四品以上自陈以取上裁，五品以下分别致仕、降调、闲往为民者有差，具册奏请，谓之京察。"关于明代部分，近是而未确。有明一代，京察并非从一开始就是每六年一次，见上文。《辞源》《辞海》《中国历代官制词典》《宋元明清百部小说语词大辞典》、高文达《近代汉语词典》亦认为明代考察年限仅限于六年。《中国历代官称辞典》则未收此词。

"京察"一词，本书中还有其他例证，如，至论乙巳京察留用一事。极诽沈四明之非（25，632）。邱文庄最憎之。谓为背叛朝廷。比转南吏部郎中。值京察。则倪文毅为南冢宰。以老疾去之（补遗2，845）。

都司 （李珍）筑台伪称皇帝。书天顺年号。封苗首等为侯及都司等官（1，21）。张乃改降万全都司断事而去。迄不振罢归，至今未出（11，296）。此成化元年事。与正统末年。都司李曧杖知州李玉事相似（17，433）。盖外卫官历任升至都司。必云某卫带俸（21，532）。在内地则安乐、自在二州。其知州皆文臣流官。乃属辽东都司。亦奇（30，763）。正统十三年。大宁都指挥佥事李曧。道遇祁州知州李玉不避道。杖之。为巡按御史段信所劾。其时都司之横如此。又二年为景泰元年。万全参将杨峻。以挟私杖死都指挥佥事陶忠。初拟斩。未几景帝宥之。令随父昌平侯杨洪立功而已。都司之贱又如此（补遗3，869）。

案："都司"一词，为"都指挥使司"的简称，是明代一省掌兵的最高机构。《汉语大词典》未收此词，而《辞源》《辞海》《中国历代官称辞典》《中国历代官制词典》收录。从《野获编》一书中可以看出，"都司"还可指该机构的最高官员，则以上四种工具书皆未发之，当补。《中国历代职官别名大辞典》收有此词，释为"（明）都指挥使司省称"，但从所举例看，著者当知其可指该机构的最高官员。

《万历野获篇》词汇研究

对品　十人者俱对品调外。为边远仓大使。无一人能赴者。皆恸骂归（11，284）。成化丁未年。太宰李裕始奏设才力不及一条。对品调用。嘉靖间。不及者俱降一级。其后渐有降二三级调用者（补遗2，841）。

案："对品"一词，义为"同等品级的官职"。《汉语大词典》《辞源》《辞海》《中国历代官称辞典》《中国历代官制词典》等皆未收此词。

他例如，《元史·文宗本纪》："庚申，特命河南儒士吴炳为艺文监典簿，仍予对品阶。"《元史·选举志》："凡文武散官，多采用金制。建官之初，散官例降职事二等。至元二十年，始升官职对品。"明尹直《謇斋琐缀录》卷四："原籍有一巡检任满，军囚数不足，略考功主事刘道求升，而为郎中张宇中所沮，如例拟付文选司对品调除。"明王世贞《弇山堂别集》卷八十三："故事：中允与讲读对品。中允得入门序揖前导双呵，讲读不得也。然至主两京试及修史列衔，则皆讲读前而中允后。行之二百余年不易。"清徐乾学《读礼通考》卷一百八："八年，题准各处丁忧仓场官起复到部。查系守支五年之上者与守支尽绝者一体定拟升用付选，三年之上者对品改选，不及改选者仍以原籍选用。"

工侍　又他曹赠礼书者。南吏侍罗玘谥文肃。南工侍黄孔昭谥文毅（13，344）。

案：仅此一例。"工侍"一词，义为"工部侍郎"的省称。《汉语大词典》《辞源》《辞海》《中国历代官制词典》等皆未收此词。

他例如，宋李幼武《宋名臣言行录》别集上卷六："孝宗即位，权工侍兼侍讲，赐服金紫。"明闵文振《涉异志·戚侍郎》："后登进士完婚，累官工侍，以同邑贺侍郎谱，果弃市。"明陆容《菽园杂记》卷十五："成化甲辰，泗州民家牛生一麟，以为怪，杀之。工侍贾公俊时公差至此，得其一足归。"明徐咸《徐襄阳西园杂记》卷下："浩乃予同年黎工侍奭之外祖。"

又案：《中国历代官称辞典》收有"工侍"一词，释为"宋代对工部侍郎的简称"。《中国历代职官别名大辞典》亦收有此词，释为"（宋）尚书省工部侍郎省称"。皆近是而未确。对朝代的限定不准确，义域过窄。至少明代这个词语还活跃于历史舞台。

宫秩　若忠勇王金忠。直以胡人仕于朝。得授王爵。最为异典。然自永乐至洪熙始拜太子太保。盖宫秩之不轻畀如此（补遗4，933）。

案：仅此一例。"宫秩"一词，义为"明代对太子属官的称呼"，古称太子为东宫。《汉语大词典》未收此词，而收有与其同义的同素词"宫僚、宫臣、宫官"等。由此可见《汉语大词典》确实存在很多学者所批评的相关词条缺乏照应、词汇系统性有待加强的缺点。京官又称京秩，郎官称郎秩、台官称台秩等。《辞源》《辞海》《中国历代官称辞典》《中国历代官制词典》《中国历代职官别名大辞典》等亦未收此词。

他例如，明王世贞《皇明异典述》卷三："景泰三年，吏部王公直、礼部胡公滢俱以少傅，内阁陈公循、高公谷、兵部于公谦俱以少保兼宫秩，户部、都察院王公文俱先为太子太保，吏部何公文渊、兵部仪公铭、刑部俞公士悦、工部石公璞、都察院陈公镒、王公翔俱以易储加太子太保。"《皇明异典述》卷十："死后追削生前公孤宫秩：嘉靖八年，以谬议大礼，追削毛澄太子太傅、林俊太子太保。万历十一年，以执政怙肆，追削张居正太师兼太子太师。"明查继左《罪惟录》卷二十："是时以孤卿而兼宫秩，独原吉一人。"明孙继皋《宗伯集》卷六《与朱官谕兰嵎》："留都，阁下桑梓地也，而以宫秩领翰篆，盖无一日不成书繡哉！"《御选明臣奏议》卷二十七明王世贞《应诏陈言疏》："征士吴与弼刻行追古，力辞宫秩，其高风足以廉顽而起懦。"明孙继皋《宗伯集》卷六《答李金宪雨亭》："其秋弟遂藉灵补宫秩，逾冬历春涉夏，而始乃拜恩辇下也。"

馆夫 盖馆夫创为此法。无所承受（30，780）。此盖出朱勔父子小慧。何犷卤馆夫亦暗合乃尔（30，780）。

案：仅此二例。"馆夫"一词，义为"古代为外族宾客人士服务的仆吏"。《汉语大词典》未收此词，而收有与其意义相关的同素词"馆人、馆伴"。《辞源》《辞海》《中国历代官称辞典》《中国历代官制词典》等亦未收此词。

他例如，《元史·刑法志四》："诸出使从人殴死馆夫者，以殴杀论。"《明史·况钟列传》："又置通关勘合簿，防出纳奸伪。置纲运簿，防运夫侵盗。置馆夫簿，防非理需求。"明罗贯中《五代秘史》第二十三回："驿夫报曰：'四面火起，怎么是了？'……馆夫对晋王曰：'幸天赐大雨，火已灭焰。'晋王说：'若非此雨，我与众人皆死于驿中！'"《英烈传》第二十五回："且说亮祖次日早起，叫人去召馆夫，只见驿司报说：'此人昨夜不知何意，偷了一匹马，连夜逃去，尚未拿获哩。'"

馆元 而丁丑先人为馆元。终于修撰。癸未则李道统止司业。而丙戌则李启美止检讨（7，189）。永乐二年甲申。会元又馆元杨相。为辅臣士奇任（15，397）。万历丁丑庶常。吾乡凡四人。冯具区以会元。先人以馆元。其留为史官固宜。而杨楚亭（德政）、陆葵日（可教）。俱得拜编修。亦浙中一时之盛（16，408）。正卷已定呈御览。而馆元斥不许者。为万历之辛丑（补遗2，839）。是年馆选凡两度。以后选者改入。梅前后皆预焉。凡二十一人。馆元为吕怀拜给事（补遗2，840）。

案："馆元"一词，义同"指明代庶吉士馆选考试中的第一名"。《汉语大词典》《辞源》《辞海》《中国历代官称辞典》《中国历代官制词典》《中国历代职官别名大辞典》等皆未收此词。

明初有六科庶吉士。洪武十八年使进士观政于诸司，练习办事。其在翰林院、承敕监等近衙门者，采《书》"庶常吉士"之义，俱改称为庶吉士。永乐后专属翰林院，选进士文学优等及善书者为之。三年后举行考试，成绩优良者分别授以编修、检讨等职；其余则为给事中、御史，或出为州县官，谓之"散馆"。明代重翰林，天顺后非翰林不入阁，因而庶吉士始进之时，已群目为储相。清沿明制，于翰林院设庶常馆，掌教习庶吉士事。《汉语大词典》未收此词。《万历野获编》一书中提及的作者沈德符的父亲沈自邠、杨相、吕怀等人都分别是各次庶吉士馆选考试中的第一名，事见于《明史》《皇明异典述》卷三等。

他例如，明王樵《方麓集》卷九："汝系馆元，入馆复累试俱前，而又曾有三次阁取第一，理是应留。"又："论馆序则汝是馆元，既到馆则论馆中次序，岂论二甲三甲？"

户书 宣德中。则张瑛以礼书兼华盖殿。陈山以户书兼谨身殿（7，183）。至十一年乙未科读卷。商淳安以户书学士。万眉州以礼书学士。俱列吏部尚书尹旻之前。则撄地之势已大定（7，185）。袁以少傅户书。建极殿大学士得请。殁赠太傅（13，343）。

案："户书"一词，为"户部尚书"的省称。《汉语大词典》《辞源》《辞海》

《中国历代官制词典》等皆未收此词。《中国历代官称辞典》收有此词，释为"隋唐以后，对户部尚书的简称。"《中国历代职官别名大辞典》则将此词定为宋、明、清三朝对户部尚书的省称。据查《四库全书》《四部丛刊》《汉籍全文检索系统》等电子书，当以《中国历代职官别名大辞典》说法为是。

他例如，宋李幼武《宋名臣言行录》别集上卷四："靖康初，知颍昌。建炎二年，召为翰学，拜户书。"宋徐自明《宋宰辅编年录》卷十一："力引王古为户书，以掌开合敛散之权。"明王世贞《弇山堂别集》卷四十五："杨廷和，字介夫，四川新都人。由成化戊戌进士，正德二年以户书文渊阁学入，十年以少师华盖殿学丁忧。"明焦竑《玉堂丛语》卷六："陈循以正统九年入内阁，至户书，景泰中，至华盖殿学，典枢机者十年。"明郑晓《今言》卷四："乙酉，逮汝孝、希韩。革兵侍谢兰、职方郎中王尚学、户书李士翱、十三司郎中周鲁等职，与工书胡松俱戴罪冠带管事，候事宁处治。"

顺及：本书中出现六部中五部的尚书官职的简称，唯缺"工书"一词的用例。六部尚书的简称中，《汉语大词典》收录三种：刑书、兵书、吏书，但只有"吏书"下所举最早例为本书的书证，"刑书"、"兵书"下所举最早例皆为清褚人获《坚瓠十集·兵刑侍郎谑》，稍晚。《汉语大词典》失收六部尚书中另外三部尚书的简称：礼书、户书、工书。可见《汉语大词典》在收词立目时未能很好地考虑词语之间的系统性、相关性的问题。

本书中"刑书"一词的书证如：其他以兵部尚书领左右都者。如毛伯温等。以南兵书领者如王守仁等。以别部领者如刑书洪钟等。俱以用兵带宪衔。非正兼也（11，278）。

本书中"兵书"一词的书证如：其后则嘉靖四年。杨一清以原任少傅、吏书、武英殿、落殿衔。出为兵书。总制陕西三边（7，182）。其他以兵部尚书领左右都者。如毛伯温等。以南兵书领者如王守仁等（11，278）。其长西台位统均。又以吏书兼兵书。皆永嘉力也（21，549）。

本书中唯独未见作为工部尚书简称的"工书"的用例，文中凡涉及工部尚书的地方都用全称，而不用简称，这是很奇怪的现象。不过其他文献中并不乏作为工部尚书的简称的"工书"一词的用例，如宋洪迈《容斋随笔》卷十四："国朝未改官制以前，从官丞、郎、直学士以降，身没大抵无赠典，唯尚书、学士有之，然亦甚薄，余襄公、王素自工书得刑书，蔡君谟自端明、礼侍得吏侍耳。"《今言》卷四："乙酉，逮汝孝、希韩。革兵侍谢兰、职方郎中王尚学、户书李士翱、十三司郎中周鲁等职，与工书胡松俱戴罪冠带管事，候事宁处治。"《玉堂丛语》卷六："嘉靖己丑试卷，肃皇帝亲为批阅，有御笔者，登科录尽刻之。工书刘清惠公麟在读卷之列。"明王世贞《皇明盛事述》卷三："正统三年，杨公士奇、杨公荣皆少师，又同姓，然一为兵书、华盖殿学，一为工书、谨身殿学。"

匠余　至我明正德间。锦衣卫匠余习宣。自言背刺尽忠报国四字。上怒。命本卫杖而戍之岭南（补遗3，867）。

案：仅此一例。"匠余"一词，义为"指未取得正式匠籍的匠人"。《汉语大词典》未收此词，而收有其平行词"军余"。《辞源》《辞海》《中国历代官称辞典》《中国历代官制词典》《中国历代职官别名大辞典》等亦未收此词。

他例如，明俞汝《礼部志稿》卷二十三："景泰元年，令应试儒士。册内原无名籍儒士及赘婿、义男，并文武官舍、军校、匠余，不许于外郡入试。"

顺及：《万历野获编》中另有"舍余"一词，亦与"匠余""军余"为平行词的关系，《汉语大词典》亦未收。详见下文。

旧弼　杨是时特荷殊眷。徒以邀致六飞为荣。而不能力劝旋轸。仅以册府元龟等书为献。似乖旧弼之谊（1，31）。是年有江南巡抚徐检吾以苏松缙绅田产过多。定役与齐民等。故相申少师亦金白粮解户数名……申忞不能堪。欲身自着役北上。或问公果行。上必怪问。旧弼何以出山。申答曰。我竟报名。云原任大学士某人。解粮到见朝。又安能难我（20，519）。

案："旧弼"一词，义为"对以前的宰相的敬称"。上举两处原文中皆分别明言申、杨二人为故相。《汉语大词典》《辞源》《辞海》《中国历代官称辞典》《中国历代官制词典》《中国历代职官别名大辞典》等皆未收此词。

他例如，宋洪迈《容斋续笔》卷一："绍熙二年，吏部郑尚书侨上章乞荐士，诏令在内近臣台谏、在外侍从，各举六人堪充朝士者。吏部遍牒，便及内任从官与在外待制以上，而前宰相执政皆不预。安有从官得荐人，而旧弼乃不然，有司之失也。"宋徐梦莘《三朝北盟会编》卷一百八十六:"赐李纲诏:朕以大江之西,俗轻而悍,弄兵之寇无岁无之,师旅荐兴,民益雕瘵,肆图旧弼往镇临之。"元黄溍《文献集》卷十上:"成宗皇帝以王先朝旧弼,委任愈专。"明倪谦《送崔冢宰克让赴阙》:"喜动龙颜逢旧弼,畴咨应见席频虚。"明黄仲昭《送孔詹事考绩之京》:"一朝怀旧弼,旋复锡恩命。重拜旧时官,来览金陵胜。"

军生　及查是年登科录。则果有黄鉴者。登三甲进士。果为苏州卫军籍。长洲学军生(28,711)。

案:仅此一例。"军生"一词,义为"明代指隶属于都司卫所等军籍的生员,与"官生、民生"等相对。"《汉语大词典》《辞源》《辞海》《中国历代官称辞典》《中国历代官制词典》《中国历代职官别名大辞典》等皆未收此词。

他例如,《弇山堂别集》卷八十二:"其生员、军生、儒士、及未入流品官、农吏、承差、军余人等,若无钱粮等项粘带者,听从入试。"《关中奏议》卷六:"照得天下各府、州、县儒学岁贡,皆于廪膳年深数内考选。惟都司卫所学校原无廪膳,直于阖学生员内论入学年深。因此军生既得入学,多不读书,苟岁考免于黜发,则计日得膺岁贡。提学官员间有不论年深,取曾经考中科举者充贡。"明夏言《南宫奏稿》卷一:"殊不知辽东先年学校之名虽设,而科举之途未开。至正统丁卯,地方抚臣始选都司等学军生张升、金统律二人起送应试。"明王宪《为建言边情严设备以安地方事》:"臣系陕西西宁卫军生,切见西宁地方原系番夷杂处之地。洪惟我朝太祖泛扫边尘,招集人民,开荒展土,始建城郭,设立卫所,名为西宁。"

礼卿　时夏贵溪为礼卿。议复。谓御史建白良是(1,4)。南礼卿陶四乔。素负人望(11,301)。时万文恭为礼卿。亦特疏专王守仁(14,363)。会礼卿阶亦言之。得旨允行(17,445)。武宗登极。礼卿张升谏曰……(27,683)

案:"礼卿"一词,本书中共出现37次,皆为"礼部尚书"义。《汉语大词典》《辞源》《辞海》《中国历代官称辞典》《中国历代官制词典》等皆未收此词,唯《中国历代职官别名大辞典》收有此词并做出正确解释。以上数人都曾担任过礼部尚书的官职,俱见于《明史》。不赘述。

《万历野获篇》词汇研究

礼侍 上痛惜之。为制金棺葬之万寿山之麓。又命在直诸老为文。荐度超升。俱以题窘不能发挥。惟礼侍学士袁炜文中有化狮成龙等语。最惬圣意（2，54）。许彬以礼侍学士。出为陕西参政。不复召（7，182）。又如南礼侍之赠礼书者王瓒。谥文定（13，344）。曾宗伯（朝节）以礼侍学士掌院主万历戊戌。以礼侍学士掌詹主万历辛丑（14，368）。

案："礼侍"一词，为"礼部侍郎"的省称。《汉语大词典》《辞源》《辞海》等皆未收此词。《中国历代官称辞典》收有此词，释为"宋代以后，礼部侍郎的别称"，甚是。《中国历代职官别名大辞典》亦作出了正确的解释。《中国历代官制词典》亦收有此词，释为"宋代礼部侍郎的简称"，则义域过窄。

礼书 十八年。翟銮以原任礼书、武英殿、落殿衔。出为兵书。阅视九边（7，182）。又如南礼侍之赠礼书者王瓒。谥文定（13，344）。又他曹赠礼书者。南吏侍罗玘谥文肃。南工侍黄孔昭谥文毅。又如南吏部侍郎林文俊者。亦殁于嘉靖之丙申。未满考。得赠南礼部尚书（13，344）。及为礼书。又荐文成入内阁（14，378）。是时张新建以及陈南充、沈鄞县相次以礼书带阁衔（16，415）。弘治元年。御史汤鼐。论辅臣刘吉及礼书周洪谟等（19，489）。

案：此处"礼书"一词，为"礼部尚书"的省称。《汉语大词典》收有"礼书"一词，而未收此义。《辞源》《辞海》等亦未收此义。《中国历代官称辞典》收有此词，释为"宋代以后，礼部尚书的别称"，甚是。《中国历代职官别名大辞典》亦作出了正确的解释。《中国历代官制词典》亦收有此词，释为"宋代礼部尚书的简称"，义域过窄。

礼垣 礼垣都谏张诚宇（明远）遂特疏劾之（27，691）。

案：仅此一例。"礼垣"一词，义为"官署名，指礼科"。垣，官署的代称。明、清设吏、户、礼、兵、刑、工六科给事中，掌侍从、规谏、补阙、拾遗和稽察六部百司之事。明初属通政司，清属都察院。《汉语大词典》未收此词，而收有其平行词"吏垣、谏垣、词垣"等。其中"吏垣"一词所举最早例即出自本书。《辞源》《辞海》《中国历代官制词典》等亦未收此词。

他例如，明尹台《洞麓堂集》卷一："周君官礼垣数年，简朴以绳已，恭退以御物。"《钦定四库全书总目》卷五十六："此其历年疏草也。凡在兵垣者二卷，工垣者一卷，礼垣者二卷。"《明史纪事本末》卷六十七："乃首以争国本获谴者，礼垣罗大纮，中书黄正宾也。"清孙奇逢《中州人物考》卷五："己巳，以卓异授礼垣，首陈破门户、勤抚绥、节财用、禁加派、汰冗员、杜馈遗、开言路七要。上嘉纳。"

又，《中国历代官称辞典》收有此词，释为"明代礼部的别称"。近是而未达一间，且义域亦过窄。《中国历代职官别名大辞典》释为"（明）礼科别称"，甚是。

吏侍　即如近代。正德元年。王文恪（鏊）以吏侍学士入直。嘉靖六年。翟文懿（銮）亦以吏侍学士入直（7，183）。又他曹赠礼书者。南吏侍罗玘谥文肃。南工侍黄孔昭谥文毅。又如南吏部侍郎林文俊者。亦殁于嘉靖之丙申。未满考。得赠南礼部尚书（13，344）。吴文定（宽）以谕德主成化丁未。以吏侍学士主弘治壬戌（14，368）。

案："吏侍"一词，义为"吏部侍郎"的省称。《汉语大词典》《辞源》《辞海》《中国历代官制词典》等皆未收此词。《中国历代官称辞典》收有此词，释为"宋代吏部侍郎的简称。"《中国历代职官别名大辞典》释为"（宋）尚书省吏部侍郎省称，为吏部尚书佐贰，从三品。（清）吏部左右侍郎省称"。皆核心义正确而义域过窄，不知明朝亦有此省称。

领房　李晋江取元时。各房俱无异议。惟书一房。为吾邑冯具区太史。独以邹安福卷为当第一。即两领房亦不能决（16，416）。景泰五年会试。分考始无外官。其领房为翰林院侍讲兼左春坊左中允杨鼎。而詹事府丞李龄以己酉贡士次之。左中允廉修撰柯潜又次之（14，370）。是年同考翰林典籍徐佖。刑科左给事司马恂。俱书贡生系举人……领房同考，为尚宝少卿兼编修钱溥，以从五品兼正七品，其书批语衔直称少卿（14，375）。

案：仅此三例。"领房"一词，义为"明清时乡会试时分房阅卷的考官中负主要责任的考官"。《汉语大词典》《辞源》《辞海》《中国历代官称辞典》《中国历代官制词典》《中国历代职官别名大辞典》等皆未收此词。

他例如，清阎若璩《四书释地》又续卷下："万历己酉闽闱，先参议以湖司李

《万历野获篇》词汇研究

聘往领房，雷何思为正考。"

留钥 李抵南枢任时。散库金数十万以啖乱卒。此则所谓戡定之略矣……岂当时淮阴之功。尽出象贤方略。及膺留钥重任。设施仅止此耶（22，559）。

案：仅此一例。"留钥"一词，义为"留守或镇守都城（包括行都和陪都），亦指此留守地的最高长官"，文中指镇守当时的陪都南京的最高长官。《汉语大词典》《辞源》《辞海》《中国历代官称辞典》《中国历代官制词典》等皆未收此词，唯《中国历代职官别名大辞典》收有此词，释为"（宋）留守别称。除京师在皇帝外出时设留守外，西京、南京、北京各设留守一人，各以西京河南府、南京应天府、北京大名府知府兼任"，不知明代亦有此称谓。

他例如，宋周密《齐东野语·父执之礼》："韩魏公留钥北京日，李稷以国子博士为漕，颇慢公。"宋方秋崖《贺李制帅》："乃眷陪京之重，通司留钥之严。"明马文升《马端肃奏议》卷十："南京内外守备大臣痛加修身之诚，毋负留钥之任。"清潘永因《宋稗类钞》卷二十五："虞雍公允文既却金兵于采石，金惩前衄将改图瓜洲。叶枢密义问留钥金陵。"

"留钥"一词，又由前一义引申出"行都或陪都"义。例如宋李心传《建炎杂记》乙集卷十五："开禧末，江淮用兵，起丘宗卿守金陵留钥。"宋王钦臣《王氏谈录》："是后蔡文忠继守留钥，复待以上客。"《宋史·商飞卿列传》："金陵故有帅、漕治所，合戎、骑二帅、留钥、内侍，号六司，宴饮馈遗，费动万计。"

内计 王后复渐振。今为郎署。李历官左通政。乙巳内计。以浮躁镌级。至今未出也（7，203）。辛亥内计。词臣之削谪。皆掌院王耀州一人为政。福清毫不得主。此本衙门事。而蓣首揆若赘瘤。福清所以亦不乐（9，244）。嘉靖丁巳内计。户部左侍郎谢九。兵部右侍郎沈良材。各以自陈。得旨调南京用矣（11，301）。己亥内计。许虽不处。而恨之惜之者尚相半（12，312）。寻积资出为福建宪副。同郡陆庄简为太宰。以壬辰外计论调。次年癸巳内计竟坐斥（19，492）。今上初元。吾乡戴春雨凤翔。嘉靖己未甲榜。以行人为吏科给事。被内计降补陕西凤翔府县丞（22，580）。三年外计。六年内计。初无定期。至宪宗朝渐有成议。且内外官亦截然分两察典矣（补遗2，841）。

案："内计"一词，与"京察"同义，义为"明、清定期考核京官的制度"，《汉语大词典》《辞源》《辞海》《中国历代官称辞典》《中国历代官制词典》等皆未收此词。

铺宫 又如后宫姬侍列在鱼贯者。一承天眷。次日报名谢恩。内廷即以异礼待之。主上亦命铺宫以待封拜。列圣前后皆然（3，77）。

案：仅此一例。"铺宫"一词，义为"特指为得到皇帝临幸的宫女铺设新房"。《汉语大词典》未收此词，而收有与其核心义素相同而区别性特征不同的同素词"铺房"。此词似为明、清二朝所特有。《辞源》《辞海》《中国历代官称辞典》《中国历代官制词典》等亦未收此词。

他例如，明赵世卿《国用匮乏有由疏》："铺宫典礼之费，用过银三百六十万余两，节年添进买办，共用过五百余万两。"明郝敬《劾内官陈增再请停开矿疏》："如曰经费不足，开采之役原非为经费也；如曰内帑空虚，铺宫之买办犹取诸外府也。"《弇州四部稿》卷四十七："掖庭愁闭自年年，今日承恩雨露边。又是铺宫新例薄，空劳少府积金钱。"清鄂尔泰《国朝宫史》卷二十六："《钦定宫中现行则例》一部，皇上以内廷现行典礼事例，命敬事房条录恭呈。钦定编为则例刊行，厘为十八门。上卷曰名号、曰御牒、曰礼仪、曰宴仪、曰册宝、曰典故、曰服色、曰宫规、曰宫分，下卷曰铺宫、曰遇喜、曰安设、曰进春、曰谢恩、曰钱粮、曰岁修、曰处分、曰太监。"

铺军 上因传旨。此后遇京官夜还。无问崇卑。令铺军执灯传送（1，16）。

案：仅此一例。"铺军"一词，义为"古时巡逻及递送公文的兵卒"。《汉语大词典》未收此词，而收有与其构词方式、构词理据相同，词义相同或相近的同素词"铺兵、铺丁、铺卒、铺夫"等。《辞源》《辞海》《中国历代官称辞典》《中国历代官制词典》《中国历代职官别名大辞典》等亦未收此词。

他例如，元徐硕《至元嘉禾志》卷二："坛宇废圯，宋宰李时习修之，有旧碑没于眢井中。今止存败屋，为铺军所据。"明杨一清《关中奏议》卷七："每冬月河冻，不拘敌众曾否入套，即便调拨铺军上墙防护。"明李东阳等《明会典》卷一百七十五："凡每日五府都督一员及带刀千百户一员夜巡内皇城，点闸铺军，各赴本司领金牌并申字十七号令牌一面。"

契儿 闽人酷重男色……近乃有称契儿者。则壮夫好淫。辄以多赀聚姿首韶秀者。与讲衾裯之好。以父自居。列诸少年于子舍，最为逆乱之尤（补遗3，903）。

案：仅此一例。"契儿"一词，义为"明代福建地区对年龄相差较大，相当于父子的男同性恋中年纪较小者的称呼"。《汉语大词典》《辞源》《辞海》等皆未收此词。

契弟（附：友昆） 至于习尚成俗。如京中小唱、闽中契弟之外。则得志士人致娈童为厮役。钟情年少狎丽竖若友昆。盛于江南而渐染于中原（24，622）。闽人酷重男色。无论贵贱妍媸。各以其类相结。长者为契兄。少者为契弟（补遗3，902）。

案：仅此二例。"契弟"一词，《汉语大词典》仅列一个义项"结义的弟弟"，且仅举一例：明崔时佩李景云《西厢记·金兰判袂》："下官姓杜名确，字君实，幼年与契弟张君瑞同窗。"《宋元明清百部小说语词大辞典》亦仅收此一义项，亦仅举一例。

今谓上揭例中显然不为此义，当别为一义。似当解作"明代福建地区对男同性恋中年纪较小者的称呼"。本书第六卷中称之为"契弟兄"，凡闽人呼男淫者为契弟兄（6，178）。明代男风极盛，有此现象也不足为奇。《辞源》《辞海》等亦未收此义。

作此义解的他例如，明天然痴叟《石点头》第十四回："独好笑有一等人，偏好后廷花的滋味，将男作女，一般样交欢淫乐，意乱心迷，岂非一件异事。说便是这般说，那男色一道，从来原有这事……这班朋友答拜，虽则正经道理，其实个个都怀了一个契兄契弟念头。"

"友昆"一词，义为"朋友和兄弟"。《汉语大词典》未收此词，而收有与其同义的同素异序词"昆友"。《辞源》《辞海》等亦未收此词。

他例如，宋胡寅《斐然集》卷二十七："祗肃晨昏，燕及娣姒，情同友昆，相其夫君。"明李梦阳《空同集》卷五十七："庞公徐孺子，一匹夫耳，百世之下，闻其履行，见其山川墓庐，欷歔瞻恋，若失友昆。"明孙继皋《宗伯集》卷九："披枝伤根，侧目伤恩，匪伊友昆，妇言则烦。"

契兄 闽人酷重男色。无论贵贱妍媸。各以其类相结。长者为契兄。少者为契弟（补遗 3，902）。

案：此处"契兄"一词，义为"明代福建地区对男同性恋中年纪较大者的称呼"。《汉语大词典》未收此词，而收有与其相对相成的"契弟"一词，且仅列一个义项"结义的弟弟"。《辞源》《辞海》等亦未收此词。

作此义解的例子又见于明天然痴叟《石点头》，见"契弟"条。

其实"契弟"一词也还有一个与此义相对相成的义项"明代福建地区对男同性恋中年纪较小者的称呼"，见"契弟"条。《汉语大词典》漏收此义。

"契兄"一词，还有一个义项为"结义的哥哥"。正与"契弟"一词的另一个义项："结义的弟弟"相对相成。例如元王实甫《西厢记》第二本："珙顿首再拜大元帅将军契兄纛下：伏自洛中，拜违犀表，寒暄屡隔，积有岁月，仰德之私，铭刻如也。"明安遇时编集《包龙图判百家公案》第七卷："本荣自思：有契兄袁士扶在河南府洛阳经营，不若到他那里躲灾避难，二来到彼处经营……金彦龙曰：'既如此，我有玉连环一双，珍珠百颗，把与孩儿拿去哥哥家货卖，值价一十万贯。'"明吴承恩《西游记》第十回："辱爱弟魏征，顿首书拜大都案契兄崔老先生台下：忆昔交游，音容如在。倏尔数载，不闻清教。"

可见，《汉语大词典》在收词时未体现系统性、平衡性、必要性原则。

佥堂 至壬辰宁夏功成。监军御史梅衡湘（国桢）当不次大用。然犹先转太仆少卿。寻以佥都抚大同。盖当事者犹斤斤惜名器，稍迁其途以酬功。而御史径超佥堂。遂绝响矣（17，448）。

案：仅此一例。"佥堂"一词，为"佥都御史"的省称。《汉语大词典》未收此词，而收有与其同义的同素词"佥院""佥宪"。《辞源》《辞海》《中国历代官称辞典》《中国历代官制词典》等亦未收此词，唯《中国历代职官别名大辞典》收有此词，释为"（明）都察院左、右佥都御史通称"，甚是。

他例如，《谷山笔麈》卷五："海忠介公为御史中丞，出抚苏、松，行事过于核克，出入自乘一马，以二杖前呵；如在内，佥堂之仪，自令长佐吏下逮津令，皆仅锦绣入见。"明刘宗周《刘蕺山集》卷四："一旦以佥堂入政府，果谁为之地乎？"以上例中诸人都担任佥都御史一职，参见《明史》。故知"佥堂"一词即为"佥都御史"的省称。

　　尚宝卿（附：尚宝监、尚宝司）　弇州异典述谓徐孺东（贞明）以给事中外谪。后转尚宝卿兼御史。治水利。凡两居台琐。以为异（11，292）。故事。铨郎无竟授者。汝濂得是官。即迁正郎。升南尚宝卿。以至副都御史协院（12，309）。嘉靖初年。世宗升殿。尚宝卿谢敏行。以故事捧宝逼近宸旒。其佩忽与上佩相纠结。赖中官始得解（13，348）。又尚宝卿捧宝。为御前第一玺。其文曰。皇帝奉天之宝。此高皇制也（13，348）。此后则宪宗长女仁和公主下嫁齐世英。为尚宝卿齐佑子（补遗1，809）。

　　案：排比以上例句，尤其是第13卷中的两个例子，显然可知"尚宝卿"一词，义为"即尚宝司卿省称。明代官职名，掌管宝玺、符牌、印章及其使用"。《汉语大词典》《辞源》《辞海》皆未收此词。

　　又：与此词密切相关的"尚宝监""尚宝司"二词，《汉语大词典》《辞源》《辞海》亦皆未收。例如：武选司选官俱以黄为据。黄分内外。旧官新官。各有黄簿。每官一员。名下注写功升世次。会同尚宝监、尚宝司、兵科。于奉天门请用御宝钤记（5，137）。时尚宝司查究指挥同知马顺牙牌。顺子言其父被给事王竑捶死。宜责竑寻取。帝从之（6，156）。而其子太常卿。掌尚宝司徐璠。亦以三品京堂。荫子肇荫为官生（13，339）。弘治二年掌尚宝司□政□溥为尚宝监奉御姜荣所殴。破鼻流血（补遗1，820）。

　　以上名词，《汉语大词典》《辞源》《辞海》皆未收。不过，《汉语大词典》在"符台"一词的释义中却透露了这三个词语的意义。"符台"的释义如下："明制，中央官署设有尚宝司，掌管宝玺、符牌、印章及其使用，别称符台"。另外，《辞源》虽未收上述词语，却收录了"尚宝"一词，在其释义中联系到上述几个词语。《辞源》对"尚宝"一词是这样解释的："明代官名。1. 尚宝司，即前代的符宝郎，长官为尚宝司卿，亦称外尚宝司。2. 尚宝监，以宦官担任，其长为掌印太监。3. 内尚宝司，又称司宝司，以女官任之。三者之职皆掌守宝玺、符牌、印章。平时由内尚宝司掌管。启用时，由外尚宝司以揭帖赴尚宝监请旨，向内尚宝司领用，用完又缴还。"由此知"尚宝卿"为尚宝司卿的简称。

以上三个名词，《中国历代官制词典》皆收录，且解释正确。《中国历代官称辞典》收录"尚宝司"一词，释义亦确。《中国历代职官别名大辞典》收有"尚宝卿"一词，释为"（明）尚宝司卿省称。符玺郎改名。正五品。掌宝玺、符牌、印章，而辨其所用"。甚确。

省直　于是正统元年五月。始添设宪臣。首用大臣荐。以御史薛瑄为山东提学按察佥事。至于各省直以次设立（13，339）。景泰四年癸酉。各省直乡试竣事后。给事中徐廷章上言。今者科举。山西、陕西皆取百名。其数浮于额三倍。为悖典制（14，371）。臣查得往年同考试官。不论省直皆用教官（15，382）。至成化元年十一月。南京户部左侍郎陈翼。因灾异陈言。请如英庙时。遣刑部审录省直重犯。宽恤以召和气（18，458）。

案："省直"一词，即义为"行省；省份"。《汉语大词典》《辞源》《辞海》《中国历代官称辞典》《中国历代官制词典》等皆未收此词，唯《中国历代职官别名大辞典》收有此词，释为"（明）诸布政使司与南北直隶合称。"但所举二例皆为清人例。

使长　国初沿亡元馀习。臣下呼亲王俱为使长（4，103）。

案：仅此一例。从文义显然可知，此处"使长"一词，义为"元代及明初臣下对亲王的称呼"。《汉语大词典》于此词条下收有二义：1. 上司。属员对主管官的称呼。2. 金元时奴仆对主人的称呼。也称作"侍长"。未收此义。《辞源》则只收第二个义项，亦未收此义。《辞海》《中国历代官称辞典》《中国历代官制词典》等则未收此词。唯《中国历代职官别名大辞典》收有此词，释义同上。

其实，"使长"一词是一个多义词，总的来说是对地位较高的人的称呼。例如明于慎行《谷山笔麈》卷十三："近代公侯郎君有称使长者，妃主内家有称使长者，取义不同，其名一也。"明王鏊《震泽纪闻》："永乐中，东宫妃张氏十月经不通，众医以为胎也。而胀愈甚。一日，上谓曰：'东妃有病，汝往视之。'东宫以上命医也，导之惟谨。既诊出，复曰：'使长病状，早若何，晚若何。'一一如见。妃遥闻之曰：'朝廷有此医，不早令视我乎！'"此处"使长"指东宫妃张氏。

戍长 刘坐戍广西之浔州。病死。或云为其戍长所鸩。莫能明也（19，492）。昔岳飞请选立皇子。宋高宗尚谓边将不宜预此议。况永昌么么戍长哉（20，514）。彼处戍长。以入伍脱逃。罪当及己。不敢声言。且利其遗下口粮。潜入囊橐。而荷戈之人。优游闾里。更无谁何之者（补遗3，872）。

案："戍长"一词，义为"古代驻守一地的长官"。《汉语大词典》未收此词，而收有与其同义或近义的同素词"戍主、戍将、戍都"等。《辞源》《辞海》《中国历代官称辞典》《中国历代官制词典》《中国历代职官别名大辞典》等亦未收此词。

他例如，宋胡宿《百户赠太尉文肃郑公墓志铭》："往时名将自曹武穆等欲城其地而不可得。至是公遣静边戍长刘沪观相形势。"元王恽《烈女胡氏传》："黎明，及季阳堡，诉于戍长赵侯焉。"《辽史·耶律棠古列传》："在朝数论宰相得失，由是久不得调，后出为西北戍长。"明杨士奇《刘仲良墓表》："辽东戍长之贤者以奇士礼之，有所疑就质焉。"清赵宏恩《江南通志》卷一百四十："迁副使，守御松潘。更定戍法。禁戍长苛敛。"

台琐 至沈四明不悦归德。初未形辞色。而台琐揣摩意旨。坐以妖书（6，154）。今公能沮其铨曹。未必能收沮其台琐。与其树以为敌。不如收以为援（11，290）。弇州异典述。谓徐孺东以给事口外谪。后转尚宝卿兼御史。治水利。凡两居台琐。以为异（11，292）。然张江陵秉政。素憎讲学诸公……以故卿贰台琐。以及词臣。无一人肯具议者（14，363）。中书行人二官。为进士筮仕所拜。有台琐之望。最为清秩（20，521）。

案："台琐"一词，义为"指御史台。亦指御史台官员"。《汉语大词典》未收此词，而收有与其同义或近称的同素词"台宪、台司、台臣、台吏、台府、台官"等。"台"指御史台，"琐"指代宫门，如《汉书·元后传》："曲阳侯根骄奢僭上，赤墀青琐。"颜师古注："孟康曰：'以青画户边镂中，天子制也。'……孟说是，青琐者，刻为连环文，而青涂之也。"南朝宋谢惠连《咏冬》："墀琐有凝污，达衢无通辙。"唐长孙佐辅《古宫怨》诗："忆昔妆成候仙仗，宫琐玲珑日新上。"明唐寅《金粉福地赋》："碧琐离离，素女窥日中之影。"《辞源》《辞海》《中国历代官称辞典》《中国历代官制词典》等亦未收此词。唯《中国历代职官别名大辞典》收有此词，释为："（明）都察院御史与六科给事中连称。台，指宪台；琐，为青琐略称。"所举二例皆出自《万历野获编》。

他例如，明王慎中《与林希载户部》："虑则欲一日脱去县邑之繁冗，宜无所计台琐省署之间也。"明王世贞《与元驭阁老》："当时虽见台琐连击此阁不容口，法司罪状既明，参语亦厉，而圣意终是爱恋，未见果决。"明王世贞《有明三吴楷法二十四册》："直哉言也！第身非台琐，而许署过当。"

陶猛　木邦既专宝井之利。四方估客麋集其境。乃命所爱陶猛名司歪者守之。陶猛即头目也。宣慰使罕揲至。以女名囊罕弄者妻司歪。既擅有宝井。遂藐视其父家。因据孟密以叛。成化中。南宁伯毛胜、太监钱能等。镇守滇中。受其重赂。许其得自入贡。不复闻。木邦因略取木邦地以自广（30，769）。

案：仅此一例。据文中自注可知，"陶猛"一词义为"头目"，其实也就是"头目"一词的音译。明代云南少数民族语。《汉语大词典》《辞源》《辞海》《中国历代官称辞典》《中国历代官制词典》《中国历代职官别名大辞典》等皆未收此词。

他例如，明田汝成《炎徼纪闻》卷四："而孟密有宝井，为木邦利府陶猛司歪领之。陶猛者，犹华言头目也。"明张志淳《南园漫录》卷七："猛密旧属木邦，其陶猛亦同姓。"

天曹　内阁辅臣。主看、票拟而已。若兼领铨选。则为真宰相。犯高皇帝万禁矣……驯至穆宗之三年。高新郑以故官起掌吏部。初犹谓其止得铨柄耳。及抵任。则自以意协首揆李兴化条旨云。不妨部务。入阁办事。比进首揆。犹长天曹。首尾共三年。则明兴所仅见也（7，196）。

案："天曹"一词，《汉语大词典》仅列一个义项"道家所称天上的官署。亦指仙官"，此处显然不为此义。

今谓上揭例中"天曹"一词，义为"吏部的别称"。《汉语大词典》《辞源》《辞海》《中国历代官称辞典》《中国历代官制词典》等皆未收此义，唯《中国历代职官别名大辞典》收有此义。上文中"长天曹"与"掌吏部"其实是同义异词。"天曹"亦即"吏部"。谓予不信，请看下举例：

《万历野获篇》词汇研究

明徐纮《明名臣琬琰续录》："所著有《名臣赞录》三卷，《续修莆阳志》十卷，在蜀有《成都志》二十五卷，在吏部有《天曹日记》，差祀恒山有《北岳代行稿》，为尚书有《秋台录》。"明王守仁《王阳明全集·悟真录之九》："胶州张侯宗鲁之节推吾郡也，中清而外慎，宽持而肃行，大获于上下，以平其政刑，三载而绩成，是为弘治十三年，将上最天曹。"《王阳明全集·知行录之七》："据知府陈祥申给由事。看得知府陈祥，政着循良，才堪统驭，近因兴师之举，且迟考绩之行。今本官亲从本院征剿叛贼，效劳备至，斩获居多，巢穴悉皆扫平，地方已就宁靖，既喜奏功于露布，允宜上最于天曹，除赏功之典另行外，仰该府即便照例起送给由。申缴。"《王阳明全集·知行录之四》："仰本官勿以循例给由为急，惟以效忠尽职为先，益展谋猷，仍旧供职。地方安靖，足申体国之勤，懋绩彰闻，岂俟天曹之考。仍行抚按衙门知会。"明郎瑛《七修类稿》卷四十七："琢斋先生姓李氏，讳壁，字白夫，广西武缘人也。弘治辛酉举乡荐，壬戌以乙榜署教浙之兰溪。正德丙寅，起复补署仁和之教，历癸酉九载考绩，天曹以其才能，授四川剑州知州。嘉靖甲午，升南京户部员外，弗及任而卒焉。"明李东阳《同年祭倪文毅公文》："宫保晋秩，留司赞襄；入掌天曹，左右帝旁；进退人物，吁谟庙廊。"明于慎行《谷山笔麈》卷五："关中太宰孙公丕扬，清谨品也，平生建树表仪，取信海内，及掌天曹，甚副人望，而一二举动，颇失大体。"明屠滽《附次韵诗》："予于弘治丙辰间承乏天曹。"尤其是最后三例中的倪岳（谥文毅）、孙丕扬、屠滽，据《明史》《明史纪事本末》《弇山堂别集》等史料记载，其时其人正分别担任吏部尚书一职。而第一例中在吏部所著为《天曹日记》，亦可推知"天曹"即吏部的同义别称。其他四例中的官员升迁事宜，当然也是由吏部，即"天曹"负责的。《汉语大词典》虽未于"天曹"下列有"吏部的别称"义，但分别于其同素词"天官"、"吏曹"下第一条即列有此义。

顺及：按"同步引申"或"相因生义"的理论，"天曹"一词亦当有"天官"一词所具有的"亦指吏部尚书"义，惜乎目力有限，暂未见表此义的用例，当再搜集语例以考之。

填宫 （古玩）其曾入严氏者。有袁州府经历司半印。入张氏者。有荆州府经历司半印。盖当时用以籍记挂号者。今卷轴中。有两府半印。并钤于首幅。盖二十年间。再受填宫之罚。终于流落人间（8，211）。

案："填宫"一词，《汉语大词典》释为"古代犯官家属没入宫廷称填宫"，《辞源》《辞海》《中国历代官称辞典》《中国历代官制词典》《中国历代职官别名大辞典》等未收此词。

今谓此处"填宫"一词，义为"亦指古代犯官财产没入宫廷"。与上义相比，核心义并没有改变，而区别性语义特征有所变化。不过，在目前所检索的从唐代到明代的上千种语料中，作此义解的"填宫"一词，仅此一例，很有可能是此书作者沈德符的个人言语创新。

同籍　时刑科给事徐成楚者。与侯同籍。素不睦（6，171）。鄢与新郑。俱思质辛丑同籍也（8，208）。顷年。潞河李中丞修吾（三才）以督漕驻淮阴。长垣李中丞霖寰（化龙）以总河驻济宁。二公同籍、同里、又同志也（22，561）。时郡守为楚人石楚阳。与金同举应天己卯乡试。年谊本不甚厚。而金以事无实。且同籍在事。必能直之。漫不为意。徽人皆狡狯善谋。反扬言太守受同年多金。为之道地（22，577）。又其邑胡元瑞以丙子举孝廉。乃翁与先大父己未同籍。因得与称通门（23，583）。

案："同籍"一词，《汉语大词典》仅列一个义项"同一户籍的人。指家人"，且仅举一例，如《通典·刑二》："大逆不道，腰斩，诛其同籍，年十四以下腐刑，女子没县官。"《辞源》《辞海》《中国历代官称辞典》《中国历代官制词典》《中国历代职官别名大辞典》等皆未收此词。

今谓上揭例中显然不为此义。细绎文义，并结合上下文，此处"同籍"一词，即下文之"同年"，即义为"古代科举考试同科中式者之互称"。唐代同榜进士称"同年"，明清乡试、会试同榜登科者皆称"同年"。清代科考先后中式者，其中式之年甲子相同，亦称"同年"。

又案：台湾《明季史料集珍》版《万历野获编》在第八卷"鄢与新郑。俱思质辛丑同籍也"处（总第546页）有一条六个字的批语"同年原不足待"，更可证此处"同籍"即为"同年"义。

《万历野获篇》词汇研究

统均　先帝独任高新郑。以首揆领统均。乃古今一大变革（9，245）。隆庆间。高新郑再起。以首揆领铨（8，220））。严寅所太宰（清）。滇人也。本籍嘉兴县人……然冰蘖之操。目中无两。正位统均不久。以病告归（11，282）。惟遇朔望则太宰亲赴吏科画名。亦累朝所行故事……统均之地。折腰于七品小臣。似衰威重。窃以为不赴亦可（11，283）。堂属大小最严。凡见于私宅。仅送之门而止。惟吏部则送其司官上马方别。子初见之大骇。比询之。则此事相传已久。统均之地。先自炎凉。何以责人奔竞要地耶（11，286）。其长西台位统均。又以吏书兼兵书。皆永嘉力也（21，549）。又七年而福唐再起当国。汉阳又正统均。复起故官。以至清卿佐部。直拜大司空（补遗2，865）。

案：以上"统均"一词，皆义为"明代对吏部的别称"。《汉语大词典》《辞源》《辞海》《中国历代官称辞典》《中国历代官制词典》等皆未收此词。唯《中国历代职官别名大辞典》收有此词，且解释正确，所举例除一例出自《明史》，其余三例皆出自《万历野获编》卷十一。

其实，其他明代文献中也有"统均"的用例，如明文秉《烈皇小识》卷三："我朝罢设丞相，用人之职，吏部掌之，阁臣不得侵焉。今次辅与冢臣，同邑为朋比，惟异己之驱除，阁臣兼操吏部之权，吏部惟阿阁臣之意，造门请命，夜以为常。统均大臣，甘作承行之吏，加膝坠渊，惟其所欲，黜陟大柄，祗供报复之私。"《烈皇小识》卷五："进退人才，冢臣职也。而徇人主使，温无主持，将统均之谓何？"

外察（附：外计）　至癸丑之冬。太宰李延津去位。以户郎尚书赵南渚（世卿）署吏部。止半年。然司甲辰外察矣（11，288）。又先辛丑外察。不及河南参政王慎中等二人。内批俱以不谨闲住。则首揆贵溪意也（11，301）。今年己未。袁亦用外察劾降矣（24，619）。至今上辛丑外察。延津李太宰、三原温御史为政。乃建议外吏亦岂无负才而轻佻者。亦宜增入浮躁。为不谨之次。其降级亦视罪之大小为轻重（补遗2，841）。至五年己丑。止当外察。而南京吏部察郎中潘孟时等凡十六员。与外官同斥谪。何也（补遗2，841）。

案："外察"一词，与"大计"基本同义，义为"明清两代考核外官的制度叫大计，每三年举行一次"。《汉语大词典》《辞源》《辞海》《中国历代官称辞典》《中国历代职官别名大辞典》等皆未收此词。

此义本文中又作"外计"，与"内计"相对。《汉语大词典》《辞源》《辞海》《中国历代官称辞典》《中国历代官制词典、《中国历代职官别名大辞典》等亦未收此词。例如，嘉靖丙午外计言官拾遗疏。有贵州寻甸知府汪登不谨。当斥。吏部尚书廖纪覆疏。谓登以母老赴官偶迟。宜镌秩示罚。上命降职三级。特改京官。以便其母就禄（2，51）。己酉冬。将举明年外计。时蔡已历转按察使备兵常镇。南御史汪怀德管下巡江。遂露章弹之。拟坐不谨（4，126）。至己未外计。浙江参政丁此吕以不谨罢（11，301）。同郡陆庄简为太宰。以壬辰外计论调。次年癸巳内计竟坐斥（19，492）。在郡凡三年。始转陕西苑马少卿。又以外计斥归（22，580）。八年壬辰。内外计后。次年癸巳当内计。又不行矣。而三年外计竣后。又不时遣侍郎等官巡行考察。时府同知毛琼以为言。上不省也（补遗2，841）。

玺卿（附：玺丞、尚玺丞、尚宝丞、尚宝司丞、尚宝丞卿）　首揆一品恩荫。例拜尚宝司丞。次揆与六卿至一品者。得拜中书舍人。中书考满十二年。始升三级为主事。又九年为尚宝卿。俱仍管中书事。即加至四品三品不出局。约略与玺卿等。诸胄君苦之。反羡京幕郎署之递转早得金绯。膺龚黄之寄（11，286）。潘玺卿雪松（士藻）。冯司成癸未所录士。滞符台十年（17，441）。至嘉靖中叶。遇万寿圣节。加恩阁臣。如夏贵溪之加宫衔。严分宜之由宗伯进阁。及后拜上柱国。徐华亭之子进玺卿。俱以此得之（补遗2，831）。

案："玺卿"一词，义为"明代官职名，尚宝司卿别称，掌管玉玺"。《汉语大词典》《辞源》《辞海》《中国历代官称辞典》《中国历代官制词典》等皆未收此词。唯《中国历代职官别名大辞典》收有此词，且解释正确，所举第一例即出自《万历野获编》。

又：与"玺卿"密切相关的"玺丞"一词，为明代尚宝司丞的别称。《汉语大词典》《辞源》《辞海》《中国历代官称辞典》《中国历代官制词典》等亦皆未收。二者为近义词，职掌亦相同，不过玺丞官职略低于玺卿，详见第十三卷例句。例如，上嘉其让。特允所请。加荫其子中书为玺丞（2，39）。礼成后。加岁禄百石。又进其子世金吾秩。又荫一子玺丞（7，190）。唯嘉靖末年。北直隶人穆文熙。以玺丞调吏部郎。讶为怪事（11，288）。以故往时。首揆或有荫尚宝正卿者。似乎太过。但如今日之初授玺丞。亦贵极矣（13，334）。四明在位久。卒被恶声以去。归里至与玺丞不相见（16，420）。唯《中国历代职官别名大辞典》收有此词，且解释正确，所举三例中二例出自《万历野获编》，一例出自《明史》。

又，与"玺丞"密切相关的词语又有"尚玺丞""尚宝丞""尚宝司丞"。例如：泰鸿信之。四明竟题为尚玺丞。得旨供职……四明在位久。卒被恶声以去。归里至与玺丞不相见（16，420）。若同时真人陶仲文荫子为尚宝丞。虽以杂流厝首揆恩。然犹其血胤也（5，133）。蒋之前。又有唐伯元者。亦以尚宝丞改吏部为选郎（11，288）。杨文定之孙尚宝丞寿。殴死家奴（18，458）。上大悦。立命华亭子璠以尚宝司丞。兼营缮主事。督其役（2，50）。刘定之子称。今升至南京尚宝司丞（6，162）。太常少卿程洛者。即宣德间中书程南云之子。先以尚宝司丞。在内阁司诰敕（9，248）。首揆一品恩荫。例拜尚宝司丞（11，286）。是科分考官。有尚宝司丞兼编修李泰者。即太监永昌嗣子也（14，375）。

其中"尚玺丞"当与"玺丞"同义，其义已释。"尚宝丞"当与"尚宝司丞"同义，义为"明尚宝司司丞省称"。

又，《万历野获编》中有一处"尚宝丞卿"，盖为尚宝丞、尚宝卿之合称，"尚宝卿"一词上文已释。例如：李文正荐起。历尚宝丞卿。以至太常卿。兼翰林院五经博士（15，404）。

以上名词，《汉语大词典》《辞源》《辞海》《中国历代官称辞典》《中国历代官制词典》等亦皆未收。《中国历代职官别名大辞典》收有"尚宝丞、尚宝卿、尚宝司丞"，而未收"尚玺丞、尚宝丞卿"。但该《辞典》于"尚宝丞"下所举二例皆出自《明史》，"尚宝司丞"下仅举一清人书证，皆偏晚。

宪使　先外大父为山东宪使。投书于同年太仓相公。则书衔。而下仍年眷弟。亦不以为忤（9，241）。时蔡见庵（可贤）宪使。备兵阳和。正同督府宴犒于城上。蔡少年登第丰姿白皙如神仙。三娘子心慕之。在城下请于督府曰。愿得兵道蔡太师至吾营中一申盟誓。以结永好（17，447）。史金吾从弟念桥同卿（继辰）。以庶常谏垣外补。至丙申丁酉间。为江西按察使……宪使在江西。凡正三品满九年始迁去（21，538）。嘉靖戊戌进士尹纶。山东齐河县人也。以技击骑射冠一时。及罢宪使家居。其子秉衡从戎。历官总兵（22，569）。

案："宪使"一词，为古代官职名，明代为按察使的别称。《汉语大词典》未收此词，而收有与其同义或近义而官职时代不同的同素词"宪司、宪臣"等。《辞源》《辞海》《中国历代官称辞典》《中国历代官制词典》等亦未收此词。唯《中国历代职官别名大辞典》收有此词，且解释正确，所举最早例即出自《万历野获编》。

他例如，明郎瑛《七修续稿》卷二："先母尝云：吾外祖少时，亲见城隍生日时，有黄冠为神附体，言于众曰：'予非旧神，予本省宪使周新也，诞乃五月十七日，上帝以予刚直，复命司杭，之土时另塑其象，迁旧神于钱塘保安里。'……按周广东南海人，永乐中为御史，巡按京师、福建，升云南、浙江按察使。"明张翰《松窗梦语》卷八："今后但以两考为期，知县历俸六年得升，知府、知州亦限六年方为升转。如历三考，知府得升布政、宪使。"《明史·石璞列传》："石璞，字仲玉，临漳人。永乐九年举于乡，入国学。选授御史。正统初，历任江西按察使……在江西数年，风纪整肃，虽妇竖无不知石宪使者。"

顺及："宪使"一词，宋代则为提点刑狱的别称，元代则亦为按察使的别称。不过，宋代的提点刑狱与后代的按察使实际上是同一官职，二者为异名同实的关系。例如：宋赵汝愚《宋名臣奏议》卷五十五："民受其屈，而宪使不为按察者，许实封投状于观察使，仰附递以闻。"《南村辍耕录》卷二十四："杭州属邑有一巨室，怙财挟势，虐害良善，邑官贪墨，莫敢谁何。众不可堪，走诉宪府。巨室逃匿，宪使怒，督责有司。"《元史·王结列传》："宪使王仁见之，曰：'公辅器也。'"清吴广成《西夏书事》卷三："继迁闻戎人不靖，自地斥泽率众攻夏州。尹宪使请济师，太宗诏引进使梁迴领兵往护银、夏诸州事。"

兴邸 宋时人主龙潜时。封国登极后。例升为府。如吾秀州之升嘉兴府亦其一也。文皇帝从燕起。已改北平布政司为北京。肃皇帝从兴邸入缵。已升安陆州为承天府。最合古义（1，11）。古来纪年多有犯重复者。即本朝亦有之……至若先帝纪年。虽前代所无。然兴邸已有隆庆殿。改名庆源。宣府又有隆庆卫。改名延庆（1，12）。世宗从兴邸入缵。初至京城外。驻跸行殿。礼部具议如皇太子即位礼（2，35）。世宗自兴邸入绍。诸宰辅翼戴之功。良不可没（2，38）。世宗入绍。报恩所生。如尊兴邸旧园为显陵。此情也。亦礼也（14，361）。其后至正德二年八月。而黄河又清。此年此月。世宗生于兴邸（29，731）。显陵初建时。于兴邸享殿中。立名曰隆庆。此时穆宗未生也。后之纪年亦如之。此则无心吻合。固上天示以休征矣（29，731）。荣王为宪宗少子。于武宗为季父。使其果得留京师。则辛巳之春。兴邸龙飞。将有不可知者（4，102）。罢斥者如教官王玠、光禄监事钱子勋……辈。俱百端献媚于兴邸。而上终不为破例。其严如此（11，303）。

案："兴邸"一词，义同"潜邸"，有二义：1.指皇帝即位前的住所。如前七例。2.借指尚未即位的太子。如后二例。《汉语大词典》收有与其完全同义的同素词"潜邸"，而未收此词。《辞源》《辞海》等亦未收此词。《中国历代职官别名大辞典》收有此词，释为"（明）兴王（兴献王）朱祐元代称"，不尽确；所举二例皆出自《明史》，偏晚。

顺及："兴邸"、"潜邸"二词意义相同，却各自包含一个与对方意义相反的词素，李申将这种现象称为"反词同指"。用普通语言学的术语来说，就是两个不同的能指指向同一个所指。一兴一潜，是针对不同的时间段来说的。"兴"是针对皇帝即位后说的，"潜"是针对皇帝即位前说的。

刑侍 是时御史之体未甚贵倨。彭以刑侍奉使。初未兼宪职。尚以属吏待巡按如此（17，434）。

案：仅此一例。"刑侍"一词为"刑部侍郎"的省称，又称"刑侍郎"。可参本书下文：朱寻擢南刑侍郎去。许次年入为大理卿。事亦渐解（18，478）。《汉语大词典》《辞源》《辞海》《中国历代官称辞典》等皆未收此词。《中国历代官制词典》《中国历代职官别名大辞典》收有此词，且释义正确。

顺及：本书中出现了六部中五部的侍郎官职的简称，《汉语大词典》皆未收。本书中未见有作为户部侍郎简称的"户侍"的用例，但出现一处"户侍郎"的用例。如：按亨以厨役得官。盗窃固其长技。然宥罪之后。至正统十年十三年。两以户侍郎充廷试读卷官。（补遗3，888）

不过，奇怪的是，《汉语大词典》却收了"户侍"一词，释义正为"户部侍郎的省称"。且仅举一例：宋施彦执《北牕炙輠》卷上："张子公为户侍，苦用度窘，欲出祠部，改盐钞。"

宣抚司 又陇川宣抚司。十月大雨雹。大者如掌。小者如鸡卵。尽杀田禾（29，740）。后思任发叛。讨平之。降为陇川宣抚司。更立多氏者为宣抚（30，760）。此外夷官。则有宣慰司、宣抚司、安抚司、长官司、蛮夷长官司。俱为文官（补遗4，926）。有选贡李源。为四川永宁宣抚司人（补遗4，933）。

案："宣抚司"一词，为中国古代常见的地方行政单位，掌管地方军政大事，元代以后一般设在西南少数民族地区。《汉语大词典》《辞源》《辞海》《中国历代官称辞典》《中国历代职官别名大辞典》等工具书竟然未收此词，实令人费解。不过，《汉语大词典》《辞源》《中国历代官称辞典》于"宣抚使"这个官职名称下提及"宣抚司"这个地方行政单位。《中国历代官制词典》收有此词。

缨弁 若成国朱氏兄弟、咸宁侯仇鸾、驸马崔元、锦衣帅陆炳辈。皆右列缨弁。虽同在直庐。益不敢望矣（8，207）。成化十四年。宦官汪直擅权。方务边功。右武人。乃上疏请武举设科。亦用乡试、会试、殿试。悉如进士恩例……以孝宗亲礼儒臣。四方清晏。犹不免为缨弁破格。今南北多事。武夫俱有跃冶之心。或议及殿试。未可知也（补遗3，868）。

案：仅此二例。"缨弁"一词，《汉语大词典》仅列一个义项"仕宦的代称"。此处显然不为此义，当别为一义。此处义为"武人，武夫"，特指而非泛指。前一个例子中的"右列"亦指武官。武官服皮弁，因称武官为弁。《辞源》《辞海》《中国历代官称辞典》《中国历代官制词典》《中国历代职官别名大辞典》等未收此词。

御门 闻主上每遇升殿受大朝。必先谒奉先殿。次及两宫母后。然后出御外殿。盖甲夜即起盥沐。非如常朝御门之简便云（1，2）。今上己卯冬。龙虎山真人张国祥。以觐期入朝。缀班二品。上御门望见道冠羽衣。以为服饰不雅。不足以肃观瞻（27，696）。殿旧覆青琉璃瓦。嘉靖中易以黄瓦。廿八年庄敬太子行冠礼。故事在文华殿中。至是礼臣以黄瓦避尊上。请上命设座文华殿门左南向。然以侍卫未备。暂止之。太子加冠甫三日而薨。时年十四。不及御门。今上元子出阁。亦在文华殿之东楹。不敢居中（补遗1，795）。前殿正殿虽毁。而外门尚存。若非大庆及朔望升殿。尚可御门及常朝之礼（补遗4，921）。

案："御门"一词，《汉语大词典》释为"清代皇帝在宫门听政"，故所举最早例为清王士禛《居易录谈》卷上上："御门听政，冬春辰初三刻，夏秋辰正三刻。"《辞源》对时代的限定也仅限于清代。《辞海》《中国历代官称辞典》《中国历代官制词典》《中国历代职官别名大辞典》等则未收此词。

今谓上揭例中显然是指明代史事。此词在诸多明代著述如《烈皇小识》《谷山笔麈》《广志绎》《旧京遗事》中亦多见。故《汉语大词典》的释义虽确，而义域偏窄。当修改为："称明清二朝皇帝在宫门听政。"

招拟（附：招题）　谦又曰。近日又要我改一道招拟。甚是苦事。臣语谦曰。老法家何难于此。谦曰。题目古怪难做。他招题说南直隶之有徽州。犹十省之有福建（补遗3，886）。

案：仅此一例。此处"招拟"一词，义为"根据犯人的招供而作的拟罪文书"。《汉语大词典》《辞源》《辞海》等皆未收此词。

他例如，明王恕《修省陈言奏状》："况知印原非书办文案人役，与吏典一般考试招拟，多是不中，往往降除杂职。"明杨士奇《一为地方贼情事》："据都、布、按三司差人赍送原问招拟到臣，根究既明，议拟亦当，庙堂必有所处，何俟赘言？"明汪鋐《遵奉钦依条陈时政疏》："大理以平反为职，罪犯之来，招拟已具，惟审其有冤无冤则可矣。"明丘浚《大学衍义补》卷一百八："乞为明制：每岁会议重囚，先期法司备将会议罪囚所犯事由及其招拟通行知会。"

"招拟"一词，另有一义为"根据犯人的招供而拟罪"，动词，体用同称。例如明张翰《松窗梦语》卷八："今惟贪酷显著者，径自拿问，招拟明白，然后题请发落，不必纷纷渎奏。"雍正十年奉敕校刊《世宗宪皇帝朱批谕旨》卷八十六："请嗣后如有以盗陷伲者，按照诬告之律严行招拟，毋得少贷。"清李卫《通志》卷三十七："私盐赎变，原系州县巡役现获私贩盐徒，招拟定罪。"清孙承泽《春明梦余录》卷五十："其招拟未当，该寺驳回再问者，原问官即当更改，不得偏执己见。"

"招题"一词，义为"招拟考试的题目"，可参考明丘浚《大学衍义补》卷十："至熙宁四年，始定铨试之制。守选者试断案，即今试行移之比；试律义，即今试招拟之比；试经义，即今试论策之比。"明王恕《修省陈言奏状》："况知印原非书办文案人役，与吏典一般考试招拟，多是不中，往往降除杂职。"《汉语大词典》《辞源》《辞海》等皆未收此词。

政地 当元旦时。政地即能碎首玉阶。亦未必至此（1，29）。甲午亦无所纠拾。特以政地持平。主者亦无仇家相唝耳（15，389）。孝宗虽能与刘、戴诸公屏人谋断。不免为政地所忌（补遗2，826）。

案："政地"一词，《汉语大词典》只收有一个义项"处理政事的地方。指朝廷"。举例如宋叶绍翁《四朝闻见录·赵忠定抡才》："忠定季子崇实，间因与予商榷骈俪，以为此最不可忽，先公居政地，间以此观人。"《万历野获编·词林·戊辰词林大拜》："盖戊辰诸公，在政地者几十年，更无别籍中人，尤称盛事。"《清史稿·世祖纪二》："如刘正宗者，偏私躁忌，朕已洞悉于心，乃容其久任政地。"

此义施诸上揭例中，不甚合。今谓上揭例中当别为一义，义为"宰相；朝廷大员"。由其本义引申而来，连类而及。与此理据相同的词有"相地""揆地""政府"等。《辞源》《辞海》《中国历代官称辞典》《中国历代官制词典》《中国历代职官别名大辞典》等皆未收此义。

中盐 令达持厚赀。往准上中盐（5，138）。且洪武三年。户部言陕西察罕脑儿之地。有小盐池。设盐课提举司。行盐之地。东至庆阳。南至凤翔、汉中。西至平凉。北至灵州。皆募商人入粟中盐（14，365）。

案：仅此二例。"中盐"一词，《汉语大词典》未收。他例如，《宋史·食货志》："政和元年，诏商旅愿依熙、丰法转廊者，许先次用三新钞算请，往他所定价给卖。优存两浙亭户额外中盐，斤增价三分。"《元史·武宗本纪》："前为江南大水，以茶盐课折收米赈饥民，今商人输米中盐，以致米价腾涌，百姓虽获小利，终为无益，臣等议，茶盐之课当如旧。"明郑晓《今言》卷三："国初，召商中盐量纳粮料实边，不烦转运，而食自足，谓之飞挽。"《明史·李庆列传》："时勋贵武臣多令子弟家人行商中盐，为官民害。"

《辞源》收有此词，释为"宋初于京师设折中仓，招募各地商人运粮到京师，兑给缗钱或盐茶等货物，称为入中或折中……明沿宋制，于洪武四年定中盐例。

《万历野获篇》词汇研究

商人输粮入仓后，凭证到各转运提举司支取食盐，谓之中盐，也叫开中。见《明史·食货志四·盐法》。"甚是。《辞海》等则未收此词。

胄君　今胄君在仕途多求速化。甚而有诟詈选郎者。铨地以忌器优容之（11，285）。诸胄君苦之。反羡京幕郎署之递转早得金绯。膺龚黄之寄（11，286）。此后薇垣诸胄君。无复有厌承明者矣（11，286）。嘉靖癸未科。华亭徐相长子璠。以南京应试。作奸问革。万历癸未科德清方相长子世鸿。以北京狎妓坠马死。问革。二相俱在事当局。俱系胄君。俱不致仰累其父（16，410）。甲辰乙未间。小唱吴秀者最负名。首揆沈四明胄君名泰鸿者。以重赂纳之邸第（24，621）。时传闻有清明上河图手卷。宋张择端画。在故相王文恪胄君家（补遗2，827）。

案：通过查阅史籍及联系上下文义，可以得知"胄君"一词，义为"朝廷高官要员的长子"。《汉语大词典》未收此词，而收有与其同义或近义的同素词"胄子、胄绪、胄裔、胄嗣、胄胤"等，其他上举诸工具书亦未收此词。唯《中国历代职官别名大辞典》收此词，仅据《万历野获编》中的孤证释为"（明）任子、荫子别称"，而该书于"任子"条下又释为"（明）官生别称"，且该书并无"荫子"条。其释义或确，然以生僻词语辗转为训，且仅据孤证释义，方法恐为不妥。

撰元　又建清馥殿为行香之所。每建金箓大醮坛。则上必日躬至焉。凡入直撰元诸侍臣。皆附丽其旁。即阁臣亦昼夜供事。不复至文渊阁（2，41）。世宗朝。凡呈祥瑞者。必命侍直撰元诸臣及礼卿为贺表（2，54）。又嘉靖中叶。西苑撰元诸老。奉旨得内府乘马。已为殊恩（9，231）。然特撰元侍奉诸大老为然。而外臣则不尔（9，238）。

案：仅此四例。"撰元"一词，当与"阁臣""礼卿"等同为官名，盖为替皇帝撰写文书的文臣。《汉语大词典》、《辞源》、《辞海》、《近代汉语词典》（高文达）、《中国历代官称辞典》、《中国历代官制词典》、《中国历代职官别名大辞典》等皆未收此词。

他例如，明王士禛《居易录》卷十八："李阁学柟倚江言其世祖文定公春芳状元及第，明世庙甚眷之，超拜翰林学士。同侍讲严讷、中允董份俱直西内撰元，赐一品服。"

综合《万历野获编》普通词语与历史词语词义考释部分的内容，我们得出以下几点认识：

首先，语文辞书，尤其是《汉语大词典》这样的大型语文辞书，收录词语时应尽量体现全面性、系统性。收录同义异形词时，尤应考虑全面，不应厚此薄彼，顾此失彼。笔者认为，包认、辨黠、才武、沉剧、畴算、呵詈、服辜、裒裒、趋之如骛、上烝下报、陛級、升举、欺诧、听採、推升、希绝、闲谩、挟邪、严核、粘帖、致辨、終於等词形，既然《汉语大词典》收有其异体形式，也应当收入这些词形，以示平等对待。

另外，扼控、究终、刻礉、趋骛、修玄等词，《汉语大词典》收有其同素异序词，本着大型辞书编纂力求平等、全面、系统的原则，也应当收入这些词语。再举两个比较明显的例子：《汉语大词典》收了古代六部尚书中三部尚书的简称：刑书、兵书、吏书，却缺收礼书、户书、工书三部尚书的简称；《汉语大词典》仅收了六部中户侍的简称，缺收刑侍、兵侍、吏侍、礼侍、工侍。这些官职的简称古籍中经见，仅就《万历野获编》一书而言，以上简称仅缺工书、户侍。《汉语大词典》收有"契弟"一词，却失收意义与其相反相成的"契兄"一词，此词在古籍中经见。可见，《汉语大词典》在收词立目时未能很好地考虑词语之间的系统性、相关性的问题。

其次，与传统辞书的编写及训诂不同，现代辞书的编写，不仅要给出一个义位的义值，而且要给出一个义位的义域。没有后者，不仅是现代辞书的缺口，而且是读者不能全面正确掌握运用词语的祸根之一[①]。本文在考释词语时注意准确地限定义位的义域，指出许多《汉语大词典》《辞源》《辞海》等大中型权威工具书在解释义位时义域有错（一般是过窄）的地方，进行了比较切合实际的修正。当然，义域的确定确实是一件比较棘手的事情，有些词语的语例过少，又出现在与历史有关的作品中，很难准确确定其实际存在的全部时间段，也很难准确地确定其义域，这时不妨采用比较灵活的解说方式，在解释其核心义（即义值）时，比较笼统地为其划定大致的历史时代（即义域），不必勉为其难地为其限定非常确定而实际上往往不尽精确的时代。笔者指出并修正了《汉语大词典》中如下词语或

[①] 张志毅、张庆云：《词汇语义学》（修订本），商务印书馆 2005 年版，第 60 页。

义项的义域：罢免、编管、簿录、部堂、赤县、东省、京堂、司官、台使、填宫、营长、庸愚、玉色、御门等。

最后，传统的训诂学考释方法大多依然行之有效①。排比归纳法是本书中运用最多的词义考释方法。当然，归纳法不能处处奏效，下列情况可以考虑运用演绎法：当被释词语只有孤例；尽管搜集到数个例子，但分属几个义项，也跟孤例差不多；只根据上下文（或曰语境）归纳词义，难以捕捉到一个词语的核心意义，弄不清是基本义还是派生义，理不清一个多义词各个义项之间的内部联系，容易犯随文释义的毛病。运用演绎法，联系同义复词或同素词、同义词、近义词、类义词、反义词这些非常有力的旁证或线索，往往可以巧妙地求得一个或生僻或常用的词语的正确解释②。笔者多处运用这种方法，比如根据《汉语大词典》已收的"军余"一词考释其同素类义词"匠余"；根据"官生""民生"二词考释其同素类义词"军生"的词义；根据"优升""优转"二词考释其同素反义词"劣升""劣转"二词；根据"调繁"一词考释其同素反义词"调简"；根据"作郡"一词考释其同素近义词"作县"；根据"相得"考释"相失"；根据"阑入"考释"阑出"；根据"契弟"考释"契兄"；根据"台宪""台司"考释"台琐"；根据"户侍"考释"刑侍"；根据"宪司""宪臣"考释"宪使"。尤其根据《汉语大词典》已收的表示典章制度、官职名称的词语来考释、补充那些《汉语大词典》未收的、属于同一个语义场中的词语。根据同素词考释词义的运用范围可进一步扩大，应用的结果是：增加大量词条和义项，使辞书的收词释义更系统、更全面、更完善。

---

①徐时仪：《古白话词汇研究论稿》，上海教育出版社2000年版，第413页。
②江蓝生：《近代汉语探源》，商务印书馆2000年版，第299页。

第四章 辞书编纂

《万历野获编》的语言研究价值除了体现为出现大批新词新义、待考释词条及义项较多、汇集一批历史词语之外，还非常有利于语文辞书编纂。准确地说，《万历野获编》在辞书编纂方面的价值主要表现在补充词条，增补义项，修正释义，补充书证，提前最早书证，推迟最晚书证六个方面。其中，补充词条和增补义项两个方面即体现为本书第二、三两章中的词语考释部分。本章将对剩余的四个方面进行专门研究。

《汉语大词典》是中国有史以来"古今兼收，源流并重"的最完善的大型历史性语文词典，它基本上反映了目前汉语词汇史研究的最高水平，因此许多学者在进行专书或专类词汇研究时，都以其为最重要的参考。仅笔者所见即有朱庆之、董志翘、张能甫、陈秀兰、化振红、王绍峰、冯利华、杨会永、罗国强、张夏、刘祖国、许浩、李娜等人的博士学位论文或博士后出站报告在发掘新词新义、考释词语时主要以《汉语大词典》为参考标准。魏达纯也论及："要注意理解词的意义，尤其是在近代汉语时期出现的新词新义。所谓新词新义，有两个参照系：一是与古代汉语相比，一是与现代汉语相比。办法是以《汉语大词典》和《现代汉语词典》这两部书为参考标准。"①

毋庸讳言，《汉语大词典》尽管是中国有史以来最完善的大型历史性语文辞书，被联合国教科文组织评为"国际权威工具书"，但由于辞书编纂艰巨复杂，需要更长的时间，所以在很多方面留下遗憾，如失收词目、漏收义项、误立词目、误立义项、释义有误、缺少书证、义例不合、书证偏晚、书证有误，这从《汉语大词典》出版后至今涌现出的数以千计甚至万计的对其进行拾遗补阙的论著可见一斑。瑕不掩瑜，《汉语大词典》仍然是目前为止收词最完备、释义最准确、溯源最前、

---

①魏达纯：《近代汉语简论》，广东高等教育出版社2004年版，第130页。

书证最多的大型汉语语文辞书，在汉语词汇史研究中的权威地位仍是不可动摇、不可替代的。就《万历野获编》进行专书词汇研究时，也不免主要以《汉语大词典》为参考标准。稍有不同的是，在考察《万历野获编》词汇与辞书编纂的关系时，我们还参考了对《汉语大词典》进行拾遗补缺的《汉语大词典拾补》一书。这本书补充了数千条《汉语大词典》中的词语或者义项的更早或更晚书证，也补充了600条左右《汉语大词典》未收的词条或义项，对极少数（约20条）《汉语大词典》释义有误或不够精确的词条或者义项进行了修正（如成俗、措词、搭题、当不起、抵饰、发案、管押、会喜、家计、胛骨、漉、旗甲、签名、善缘、时家、书会、帖伏、心硬、押韵等条目）。对于《汉语大词典》未收而《汉语大词典拾补》已收，或《汉语大词典》释义有误，而《汉语大词典拾补》已修正，且与《万历野获编》有关的词条或义项，我们只在本书第一章中提及，本章不再涉及。

考虑到研究的科学性，对《汉语大词典》所引书证的时代一律以作者年代为准。如《晋书》的撰者为唐代房玄龄，则其中书证作为唐代例；《新唐书》的撰者是宋代欧阳修，则其中书证作为宋代例。这与董志翘《〈入唐求法巡礼行记〉词汇研究》的处理方法是一样的。[①]

此外，本章仍以中华书局1959年所出《万历野获编》为底本，凡原文文字、标点有误的，在引例时，保持原样。在少数必要的地方，保留繁体字、古体字、异体字。

第一节　修正释义

赵大明在论述辞书释义的重要性时曾经说过："释义是辞书的生命，在任何条件下，释义水平的高低永远是检验辞书编纂质量的最根本标准，是决定辞书能否长久生存的最关键因素。因此，要想编纂一部高质量的辞书，并使之长久保持活力，就必须在释义上花大工夫，下大气力。这不仅需要编纂者占有大量的语言资料，而且还需要其具备广博的专业知识、较强的分析能力和高超的处理技巧。解释每一词条都需要搜集大量的用例，仔细分析各种相关资料，反复推敲，深入探

[①]董志翘：《入唐求法巡礼行记》，中国社会科学出版社2000年版，第91页。

索，才有可能作出最佳的释义。"[①]由于上述原因，《汉语大词典》在释义方面同样存在问题。《万历野获编》中至少有以下词语或义项的释义值得商榷。

罢免 英宗独见。罢免此举。遂破千古迷谬（2，80）。

案：仅此一例。此处"罢免"一词，显然为"免除；废除"义。《汉语大词典》于此词条下收有二义：1.免除官职。2.选民或代表机关撤销所选出的人员的职务。未及此义，或者虽收有相对应义位，但义域过窄。实际上可免除的内容很丰富多样，包括役钱、徭役、祭祀等，远远不限于官职。详见第二章词义考释部分。《汉语大词典》的义项1可修改为"1.免除；废除。又特指免除官职"。如此，释义就全面而精确了。《辞源》《辞海》等则未收此词。

东省 洳河初议。费数百万。先朝往勘者。及身当其事者。皆谓断不可开……时李敏肃世达抚东省。亦主其说。劝江陵亟成之（12，330）。黄钟梅克缵之抚山东。自辛丑讫壬子凡十二年……黄钟梅抚东省时。正值陈毓台逮治（22，564）。二公俱东省人。才名噪海内。居官俱有惠爱。而不矜曲谨如此（28，713）。李周策次年壬辰会试。已升礼部都给事中。充同考官。盖偿其不赴山东之差也。又次年癸巳。以京察左官。稍迁兖州府判。又分考山东。时讥其辞主考而受分校。且俱在东省。似乎厚颜（补遗2，862）。

案：上举"东省"一词，义为"对山东省的省称"。《汉语大词典》释为"清代对山东省的省称"，且仅举一例，《清会典·户部·赈饥一》："上年东省济宁等州县卫成灾地方，无论极次贫民，着各展赈一月。"《辞源》《辞海》等则未收此词。

今谓《汉语大词典》以孤证释词，虽所释核心义正确，但对时代的限定偏窄，即义域过窄。从上例中即可看出，"东省"也是明代对山东省的省称。故《汉语大词典》释义应稍作修改，作"明、清对山东省的省称"。

明代他书中的例子如，明李三才《议开洳河疏》："再量碾州、县仓谷，及请留东省见年兑运漕粮十万石，庶几仅仅足用，不敢妄意内帑也。"

访单 今之考选。发访单于大僚及四衙门。以揄扬多少为殿最（11，291）。

---

① 赵大明：《释义是检验辞书编纂质量的关键》，《辞书研究》2005年第3期。

《万历野获篇》词汇研究

至己未外计。浙江参政丁此吕以不谨罢。会有人言其枉。吏部竟以访单进呈。此吕遂追赃遣戍（11，301）。时孙富平秉铨政……孙尽以丁访单呈御览。丁逮讯几死（22，562）。

　　案：上举例中"访单"一词，义为"官府（一般为吏部）发出的考察官员优劣的公文"。《汉语大词典》于此词条下仅列一个义项"旧时官府缉捕罪犯的公文"，仅举二例。明高拱《本语》卷五："此（指匿名文书）宜痛革，只当各具访单，呈于都察院，会于都科，则害人者不得行其计矣。"《万历野获编·吏部一·考察访单》："今制，匿名文书，禁不得行，唯内外大计，吏部发出访单，比填注缴纳，各不著姓名。"窃以为《汉语大词典》释义与书证非常矛盾，不相符合。其实其所举二例中的"访单"一词，亦义为"官府（一般为吏部）发出的考察官员优劣的公文"，如果编者能够多切取一些文字，仔细揣摩上下文义，亦不致如此误解。

　　作"官府（一般为吏部）发出的考察官员优劣的公文"义解的"访单"一词的他例如，明焦竑《玉堂丛语》卷三："吏部尚书严讷等言：'今年朝觐考察之后，臣等已将存留官资望相应者，量才推用，然犹惧杂流冗职，尚有遗良也。乃创立访单，发来朝官，令各举所属府佐以下治行卓异者，送部议处。"《明史·沈思孝列传》："访单者，吏部当察时，咨公论以定贤否，廷臣因得书所闻以投掌察者。"

　　又案："访单"一词确有"旧时官府缉捕罪犯的公文"义，明凌蒙初《初刻拍案惊奇》卷二十七："一日正在家欢呼饮酒间，只见平江路捕盗官带者一哨官兵，将宅居围住，拿出监察御史发下的访单来。顾阿秀是头一名强盗，其余许多名字，逐名查去，不曾走了一个。"明冯梦龙《喻世明言》卷二十一："钟明偶然一眼，觑见大端石砚下，露出些纸脚。推开看时，写得有多人姓名。钟明有心，捉个冷眼，取来藏于袖中。背地偷看，却是所访盐盗的单儿。内中有钱婆留名字，钟明吃了一惊……当下钟明也不回去，急急跑到戚汉老家，教他转寻婆留说话。恰好婆留正在他场中铸牌赌色。钟明见了，也无暇作揖，一只臂膊牵出门外。到个僻静处，说道如此如此，'幸我看见，偷得访单在此。兄弟快些藏躲，恐怕不久要来缉捕，我须救你不得。'"可惜《汉语大词典》却未引用一条正确的书证。义例不合的错误实在是太严重了。《辞源》《辞海》等则未收此词。

幹奴[①]　有幹奴侵匿其赀甚伙。顾恚甚。屡刑索之。不胜拷掠而毙（28，715）。

案：仅此一例。"幹奴"一词，《汉语大词典》释为"能干的奴仆"，仅举本例。

今谓《汉语大词典》拆字为训，近是而未确。考"幹"作为单字词时，义为"原为汉至南北朝时一种身分和地位低下的官吏，后变为供役使的奴仆"，例如《后汉书·栾巴传》："四迁桂阳太守。以郡处南垂，不闲典训，为吏人定婚姻丧纪之礼，兴立学校，以奖进之。虽幹吏卑末，皆课令习读。"李贤注："幹，府吏之类也。《晋令》诸郡国不满五千以下，置幹吏二人。"《晋书·良吏传·邓攸》："攸至门，门幹乃攸为郎时幹。幹侯勒和悦，致之。"清黄轩祖《游梁琐记·内黄大盗》："知内捕无用，令弟带幹数辈，就陶家袭捕。"所以，"幹奴"一词实为联合式的同义复词，而非偏正式的词语。宜只释作"奴仆，仆役"，与其同义或近义的同素词还有"幹吏""幹仆""仆幹"等。《辞源》《辞海》等则未收此词。

幹仆　是乃王吏部同伯。贿文肃幹仆。盗钥私录之（9，238）。梦周付幹仆严系之。以待京师返命处分。此妇复诱幹仆私通（23，594）。

案："幹仆"一词，《汉语大词典》释为"办事能干的仆役"，所举最早例出自清恽敬《与姚秋农》，偏晚。又，元孔齐《至正直记》卷三《高昌俊哲》："因外家处事太无理，虽幹仆亦得入于寝室告报家事，予深恶之，每以俊事之法论之也。"则此词的始见年代应该大为提前。今谓"幹仆"一词亦为联合式的同义复词，而非偏正式的词语，宜只释作"奴仆，仆役"。《辞源》《辞海》等则未收此词。

他例如，元陶宗仪《南村辍耕录》卷二十七："后因逐一幹仆，仆出此书首告。"明文秉《烈皇小识》卷五："事发后，密使幹仆赍金潜往书吏睢承吾之家，意图毁改簿籍。"明张瀚《松窗梦语》卷六："又尝问余曰：'儿志何如而足？'余对曰：'有屋数椽，有田百亩，一二幹仆，给我蔬食，如斯而已。'"明冯梦龙《醒世恒言》卷三十二："当下差幹仆数十人，以五百金为聘，也不通名道姓，竟撺向薛媪家中。"

[①]本章内容旨在以古代文献为材料探讨辞书编纂问题，引例中有些古代文献中的繁体字、古体字、异体字等不能简单转换成现代通用规范简化字，系特意保留。其他地方遇到同类问题也同样处理，不一一说明。

《万历野获篇》词汇研究

胡卢 河分冈势。山入烧痕。虽剿旧句。不害其佳。向见兖州城楼榜云。平野入青。以为此是何语。既而思之。乃用子美东郡趋庭诗第四句。而去一徐字也。为之胡卢不已。又一山人家。拈杜诗作对联。上句纵饮久拼人共弃。而改下句懒朝为懒游。亦堪喷饭（26，675）。予闻之。俯首胡卢不能已。真所谓不如此。何以成京师（26，677）。

案："胡卢"一词，《汉语大词典》收有两个义项：1.喉间的笑声。宋陆游《书感》诗："成败只堪三太息，是非终付一胡卢。"元无名氏《醉写赤壁赋》第四折："夸甚么自己醒，说甚么他人醉，胡卢今后，大家休题。"明沈鲸《双珠记·假恩图色》："无端妄拟为鸳聚，思之暗自胡卢。"清蒲松龄《聊斋志异·促织》："视成所蓄，掩口胡卢而笑。"康有为《大同书》戊部第一章："议长诸女胡卢大笑，谓吾为女子，例不得预，目吾为狂。"2.同"葫芦"。

不论从《汉语大词典》所举的例句，还是从我们发现的《万历野获编》的例句看，《汉语大词典》所列的第一个义项都应该是动词性的，而不应该是名词性的。即应当将"喉间的笑声"改为"笑；发笑"。

"胡卢"一词，《辞源》释作"笑，笑声"，仅举一例，明人杂剧陆世廉《西台记》二："今日里相逢岐路，生和死总付一胡卢。"《辞海》释作"笑声"仅举一例，《孔丛子·抗志》："卫君乃胡卢大笑。"二者皆仅据孤例释词，故释义不甚确。

京堂 正嘉以后。都给事之外转。必升参政固矣。又论序不论俸。即拜都科仅一日。亦得三品。西台则不然。非转京堂。止得副使（11，291）。按洪武此制极善。今现行者。惟三品京堂以上始许荫（13，333）。后赵为刑部主事被察谪外。分宜疏留之。升京堂（21，549）。今制。使琉球者每报命。正使给事转四品京堂。副使行人。转六品京堂。如取诸寄。无一爽者（30，778）。

案："京堂"一词，《汉语大词典》释为"清代对某些高级官员的称呼。如都察院、通政司、詹事府、国子监及大理、太常、太仆、光禄、鸿胪等寺的长官，概称京堂。在官文书中称京卿，一般为三品、四品官。中叶以后，成为一种虚衔"。举例如《儒林外史》第二四回："按察司升了京堂，把他带进京去。"《清史稿·德宗纪二》："癸未，赏道员蔡钧四品京堂，充出使日本大臣。"

今谓《汉语大词典》释义正确，对时代的限定则不确。从本书显然可知，明代即有此称呼。义域当扩大，且需补充明代例。另外，京堂官不仅有三品、四品的，也有六品的，如卷三十中的例子。《辞源》《辞海》《中国历代官称辞典》《中国历代官制词典》亦将其时代仅限于清代，不确。

此条《〈汉语大词典〉商补》亦已发之[①]，且所举最早例正为本例。

罗致 顷江右周中丞以乙巳丙午间。来抚江南。因吴中有假尼行淫一事。遂罗致诸尼。不笞不逐。但以权衡准其肥瘠。官卖与鳏夫。真一时快事（27，681）。冯故富家。以歌舞六博荡尽。正无聊赖。诡云有所识名妓。可罗致以献（30，763）。

案："罗致"一词，《汉语大词典》仅列一个义项"用网捕捉鸟类。后多喻招致人才"，举例如唐韩愈《送温处士赴河阳军序》："（乌公）以石生为媒，以礼为罗，又罗而致之幕下。"《明史·蔡国珍传》："乡人严嵩当国，欲罗致门下。"《老残游记》第三回："幕府人才济济，凡有所闻的，无不罗致于此了。"

今谓，从上揭来看，"罗致"一词所涉及的对象不仅指人才，还包括其他人，比如上举例中即指尼姑、名妓。《汉语大词典》的释义当修改，径作"用网捕捉鸟类。比喻招致，招集"。不必也不便列出罗致对象的详细类别。

他例如，清况周颐《眉庐丛话》："从前贵国广东省滨海地方闻有一种土妓，名曰蜑户，颇能熟习外情，外国商民子身旅寄者，常有与之往还。现在上海地方，有无前项蜑妓，能否设法暂时招集，以应急需……建设甫毕，一时蜑妓寓沪者，闻风麇集，不待洋务局之罗致也。"

"罗致"一词所涉及的对象还可以是物品，此时义为"搜集"。如元吴亮《忍经》："郡将其怒，以其事付户曹，倅阴同其行，则于关门之外，罗致其所状字笼验治之，闻者皆为之恐。"清赵慎畛《榆巢杂识·下卷》："蓄印四十年，搜之南北游历、交友投赠、博取巧购、以及恶撊戏匿，种种而罗致者。甘苦喜怒皆有之。"

"罗致"一词，又有"罗织罪名"义，《汉语大词典》未收。例如《宋史·石公弼列传》："蔡京再辅政，罗致其罪，责秀州团练副使，台州安置。"清王闿运《湘军志·湖南防守篇第一》："世临又追前事，奏征陆传应自贵州至长沙会计厘税收

[①] 王锳：《〈汉语大词典〉商补》，黄山书社 2006 年版，第 126 页。

数，钩考其事，不能竟也。稍修小怨，以饮博事罗致道府十余人。"

《辞源》未收此词。《辞海》则释作"原义为用网罗捕取鸟类，后多用以比喻搜罗珍物或招致人才"，仅举一例，林希逸《孔雀赋》："闻佳名而竞喜，挥金帛以罗致。"《辞海》的释义相对《汉语大词典》来说义域更宽，更切合实际，但也还不完全精确。

司成 潘玺卿雪松（士藻），冯司成癸未所录士，滞符台十年，在京偕诸名士立讲会（17，441）。世所传纳粟监生。不能文者。司成勒其入试。乃自批其卷云。因怕如此。所以如此。仍要如此。何苦如此（26，675）。然郭即代冯为司成者。亦最相善（27，693）。

案："司成"一词，《汉语大词典》仅收一个义项"谓主管世子品德教育"，且仅举《礼记·文王世子》一例："乐正司业，父师司成。"孔颖达疏："父师主太子成就其德行也。"

今谓上揭例中不为此义，当义为"学官名。主管生员学业教育的官员"，动词作名词，体用同称，这类现象在古代汉语、现代汉语及英语中都比较常见。不过，"司成"一词作名词后，意义发生变化，主要表现在义域扩大。教育的对象不仅是世子，也可能是其他生员，教育的内容，不仅是品德，还包括学业。其实，与"司成"一词意义紧密关联的"司业"一词，《汉语大词典》就既收动词义，也收由动词义引申而来的名词义。《汉语大词典》又收有"大司成"一词，亦为名词性义项。可见《汉语大词典》在收词释义方面确实如很多学者批评的那样，未体现系统性、平衡性原则。

《辞源》给"司成"作的释义为"古官名，即大司成。掌管教育国子。相当于汉以后的国子监祭酒……后用作祭酒的别称"。《辞海》给"司成"作的释义为"官名。古代教国子（贵族子弟）之官……后世以国子监祭酒当之。但仍相沿用作祭酒的别称"。这二者未收"司成"一词的动词性义项，可能也是一个遗憾，但其性质、篇幅与《汉语大词典》亦不完全相同，故在收词释义上容有不同。其对"司成"一词的名词性义项的解释基本正确，未将教育的内容只限定于品德教育，不过，教育的对象可能还应该扩大。相对《汉语大词典》来说，二者义域已经扩大了，但相对实际情况来说，还是偏窄。

司官 吏部司官有公事至都察院者。亦报名庭参。一如各御史见吏部堂官礼（11，281）。又吏礼二部司官。往还但称侍生。不用寅字。亦自别于他曹也（14，366）。新科进士。分观政衙门。本同时共事。而其礼则大不同。其在吏部、都察院者。见司官及道长。用堂属礼。在礼部用师生礼。在兵部用前后辈礼（16，426）。时耿文恪（裕）为冢宰。以其凤望。留之茶。令司官送之（补遗2，845）。

案：此处"司官"一词，《汉语大词典》释为"清代各部属官的通称。指部内各司的郎中、员外郎、主事以及主事以下的七品小京官"，故所举皆为清代例。《辞海》释义与此相同。《辞源》则未收此词。

今谓，《汉语大词典》、《辞海》释义或确，而义域偏窄。从该书看，此词至少明代就有了。《中国历代官称辞典》《中国历代官制词典》释作"明清时代各部属官的通称"，甚确。

台使 然性倔强，不能事上官，俄进副总兵，被台使白简论斩（补遗3，869）。

案："台使"一词，《汉语大词典》列有二义：1.六朝时指朝廷使者。《晋书·成都王颖传》："虓长史刘舆见颖为邺都所服，虑为后患，秘不发丧，伪令人为台使，称诏夜赐颖死。"2.唐时指未正名的监察御史。《通典·职官六》："又有台使八人，俸亦于本官请，余同监察。"宋王谠《唐语林·补遗四》："御史有台使、里使，皆未正名也。"《汉语大词典》释义正确，但对时代的限定，即义域可能过窄。上揭例中显然用于明朝。《中国历代官制词典》收有此词，释作"指奉命出使的御史台官"，仅举《魏书》一例。《中国历代职官别名大辞典》也收有此词，但释义与明朝无关。《辞源》《辞海》《中国历代官称辞典》等未收此词。

帏箔 （李卓吾）因共彼中士女谈道。刻有观音问等书。忌者遂以帏箔疑之。然此老狷性如铁。不足污也（27，691）。

案：仅此一例。"帏箔"一词，《汉语大词典》仅收一个义项"帷幕和帘子。两者皆用以障隔内外，因以借指淑女"。仅举一例，宋文莹《玉壶清话》卷五："（莫荃）勤俭自营，生计渐盛。虽里之淑女罕识其容者，闻其风则帏箔竦敬。"

今谓《汉语大词典》只据孤证立目，导致释义不确。当释为"帷幕和帘子。

两者皆用以障隔内外，因以借指内室。亦可借指隐私"。在此义上，帏箔、帏薄、帷箔、帷薄为同音同义异形词的关系。古籍中多有佐证，例不赘举。惜乎《汉语大词典》未将这几个词语联系起来考虑，致释义不确。

他例如，宋沈棐《春秋比事》卷十三："桓公不严帏箔，恣姜氏之淫奔，终致身殒国危。"《通志》卷一百四十八："及道将卒后，家风衰替，子孙多有非法，帏薄混秽，为时论所鄙。"宋唐慎微《证类本草》卷一："夫柔情难绾而不断，不可不以智慧决也。故帏箔不可不远。"元陶宗仪《说郛》卷十五下："是时侯叔献死，而其妻隗氏帏箔不修，丞相表其事而斥去。"明徐应秋《玉芝堂谈丛》卷三十三："吉吊上岸与鹿交，或在水边遗精，遇流槎枯枝粘裹，号紫稍花，道枢所谓盐龙，有益帏箔者也。"

其中《玉芝堂谈丛》中的说法，《说郛》卷七十五引《士林纪实》作："龙盐，士大夫共知之。龙方交有所遗，用盐渍之，服之治虚败，有益帏薄之事。"即此亦当知"帏箔"、"帷薄"同义，而《汉语大词典》未发之。

《辞源》释作"帏，帐幕；箔，帘。同'帏薄'"，而于"帷薄"下亦仅作"帷，帐幔；薄，草帘"，皆未释其引申义，故不甚确。《辞海》则未收此词。

问革 先是乙酉科。以余姚县生员。冒顺天通州籍。名胡正道中式。已经参论问革。今安得复冒徽州。奉旨。王国昌查明问斥如前（16，420）。弘治中。唐解元伯虎以里误问革。困厄终身（23，581）（廖铠）本福建人。冒河南籍乡试入毂。乞命礼部削去试录铠名。照例问革（补遗1，813）。

案："问革"一词，义为"问罪罢除功名"。《汉语大词典》收有此词，释为"问罪罢职"，仅举一例，《万历野获编·科场·癸未二首相长子》："嘉靖癸未科，华亭徐相长子璠，以南京应试作奸，问革。万历癸未科，德清方相长子世鸿，以北京狎妓坠马死，问革。"似未达一间。盖其时方考取功名，尚未受职，何得罢职一说？唯有功名可罢。《辞源》《辞海》等则未收此词。

许可 文长自负高一世。少所许可。独注意汤义仍。寄诗与订交。推重甚至（23，582）。

案："许可"一词，《汉语大词典》仅收有一个义项"准许，允诺"，举例如《汉书·翟方进传》："君不量多少，一听群下言，用度不足，奏请一切增赋……朕既不明，随奏许可。"《新唐书·杜牧传》："程其（山东之地）水土，与河南等，常重十一二，故其人沉鸷多材力，重许可，能辛苦。"元许衡《酬吴正传》诗："古人吝许可，名实贵相拟；汝南月旦评，一言定是非。"清孔尚任《桃花扇·侦戏》："他们是不轻许可人的，这本《燕子笺》词曲原好，有什么说处。"巴金《家》十九："原来这几天来，淑华、淑贞两姐妹受到琴的鼓舞，都下了决心要继续读书，经过几次的要求，居然都得到了母亲的许可。"

今谓上揭例中"许可"当别为一义，为"称许；认可"义。其中"许"字为"佩服；称许"义，而非"应允；许诺"义；"可"字义为"认可；赞许"，而非"同意，允许"义。这是二者同义连文的语义基础。这从下文"推重"一词的词义上也能看出来。"推重"一词，义为"推许尊重"。《三国志·蜀志·孟光传》："光禄勋河东裴儁等。"裴松之注引晋傅畅《裴氏家记》："既长知名，为蜀所推重也。"唐权德舆《奉和许阁老酬淮南崔十七端公见寄》："文辟尝推重，单辞忽受诬。"明胡应麟《诗薮·国朝下》："张中丞特起新蔡……王次公绝推重之。"廖承志《致蒋经国先生信》："倘能于吾弟手中成此伟业，必为举国尊敬，世人推重。"

"许可"一词表"称许；认可"义的其他元明史料笔记中的用例如《松窗梦语》卷七："居常负气节，向自许可。"《寓圃杂记》卷四："林鹗为苏守，最慎许可，书其考后曰：'吴松水利，功绩丕显。'"《水东日记》卷三十六："朱文公于一时文人最慎许可，而于放翁加推服焉。"

其中《水东日记》中"许可"一词的意义，可从下文"推服"一词的词义上看出来。"推服"义为"推许佩服"。例如晋陶潜《孟府君传》："逊从弟立，亦有才志，与君同时齐誉，每推服焉。"唐韩愈《欧阳生哀辞》："詹于时独秀出，衮加敬爱，诸生皆推服。"明方孝孺《与郑叔度书》："与足下处时，虽知爱敬推服，然未知足下之不可遇也。"钱锺书《猫》："此外只有写食谱了。在这一点上自己无疑的是个权威，太太请客非自己提调不可，朋友们的推服更不必说。"

"许可"一词表"称许；认可"义的元明史料笔记以外的用例还有：《资治通鉴后编》卷一百五十："鉴居相位，号宽厚，与人多许可，时目为'满朝欢'。"《钦定续通志》卷二百六十："韩滉刚严，少许可，独奇于陵，以女妻之。"《钦定四库

《万历野获篇》词汇研究

全书总目》卷十二："以炎武之淹博绝伦，罕所许可，而其论如是，则是书之足贵，可略见矣。"《松阳讲义》卷十："私意有疾恶太严而流为矫激者，便是毁；有崇奖情般而谬为许可者，便是誉。"

其实，《汉语大词典》所举元许衡《酬吴正传》诗、清孔尚任《桃花扇·侦戏》中的"许可"都不应该解作"准许，允诺"，应该解作"赞许；认可"。

《辞源》亦仅释作"允许。"《辞海》则未收此词。

遗计 未几吴门、翁县去国。娄江未至。于时于景素为仪曹副郎。即疏请夺谥矣。盖于宗伯授遗计。以伸其夙志也（13，351）。

案：仅此一例。此处"遗计"一词，《汉语大词典》释为"指死者留下的计谋、计划等"，仅举一例，《三国演义》第三三回回目："曹丕乘乱纳甄氏，郭嘉遗计定辽东"。

今谓《汉语大词典》此条释义可稍作修改。首先，其所举《三国演义》例中"遗计"与"乘乱"对举，显然其尚为动宾词组，还未凝固成词。固不适合作为书证，作为孤证就更不合适。其次，据《万历野获编》中的例子，则此时授计的人于慎行（宗伯是其官衔）只是致仕在家，并未去世，故称死者不妥。所以，此义项应修正为"指他人留下的计谋、计划等"，即义域应扩大，既包括死者，也包括生者。所举书证亦应以此例代替《三国演义》中的例子。

他例如，宋郭印《云溪集》卷十一："幸哉有子遵遗计，外氏犹能谨祭尝。"宋崔伯易《感山赋》："今防秋之兵，不寄之土豪而岁起屯戍；缮治之物，不蓄于逐州而授于京都；不募人访铜而私或自铸，重给民旷土而争籴于胡。遗计若此，庸为利欤？"《三国演义》第五十一回："曹洪曰：'目今失了彝陵，势已危急，何不拆丞相遗计观之，以解此危？'"此处丞相指曹操，曹操还未死，故不可谓死者。

《辞源》《辞海》等亦未收此义。

营长 畅老。以其子礼代其职。时鲁以罪为畅所逐。乃依礼以居。而与营长阿保私通（30，761）。其故营长福佑等，迎鲁归本营（30，761）。

案：上二处"营长"一词，义为"地方武装头领的称谓"。《汉语大词典》收有此义项，但在释义中特别限定是专属汉代的术语。上二例显然指称明代的地方首领。《汉语大词典》的释义义域过窄。《辞源》《辞海》《中国历代官称辞典》《中国历代职官别名大辞典》等未收此词。《中国历代官制词典》收有此词，未及此义。

庸愚 余曾于武林识之。须发已皤然。饮啖兼数十人。言动鄙倍。乃一下劣庸愚。即方士不足比数也（27，706）。次年五月锦衣千户李拱辰上言。圣母南祔之后。灾异屡作。乞迎二圣梓宫俱葬天寿山。上斥其狂悖庸愚。下镇抚司逮治（补遗1，798）。

案：此处"庸愚"一词，义为"庸下愚昧。亦指庸下愚昧的人"。《汉语大词典》虽收有此义，却又特别注明为自谦之辞，且仅举一例，《镜花缘》第七回："贱性庸愚，今承指教。"今谓《汉语大词典》仅据孤证而释义，导致虽释义正确而对其使用范围即义域的限定则过于狭窄。《辞源》《辞海》等则未收此词。

玉色 闻慈圣亦玉色不怡。将处重典。为江陵公力救。得编氓以去（20，511）。穆宗初登极。天下恩贡陛见。朝仪久不讲。诸士子欲瞻天表。必越次入大僚之位。上玉色不怡（24，620）。

案："玉色"一词，《汉语大词典》释为"尊称帝王容颜"。所举三例皆宋人例，当补充宋代以后例。不过，可稍作补充的是，其中第一例中"慈圣"显然是指皇太后，故释义当稍为修改，作"尊称帝后妃嫔的容颜"，义域扩大。此亦有说。《汉语大词典》在解释"眇躬"一词时，即作"旧时帝后自称之词"。可谓得之。

"玉色"一词指称皇亲女性（皇后或妃嫔）的容颜，他例如：《宋史·李宸妃列传》："幸洪福寺祭告，易梓宫，亲哭视之，妃玉色如生，冠服如皇太后，以水银养之，故不坏。"

《辞源》《辞海》等则未收此义。

《汉语大词典》《辞源》《辞海》等对"编管、部堂、赤县、大计、都司、京察、御门"等历史词语的释义也不够精确，或对所处朝代把握不准，义域过窄，这些问题已在第三章中论述，本章不再详细说明。

第二节　补充书证

　　王力曾经论述过书证的重要性："词典解释字义，举例很重要。一部没有例子的字典就是一具骷髅。"①《汉语大词典编写和审稿工作条例》规定："一个义项之下的书证，一般以引三个为宜，需要时也可多引。现代词语一时找不到合适书证的，可以暂缺待补。"②释义是辞书的骨架，书证是辞书的血肉，一部只有骨架没有血肉的辞书是枯燥乏味、了无生趣的；只有释义，没有书证，也很难证实或证伪辞书释义的正确性；进一步说，辞书书证过少，比如只有孤证，或所有书证都出自同一本书或同一个作者，很多情况下也很难准确解释词义。具体到《万历野获编》一书，至少可以为以下词语或义项补充书证。

一、为无证词条或义项补充书证

　　致使棍徒不营活计。专谋夺产。重垦更新者径以旧价回赎（22，558）。

　　案：此处"更新"一词，义为"森林经过采伐、火灾或破坏后重新长起来"。《汉语大词典》收有此义而未举例，大概是将其当作现代汉语中方出现的新义处理。当补充本书书证。

　　至万历庚子五月。忽下旨令见新（2，49）。

　　案："见新"一词，乃方言词，义为"犹言整旧如新"。《汉语大词典》收有此词，而仅举一自造例"把门面油漆见新"，未举可靠书证。大概是将其当作现代汉语中方出现的新词处理。当补充本书书证。

　　司、中州人。负气而躁。妄自尊大。为抚臣赵楫所怒。尽发其受将领赂遗。至口迫没其参貂等物（补遗4，937）。

①王力：《字典问题杂谈》，中国人民大学、中国出版工作者协会词典编辑进修班编：《词书与语言》，湖北人民出版社1985年版，第5页。
②上海汉语大词典编纂处：《汉语大词典编纂手册》，汉语大词典出版社1981版，第101页。

案：此处"将领"一词，义为"高级军官"。《汉语大词典》收有此义，而未举书证，盖以为现代汉语中方有此义。当补充本书书证。

时有江西人周宾王者。逃罪在孟密。私说罕弄曰。今阁老万安。贪闻天下。而内结昭德万贵妃。若以重宝投之。不第免讨。可得世官如木邦。罕弄喜从其计。万安果遣都御史程宗往抚。以所略木邦地畀之。开说安抚司令罕弄子孙世袭（30，769）。

案：此处"开说"一词，义为"开导；劝说"。《汉语大词典》收有此义，认为其是方言词，仅举一自造例"他心眼儿窄，你得经常开说他"，未举可靠书证，可补。

反是者。则江太涵司马在闽之于戚继光。相倚若蛩蚷（19，496）。

案："蛩蚷"一词，义为"传说中的异兽。蛩蛩与距虚为相类似而形影不离的二兽。一说为一兽"。《汉语大词典》收有此词而未举例。当补。

又龙生三子。一为吉吊。盖与鹿交。遗精而成。能壮阳治阴痿（7，191）。

案：此处"壮阳"一词，义为"中医术语。犹言强肾。中医学认为：腹为阴，肾为阴中之阴，肾虚者应补阳，故称"。《汉语大词典》收有此义而未举书证，仅言参阅《素问·金匮真言论》。

二、为孤证词条或义项补充书证

识者谓华亭此举。于三年无改一段。稍末谙解云（2，50）。

案："谙解"一词，义为"熟悉了解"。《汉语大词典》收有此词，仅举一例，元本高明《琵琶记·牛相教女》："堪哀，萱室先摧。叹妇仪姆训，未曾谙解。"当补充元代以后例。

又黄庭内景亦韩物。长君宝护不轻示人（26，657）。

案："宝护"一词，义为"珍爱保护"。《汉语大词典》收有此词，仅举宋张世南《游宦纪闻》卷十一例："多遨游佛道祠，遇山水胜概，辄留连赏咏，有垣墙圭缺处，顾视引笔，且吟且书，若与神会，率宝护之。"当补充宋代以后书证。

于江罗大参近溪。为一时儒、释二教宗师。亦晚年举子。偶有二三游僧踵门参谒。罗爱其辨才。留为上足。未几。壮儿俱被诱去不返。因悼恨下世。人又致疑天道焉（28，711）。

案：此处"辨才"一词，义为"佛教语。谓善于宣讲佛法之才"。辨，通"辩"。《汉语大词典》收有此义，仅举《华严经·十行品》一例："超出世间大论师，辨才第一狮子吼。"当补充更晚例。

何以往来自由。又赓和篇什。徜徉山水。无一讥察者（1，10）。

案：此处"徜徉"一词，义为"犹徘徊。盘旋往返"。《汉语大词典》收有此义，且仅举《淮南子·人间训》一例："翱翔乎忽荒之上，徜徉乎虹霓之间。""徜徉"，一本作"析惕"。当补充更为切实可靠的书证。

而鄱阳之战。陈友谅中流矢死。当时本不知何人。乃云郭英所射。令内官之职平话者。日唱演于上前。且谓此相传旧本（5，140）。金章宗时。董解元西厢尚是院本模范。在元末已无人能按谱唱演者。况后世乎（25，649）。

案：前一处"唱演"一词，义为"吟唱讲述"。《汉语大词典》收有此义，仅举一例，清阮葵生（1727—1789）《茶馀客话》卷十四："今日所传藏经，大抵皆六朝、唐人文士秉笔而书，而缁流中之通梵音解字母者，唱演而出。"偏晚。又可补充书证。

后一处的"唱演"一词，义为"演唱"。《汉语大词典》收有此义，亦仅举吴组缃《山洪》三十一例："他抬头望一会台上的唱演，又注视一会面前的人们。"偏晚。可补充书证。

一时子弟俱佻达少年……益务招集健儿同居处。乃至沈命胥徒场伶市棍。未免阑入（18，477）。

案：此处"沈命"一词，义为"处死"。《汉语大词典》收有此义，仅举宋王钦若《册府元龟·刑法部·议谳三》一例："康买得尚在童年，能知子道，虽杀人当死，而为父可哀，若从沈命之科，恐失度情之义，宜减死处分。"当补充宋代以后例。

陈洸妻郑。以奸离异。其子桓杀人坐死。席书代为称冤（18，465）。

案："称冤"一词，义为"诉说冤屈"。《汉语大词典》收有此词，仅举北魏郦道元《水经注·渭水二》一例："王少林之为郿县也，路径此亭，亭长曰：'亭凶杀人。'少林曰：'仁胜凶邪，何鬼敢忤。'遂宿，夜中闻女子称冤之声。"当补充北魏以后例。

至于营建万寿宫一事。谓文贞创谋。以夺分宜之宠（8，225）。

案：此处"创谋"一词，义为"主谋"。《汉语大词典》收有此义，仅举《南史·檀道济传》一例："上将诛徐羡之等，召道济欲使西讨。王华曰：'不可。'上曰：'道济从人者也，曩非创谋，抚而使之，必将无虑。'"当补充唐代以后例。

盖圣主皆无心厉民。无奈邪臣导诱。为害一方。遂至于此（补遗2，849）。

案："导诱"一词，义为"引导启发"。《汉语大词典》收有此词，仅举《诗·周颂·烈文》一例："无竞维人，四方其训之。"毛传："训，道（古"导"字）也。"唐孔颖达疏："教训者，所以导诱人，故训为道（古"导"字）也。"当补充唐代以后例。

诏云。林茂草郁。冈阜丰衍。别在诸陵之次（补遗1，796）。

案：此处"丰衍"一词，义为"宽广"。《汉语大词典》收有此义，仅举唐柳宗元《道州文宣王庙碑》一例："既祭而出，登墉以望，爰得美地，丰衍端夷，水环以流，有頖宫之制。"当补充唐代以后例。

既而白身亦许加倍输纳……于是士子叱为异类。居家则官长凌忽之。与齐民不甚别矣。惟成化丙午。罗文峰累试。有司不录。遂以俊秀入贽。举顺天解元。次年登进士。为庶常。显重于词林。其年且逾不惑矣。于是士人始有刮目此辈者（15，405）。

案：此处"刮目"一词，义为"拭目。谓改变旧看法"。《汉语大词典》收有此义，仅举一例，北齐颜之推《颜氏家训·慕贤》："子云（萧子云）叹曰：'此人

《万历野获篇》词汇研究

（指丁砚）后生无比，遂不为世所称，亦是奇事。'于是闻者稍复刮目。"当补充北齐以后例。

见之令人骇恨欲泣，不止可笑而已（26，673）。中丞公始骇恨。然已无可奈何（28，718）。

案："骇恨"一词，义为"吃惊愤恨"。《汉语大词典》收有此词，仅举本书《列朝一·建文君出亡》一例："即名士辈亦有明知其伪，而哀其乞怜，为之序论，真可骇恨。"至少还可补充同书例证。

此无论名号之无稽。而女之父以溺死。则水府乃其深仇。有何和应。亦不经极矣（14，358）。

案：此处"和应"一词，义为"和气感应"。《汉语大词典》收有此义，仅举《宋史·乐志十二》一例："嘉荐报本，于以祈年。诚格和应，神娭福延。"当补充宋代以后例。

只如近日江陵公。其聪明岂出四公下。而濒危狷忿愈甚。恋恋权位。荐人挤人。至死不休。则多男子多后顾累之也（7，193）。

案：此处"后顾"一词，义为"考虑日后之事"。《汉语大词典》收有此义，仅举宋王安石《上仁宗皇帝言事书》一例："而方今公卿大夫，莫肯为陛下长虑后顾，为宗庙万世计，臣窃惑之。"当补充宋代以后例。

因思宋人诮儇狡者。必曰好个司马家（26，671）。

案："儇狡"一词，义为"机灵狡猾"。《汉语大词典》收有此词，仅举清吴伟业《松鼠》诗一例："剽轻固天性，儇狡因众习。"稍晚。可补充书证。

邻有笄女绝艳。杏源窥见心荡。屡欲挑之未果（28，718）。

案："笄女"一词，义为"指成年的女儿"。《汉语大词典》收有此词，仅举本书《吏部一·郑蒋翁婿》一例："又前乎此，则嘉靖末，吴太宰以笄女继董宗伯之室。"至少可补充同书例证。

上大怒。命锦衣缉捕。竟不可得。盖亦假伪也（21，543）。

案："假伪"一词，义为"虚假"。《汉语大词典》收有此词，仅举《三国志·魏志·王粲传》一例："粲劝表子琮，令归太祖。"南朝宋裴松之注："孙权自此以前，尚与中国和同，未尝交兵，何云'驱权于江外'乎……又白登在平城，亦魏武所不经，北征乌丸，与白登永不相豫。以此知张骘假伪之辞，而不觉其虚之自露也。"当补充南朝宋以后例。

今盛暑。朕与卿等深居静处。犹觉可畏。罪囚郁蒸烦懑。安得无病。宜为检看（18，455）。

案："检看"一词，义为"检查察看"。《汉语大词典》收有此词，仅举一例，《水浒传》第三九回："当时从人于库内取至文册，蔡九知府亲自检看。"当补充更晚例。

沁水刘大司空晋川清修名臣也。独好矫厉之行（19，485）。

案：此处"矫厉"一词，义为"造作勉强"。《汉语大词典》收有此义，仅举一例，晋陶潜《归去来兮辞》："质性自然，非矫厉所得。"当补充晋代以后例。

然而报名就阉。自是令甲所载。无奈浸寻至今。略不遵行（6，179）。

案：此处"浸寻"一词，义为"渐进"。《汉语大词典》收有此义，仅举一例，《史记·封禅书》："是岁，天子始巡郡县，浸寻于泰山矣。"当补充西汉以后例。

昨三更林御史警门而入。出劾世蕃疏相示。即统兵星驰入江右矣（8，213）。

案："警门"一词，义为"犹敲门"。警，通"惊"。《汉语大词典》收有此词，仅举一例，《万历野获编·妓女·侠倡》："壬子季夏，余以应试在邸中，方逃暑习静，友人麻城丘长孺侵晨警门入，邀至其寓。"可补充同书例证。

国子生文学优劣，分隶六堂，迩来俱无甄别，高下不分，宜考次之（补遗2，864）。

案："考次"一词，义为"查考编次"。《汉语大词典》收有此词，仅举一例，宋曾巩《移沧州过阙上殿疏》："群臣之于考次论撰，列之简册，被之金石，以通神明，昭法式者，阙而不图，此学士大夫之过也。"当补充宋代以后例。

《万历野获篇》词汇研究

成化以前。粮户解纳白粮及合用料物。户工二部。委官同科道官验收。乃运送内府。粮户不与内臣相接（补遗2，848）。

案："料物"一词，义为"物资、食物、用物等"。《汉语大词典》收有此义，仅举一例，唐刘肃《大唐新语·知微》："伏见储君料物，翻少魏王，陛下非所以爱子也。"当补充唐代以后例。

宋时淳化二年闰二月。太宗下令开封府。凡坊市有赌博者。俱行处斩。邻比匿不闻者问罪（补遗3，881）。

案：此处"邻比"一词，义为"近邻之人"。《汉语大词典》收有此义，仅举一例，晋干宝《搜神记》卷三："旻之妻已私邻比，欲媾终身之好。"当补充晋代以后例。

董先贵。世宗朝宠眷隆赫。以忤旨削籍归（13，341）。世宗于诸公。生前向注。何等隆赫（13，343）。

案：此处"隆赫"一词，义为"高厚"。《汉语大词典》收有此义，仅举一例，《三国志·魏志·管宁传》："诚谓乾覆，恩有纪极，不意灵润，弥以隆赫。"当补充晋代以后例。

以故集庆寺为阁贵妃香火。理宗特加隆异（27，688）。

案："隆异"一词，义为"优厚异常"。《汉语大词典》收有此词，仅举一例，唐段安节《乐府杂录·歌》："寻达上听，翊日召入宜春院，宠泽隆异，宫中号记曲娘子，寻为才人。"可补充唐代以后例。

天顺三年左顺门正忽思忽奏。臣海西女直人。自洪武入内廷。有侄佟预。在京生长。粗知章句。故乡万里。无家可归。欲图报效。无由进身。乞入国子监读书（补遗1，817）。

案："门正"一词，义为"司门的官吏"。《汉语大词典》收有此词，仅举一例，《资治通鉴·陈宣帝太建十二年》："陈王纯时镇齐州，坚使门正上士崔彭征之。"胡三省注："门正，掌门关启闭之节及出入门者。"当补充宋代以后例。

董急应日。子言得之矣。然为眉公所祕爱。姑勿广言（26，655）。

案："祕爱"一词，义为"私下珍爱"。《汉语大词典》收有此词，仅举一例，《晋书·郭璞传》："后冰（庾冰）子蕴为广州刺史，妾房内有一新生白狗子，莫知由来，其妾祕爱之，不令蕴知。"当补充唐代以后例。

都城内礼仪房者。俗号奶子府。每四仲月。各坊报少妇初孕者名奶口。验其年貌。辨其乳汁。留以供禁中不时宣索（21，540）。

案："奶口"一词，义为"乳母，奶妈"。《汉语大词典》收有此词，仅举一例，明沈榜《宛署杂记·奶口》："东安门外稍北，有礼仪房，乃选养奶口以候内庭宣召之所。"

欲开四民业。以安贫宗。且省禄粮（4，116）。

案："贫宗"一词，义为"贫穷的同宗族人"。《汉语大词典》收有此词，仅举一例，《三国志·魏志·仁峻传》："于饥荒之际，收恤朋友遗孤，中外贫宗，周急济乏，信义见称。"当补充晋代以后例。

今京师观象台。在尧典幽都之地。太阳出入度数。难以凭准（20，527）。

案：此处"凭准"一词，义为"依据；根据"。《汉语大词典》收有此义，仅举一例，北魏郦道元《水经注·谷水》："若于后当复兴功者，宜就西硕，故书之于石以遗后贤矣。虽石硕沦败，故迹可凭准之于文。"当补充北魏以后例。

而希颜窥见上旨……上责其牵引。谬论渎扰（20，512）。

案：此处"牵引"一词，义为"牵强"。《汉语大词典》收有此义，仅举一例，唐刘知几《史通·五行志错误》："斯岂非乌有成说，扣寂为辞者哉？此所谓影响不接，牵引相会。"当补充唐代以后例。

薄冷局而膻热地者。可以思矣（11，288）（抚台一官）然非久必迁。则以欲炙者多。不能久于热地（22，564）。

案："热地"一词，义为"比喻权势显赫的地方"。《汉语大词典》收有此词，仅举一例，唐白居易《初授赞善大夫早朝寄李二十助教》诗："病身初谒青宫日，衰貌新垂白发年。寂寞曹司非热地，萧条风雪是寒天。"当补充唐代以后例。

议事者。假先帝为辞。谓金等进燥药、丹药。致大行误服。又用麝香、附子热药。及百花酒吃饮。丹田发热。遂损圣体（8，219）。

案："热药"一词，义为"中医指具有热性或温性的药。如附子、肉桂、干姜等"。《汉语大词典》收有此词，仅举一例，宋陆游《老学庵笔记》卷三："故藏用以喜用热药得谤，群医至为谣言曰：'藏用檐头三斗火。'人或畏之。"当补充宋代以后例。

俺答自此仁懦恶杀。而势亦渐衰（30，779）。

案："仁懦"一词，义为"慈善懦弱"。《汉语大词典》收有此词，仅举一例，宋庄季裕《鸡肋编》卷上："（唐太宗）既立晋王，又谓长孙无忌曰：'公劝我立雉奴。雉奴仁懦，得无为宗社忧，奈何！'"当补充宋代以后例。

是役也。西南驿骚十余载。两举大兵。丧失文武大吏数人。糜士卒金钱无算。而其祸止因一夷妇宣淫。尽灭隆氏之宗。其弑逆忍忮。唐之武韦不足道也（30，762）。

案："忍忮"一词，义为"刻毒忌恨"。《汉语大词典》收有此词，仅举一例，宋陆游《老学庵笔记》卷四："绍圣中，贬元佑人苏子瞻儋州，子由雷州，刘莘老新州，皆戏取其字之偏旁也。时相之忍忮如此。"当补充宋代以后例。

诸公亦用柔道承之。甘心雌伏。终保无咎（7，195）。

案：此处"柔道"一词，义为"温和谦让的处世之道"。《汉语大词典》收有此义，仅举《易·姤》一例："象曰：'系于金柅，柔道牵也。'"孔颖达疏："阴柔之道，必须有所牵系也。"当补充后代例。

严氏败。亦由术士蓝道行扶乩传仙语。称嵩奸而阶忠。上元不诛而待上诛（8，210）。

案：此处"上元"一词，义为"上天，天帝"。《汉语大词典》于此词条下收有"指上天、太空"义，仅举一例，唐车纻《南至日隔仗望含元殿香炉》诗："抗殿疏元首，高高接上元。"仅从此例看，很难说《汉语大词典》的释义与《万历野获编》语例的意义一致。如果一致，可以为其再补充书证；如果不一致，则是补充义项。《辞源》《辞海》未收相关义项。

粤中因获通番海艘。没入其货。始并炮收之。则转运神捷。又超旧制数倍（17，433）。

案："神捷"一词，义为"神速"。《汉语大词典》收有此词，仅举一例，北魏郦道元《水经注·叶榆水》："建武十九年秋，伏波将军马援上言：'从米尼泠出贲古击益州，臣所将骆越万余人，便习战斗者二千，兵以上弦毒矢，利以数发，矢注如雨，所中辄死。愚以行兵此道最便，盖以藉水利，用为神捷也。'"当补充北魏以后例。

大抵才士失职。往往故为夸诞。以发舒胸中磊块（17，442）。

案：此处"失职"一词，义为"失去职权"。《汉语大词典》收有此义，仅举一例，明王鏊《震泽长语·官制》："光武中兴，身亲庶务，事归台阁，尚书始重，而西汉公卿稍以失职矣。"

司马光救荒疏云。富室有积蓄者。官给印历。听其举贷。量出利息。俟丰熟日。官为收索。示以必信。不可诳诱（12，319）。

案："收索"一词，义为"索取"。《汉语大词典》收有此词，仅举一例，宋苏辙《论衙前及诸役人不便札子》："况非见纳役钱人户，又须取之佗人，收索之间必不便得。"当补充宋代以后例。

震大怒。上言昌隆曾事庶人。名在党籍。今身为东朝官。阴欲树结。不之父而之子（28，709）。

案："树结"一词，义为"营私结党"。《汉语大词典》收有此词，仅举一例，《明史·尹昌隆传》："震大怒，奏昌隆假托宫僚，阴欲树结，潜蓄无君心。逮下狱。"可出稍前书证。

堂属大小最严。凡见于私宅。仅送之门而止。惟吏部则送其司官上马方别。

子初见之大骇。比询之。则此事相传已久。统均之地。先自炎凉。何以责人奔竞要地耶（11，286）。

案：此处"司官"一词，义为"主管官员"，指吏部尚书。《汉语大词典》收有此义，仅举一例，《后汉书·陈寔传》："邻县人户归附者，寔辄训导譬解，发遣各令还本司官行部。"李贤注："司官谓主司之官也。"当补充汉代以后例。

至正德间。其孙名阿英者。始改姓凤。传至土知府凤诏。死无嗣。其母瞿氏代袭。既久而老。乃举诏妻凤索林自代。已而悔之。索林嗣事。颇失事姑礼。瞿氏恚怒。收异姓儿名继祖。为凤氏后。欲立之而废索林（29，751）。

案：此处"嗣事"一词，义为"继承官职"。《汉语大词典》收有此义，仅举一例，唐皇甫枚《三水小牍·王知古为狐招婿》："洎直方之嗣事也，出绮纨之中，据方岳之上，未尝以民间之休戚为意。"当补充唐代以后例。

柳跖之脍人肝。赵思绾之吞人胆。以至朱粲、秦宗权之属。捕人为粮。此皆盗贼及乱离无食时。偶一见之耳。若契丹东丹王李赞华好饮人血。至刺婢妾辈而吮之。犹夷狄也。若盛世天潢亦有之。则真可怪矣。周府新安王有熺者。太祖第五子周定王之子也。性狠戾。嗜生食人肝及脑胆。常以薄暮伺有过门者。辄诱入杀而食之。其府第前。日未晡即断行迹（28，724）。

案：此处"天潢"一词，义为"皇族，帝王后裔"。《汉语大词典》收有此义，仅举一例，北周庾信《为杞公让宗师骠骑表》："凭天潢之派水，附若木之分枝。"当补充北周以后例。

沙复与恶少通体。憎其子碍眼。以药鸩之（5，146）。自是遂溺于男宠。不问妍媸老幼。必求通体（补遗3，896）。

案：此处"通体"一词，义为"媾合；通奸"。《汉语大词典》收有此义，仅举一例，汉司马相如《琴歌》之二："交情通体心和谐，中夜相从知者谁。"当补充西汉以后例。

有使者还自西方。得青玉雪山。方逾二尺。质理温栗（1，7）。

案：此处"温栗"一词，义为"指印石质地温润细腻"。《汉语大词典》收有此义，仅举该书《玩具·印章》一例："我朝士人始以青田石作印，为文房之玩，温粟雅润，遂冠千古。"当补充同书例证。

一应军民词讼。轻则量情发落。重则发巡按御史按察司问理（17，434）。

案："问理"一词，义为"审理"。《汉语大词典》收有此词，仅举一例，元无名氏《杀狗劝夫》第三折："哥哥，这人命的事，你是好人家的孩儿，怎么到的官府中问理去。"当补充元代以后例。

已而其术渐不验。有徒王子严者害其宠。乃发其诸诬秽隐恶（27，698）。

案："诬秽"一词，义为"虚妄芜杂"。《汉语大词典》收有此词，仅举一例，宋吕本中《紫微杂说》："定哀之世，大乱之极也，而何休以为文致太平，王者治定，无所复讥，惟有二名可讥耳。其诬秽荒谬至此，令人愤恚不已！"当补充宋代以后例。

故元奉佛尤甚。其奢僭至无等。本朝大为之节制。然而禅规亦严（27，688）。

案："无等"一词，《汉语大词典》仅列一个义项："没有等级差别"。仅举一例，《礼记·内则》："羹食，自诸侯以下至于庶人无等。"当补充上古以后例。

此图后题跋颇多。但记有元人冯海粟学士题云。江南剩得李花开。也被君王强折来。怪底金风冲地起。御园红紫满龙堆。盖指靖康之辱。以寓無往不復之旨（28，707）。

案："無往不復"一词，义为"谓未有往而不返的。谓事物的运动是循环反复的"。《汉语大词典》收有此词，仅举一例，清纪昀《阅微草堂笔记·姑妄听之四》："而物极必反，亦往往于所备之外，有智出其上者，突起而胜之。無往不復，天之道也。"偏晚，可补充书证。不过，《汉语大词典》又收有其异体形式"无往不復"，亦仅举一例，《易·泰》："无平不陂，无往不復。"其实两种书写形式出处相同，只是传写本不同。《汉语大词典》作为两个词条单独立目。

西北士大夫。以战功得世开五等者。有咸宁、靖远之属（5，143）。夏贵溪薄锦衣不屑就。思开五等。致有河套之役。以及于败（8，217）。文臣以勋劳开五等者。自正统王靖远后。在天顺则吴县之徐封武功。成化则浚县之王封威宁（17，429）。江陵当国。文武皆以异礼礼之。边将如戚继光之位三孤。李成梁之封五等，皆自称门下沐恩小的某万叩头跪禀（17，452）。二伯俱以文臣起家拜五等。得连姻帝室。亦是奇事（补1，809）。

案：此处"五等"一词，义为"特指五等之爵"。《汉语大词典》收有此义，仅举一例，唐韩愈《晋公破贼回重拜台司以诗示幕中》诗："将军旧压三司贵，相国新兼五等崇。"当补充更晚书证。

二李在先朝。俱进爵通侯。各领文武重寄。一以忠义殉国。一以功名显重（5，130）。至己酉散馆。林、杨二吉士俱留为史官。今皆显重矣（10，269）。

案：此处"显重"一词，义为"位高势重"。《汉语大词典》收有此义，仅举一例，《三国志·魏志·吕布传》："卿父劝吾协同曹公，绝婚公路；吾今所求无一获，而卿父子并显重，为卿所卖耳！"当补充晋代以后例。

余儿时在京师。与同侪嬉游北中。小儿每见出塾缓步详视者。必哗指曰。可来看假司马温公（26，671）。

案："详视"义为"详细察看"。《汉语大词典》收有此词，仅举一例，《南齐书·陆澄传》："以竟陵王子良得古器……以问澄，澄曰：'北名服匿，单于以与苏武。'子良后详视器底，有字，仿髴可识，如澄所言。"可补充南朝梁以后例。

沈四明告归仅匝岁。而辞疏亦至八十。说者又谓欲挈归德同行。故久不去位。是时相体已扫地矣。又至李晋江则在阁不两月。而居真武庙凡六年。谢事之后章百余。始放归。直如囚之长系。兽之在槛而已。尚可曰相体。曰主恩哉（9，240）。则高此一行徒伤相体耳（12，305）。

案："相体"一词，义为"宰相的风度"。《汉语大词典》收有此词，仅举一例，《金史·完颜奴申传》："金自南渡之后，为宰执者往往无恢复之谋，临事相习低言缓语，互相推让，以为养相体。"当补充元代以后例。

总之心志狂惑。鬼神因而侮之。真妖梦也（28，720）。

案：此处"心志"一词，义为"心性，性情"。《汉语大词典》收有此义，仅

举一例，明顾起元《客座赘语·莠民二则》："百家之中必有莠民，其人或心志凶
虣，或膂力刚强。"

盖此时道教置不谈。而佛氏为中宫及大珰所信向（27，684）。雪先下世。憨
则至今神旺如盛年……多趋缙绅谈时局。以时信向者愈繁（27，693）。

案：此处"信向"一词，义为"信任归向"。《汉语大词典》收有此义，仅举
一例，《资治通鉴·汉宣帝神爵元年》："于是诸降羌及归义羌侯杨玉等怨怒，无所
信向。"胡三省注："无所信向，不信汉，不向汉也。"可补充宋代以后例。

镇江守君许葵东。先人南宫所录士也。少年祈梦于其乡九鲤湖。梦神人告之
曰。子生平功名。一如宋宗泽。自以为他年事业不凡……忽遇暴雨。亟得一古庙
息驾。其门榜则宗汝霖祠也。心已憬然不宁。因巡廊读碑。至后铭诗末句云。许
国之诚。死而后已。读未竟。疾驱还郡。投牒星迈。意恐未必及家（28，720）。

案："星迈"一词，义为"星行"，即早夜急行。或谓连夜急行。《汉语大词典》
收有此词，仅举一例，三国魏明帝《善哉行》："休休六军，咸同斯武。兼涂星迈，
亮兹行阻。"当补充三国以后例。

往年郭江夏行勘楚府。时冯开之先生为予言楚事（3，86）。

案："行勘"一词，义为"进行审问"。《汉语大词典》收有此词，仅举一例，
《明史·楚王桢传》："楚宗人华越等言：'华奎与弟宣化王华壁皆非恭王子……'
礼部侍郎郭正域请行勘。"可稍微提前书证。

（彭元锦）初亦礼为上客。其言渐不验。遂縻留之不遣。托以训子授馆谷。畀
夷婥四人侍之。虚拘者数年。冯虽强羁。忧挠无计（30，**763**）。

案：此处"虚拘"一词，义为"以虚假的礼仪笼络人"。《汉语大词典》收有
此义，仅举一例，《孟子·尽心上》："食而勿爱，豕交之也；爱而不敬，兽畜之也。
恭敬者，币之未将者也。恭敬而无实，君子不可虚拘。"当补充战国以后例。

如梁少白貂裘染。乃一扬州盐客。眷旧院妓杨小环。求其题咏。曲成以百金
为寿（25，640）。

《万历野获篇》词汇研究

案："盐客"一词，义为"盐商"。《汉语大词典》收有此词，仅举一例，清昭
梿《啸亭续录·尤水村》："（尤水村）用浓墨作黑竹，琅玕百尺，颇有凌云之势，
江乡诸盐客多珍重之，名与王梦楼相埒。"始见书证年代可提前。

虞德园吏部。曾为余言。记得前生为张秋左近河间土地。人烟稀少。香火萧
条。偶无聊策杖散步至闸上。见津吏奔走。冠盖如云。急侦之。乃一吏部郎经过
也。因心艳之。旋谒上帝。大被嗔责。云汝且迁冥中要秩。奚羡此尘世热官（27，
703）。

案："要秩"一词，义为"要职"。《汉语大词典》收有此词，仅举一例，唐元
稹《薛公神道碑文铭》："近世诸薛群从伯季，死丧犹相功缌者数十人，迭居中外
要秩，皆邠州刺史宝胤之二世、三世孙。"当补充唐代以后例。

然则三杨后人。俱不能承堂构矣。宁特杜荷房遗爱为千古所慨耶（18，458）。
案：此处"遗爱"一词，义为"指死者遗留下的所爱的人或物"。《汉语大词
典》收有此义，仅举一例，《西湖佳话·六桥才迹》："太后因不悦道：'先帝遗爱
之人，官家如何不惜？'神宗受命，就有个释放之意。"

又龙生三子。一为吉吊。盖与鹿交。遗精而成。能壮阳治阴痿（7，191）。又
若万文康。以首揆久辅宪宗。初因年老病阴痿。得门生御史倪进贤秘方。洗之复
起（21，547）。

案："阴痿"一词，义为"男子性功能衰败，阴茎不举的病症"。《汉语大词典》
收有此词，仅举一例，《史记·五宗世家》："端为人贼戾，又阴痿，一近妇人，病
之数月。"张守节正义："阴痿，不能御妇人。"当补充西汉以后例。

尤其有趣的是，这个义位今天却叫做"阳痿"。《汉语大词典》虽于"阴痿"
下注明"参见'阳痿'"，却未收"阳痿"一词，证明"阳痿"或为后起新词。另
一方面也说明《汉语大词典》的编纂体例未得到贯彻。[1]

余游浙东西诸山。稍入幽邃。时时遇之。但不能逞妖如北地耳（28，729）。

---

[1] 关于参见条目"参而不见"的问题，曲文军曾撰文进行过详细论述。详见曲文军：《论〈汉
语大词典〉相关条目的非相关性问题》，《临沂师范学院学报》2003 年第 5 期。

　　案：此处"幽邃"一词，义为"指僻远之地"。《汉语大词典》收有此义，仅举一例，《三国志·吴志·诸葛恪传》："其幽邃人民，未尝入城邑，对长吏，皆仗兵野逸，白首于林莽。"当补充西晋以后例。

　　今日谈房事者。以为套不可复。亦不宜复。其说甚辨。盖疆围多故。时异势殊。不可执泥隅见（30，786）。

　　案："隅见"一词，义为"片面的识见"。《汉语大词典》收有此词，仅举一例，《茶香室三钞·南海盘陀石》引明末天启年间包汝楫《南中纪闻》："又武当山，圣帝金殿，方广不逾二丈，虽容千人，亦复不窄。此目前道场，明明证据，可破凡夫隅见。"

　　孝宗勤学。凡献替必虚心听纳。故喜讲臣之纳忠。然俞咈之由。皆媒于内侍。可叹也（25，635）。

　　案："俞咈"一词，义为"赞成和反对"，咈，犹言否、不行。《汉语大词典》收有此词，仅举清顾炎武《酬李处士因笃》一例："稍存俞咈词，不害于喝唱。"则此处为新词。可补充书证。

　　今年二沈相公并去。正拟爱立。言官因有内外兼用之议（10，266）。

　　案："爱立"一词，义为"拜相"。《汉语大词典》收有此词，仅举一例，宋钱易《南部新书》丙："元和、太和以来，左右中尉或以幞头纱赠清望者，则明晨必有爱立之制。"当补充宋代以后例。

　　然此类凡元人皆能之。不独西厢为然……俱六字三韵。稳贴圆美（25，639）。

　　案："圆美"一词，义为"圆熟完美"。《汉语大词典》收有此词，仅举一例，宋王直方《王直方诗话》："谢朓尝语沈约曰：'好诗圆美流转如弹丸。'"当补充宋代以后例。

　　丁遂宵遁。徐亦不复阅事还京（17，437）。

　　案："阅事"一词，义为"指办理公务"。《汉语大词典》收有此词，仅举一例，宋袁褧《枫窗小牍》卷上："宫后有崇政殿，阅事之所也。"当补充宋代以后例。

议事者。假先帝为辞。谓金等进燥药、丹药。致大行误服。又用麝香、附子热药。及百花酒吃饮。丹田发热。遂损圣体（8，219）。

案："燥药"一词，义为"药性燥热的药。通称热药"。《汉语大词典》收有此词，仅举一例，北魏贾思勰《齐民要术·养牛马驴骡》："然柏沥、芥子，并是躁药，其徧体患疥者，宜历落班驳以渐涂之，待差更涂余处。一日之中顿涂徧体，则无不死。"燥，一本作"躁"。当补充北魏以后例。

且其时每日赐对无间寒暑。即恤劳亦宜然至末年赐亦渐疏唯每月朔望日各衙门大小堂上官俱有支待酒馔（1，5）。

案："支待"一词，义为"接待"。《汉语大词典》收有此词，仅举一例，元岳伯川《铁拐李》第二折："福童孩儿娶媳妇，六亲相识每吃筵席，你不出去支待，着谁支待？"当补充元代以后例。

昨工部所获门楼之料已有。所少者殿材耳。今其言又如此。若辈第弄纸笔支调。安有力任君事者（补遗1，793）。

案：此处"支调"一词，义为"调度"。《汉语大词典》收有此义，仅举一例，《新唐书·百官志一》："户部……度支郎中、员外郎各一人，掌天下租赋、物产丰约之宜、水陆道涂之利，岁计所出而支调之。"当补充宋代以后例。

王三原、方秉铨。乃云未有传奉。且以诸辅臣任子为言。以拄鼎口。其说竟不行（6，162）。

案：此处"拄"字，义为"堵塞"。《汉语大词典》收有此义，仅举一例，《明史·申时行传》："诸大臣又皆右时行拄言者口，言者益愤，时行以此损物望。"书证可稍微提前。《汉语大字典》未收此义。

陶即驻世。不过成地仙。禅家所不取（28，723）。

案："驻世"一词，义为"长留人世，长寿"。《汉语大词典》收有此词，仅举一例，明吴承恩《寿陈湖东七袠障词序》："世华可驻，悦生为驻世之阶；性率难凝，缮性是悦生之宝。"可补充其他书证。

至如今上初。蓟镇文登之戚少保继光。今宁夏帅萧都督如熏。皆矫矫虎臣。著庸边阃。俱为妻所制。又何也（5，139）。

案："著庸"一词，义为"立功"。《汉语大词典》收有此词，仅举一例，《后汉书·宦者传序》："其能者，则勃貂、管苏有功于楚晋，景监、缪贤着庸于秦赵。"李贤注："著庸谓荐鞅及相如也。"当补充南朝以后例。

有少妇甚材武。或传其国色。且资装巨万（21，537）。

案：此处"资装"一词，义为"嫁妆"。《汉语大词典》收有此义，仅举一例，《隋书·食货志》："老弱耕嫁，不足以救饥馁，妇工纺绩，不足以赡资装。"当补充唐代以后例。

今上初。有徐爵者号樵野。粗能文艺。以罪遣戍。寻逃伍入京。素娴刀笔。遂入大珰冯保幕。为洗罪籍。积官至锦衣都指挥同知。理南镇抚司。江陵相亦曲意礼接之。声势震远近（27，702）。

案："罪籍"一词，义为"罪犯的名册。亦泛指罪戾"。《汉语大词典》收有此词，仅举宋陆游《老学庵笔记》卷四一例："吕吉甫在北都甚爱晁之道，之道方以元符上书谪官，吉甫不敢荐，谓曰：'君才如此，乃自陷罪籍，可惜也。'"当补充宋代以后例。

此外至少还可以为《汉语大词典》中如下孤证词条或义项补充书证：察典、大工（义为"大工程"）、调繁、法家（义为"指包揽诉讼或专写状词之人"）、房帷（义为"泛指内室、闺房"）、秽罝、眷赏、了彻（义为"了悟，见心明性"）、六尚（义为"掌宫掖之政的女官"）、曲全（义为"委曲成全"）、权宠（义为"权力和宠幸"）、慎惜、赎杖、投献（义为"谓将田产托在缙绅名下以减轻赋役"）、万年历、無往不復、西台（义为"官署名。御史台的通称。"）。

第三节　提前最早书证

王力在谈及词典引例时强调指出，"举例要举最早出现这个意义的书中的例子，也就是说要举始见书中的例子……因为了解一个字的意义从什么时候开始具有的，就不至于用后起的意义去解释比较早的书籍，造成望文生义的错误，不符合古人的原义。人们如果能把每个字的意义都指出始见书，功劳就大了，对汉语词汇发展史的研究就立了大功劳了"；"总之，始见书的问题，是编写字典的一个重要问题"①。总的来说，《汉语大词典》对例证的始见书问题处理得很好，超过《辞源》、《辞海》、日本《大汉和辞典》、台湾《中文大辞典》等，但也有不少词条由于引证偏晚，未能正确地反映词条和词义的历史状况，甚至因此误解了词义。莫砺锋曾经就《汉语大词典》"书证迟后"的问题提出过三点意见："首先，《汉语大词典》中有些书证迟后的时间太长，这样会使读者误以为这些词出现的年代很晚。其次，《汉语大词典》中有些书证用了较后出的材料，而这个材料本是根据不可靠的始见出处而转述的，这样就掩盖了以讹传讹的错误。最后，《汉语大词典》中有些书证由于误用了较后的书证，结果使该词条的释义发生了郢书燕说、甚至是南辕北辙的错误。"②就《万历野获编》一书来说，至少可以为《汉语大词典》中 200 多个词语或义项提前始见书证年代。

由于《万历野获编》本身为明末作品，初编作于万历三十四年（1606 年），续编作于万历四十七年（1619 年），全部完成后迄今不到 400 年。故其中的词语的书证相对《汉语大词典》来说最多也就能提前 300 多年，不可能像中古佛经那样，常常出现提前数百年乃至上千年的词语书证。所以我们在处理该书提前书证部分的内容时，拟将该书完成后迄今这近 400 年的时间分为二个阶段：1619－1919年，这段时间为近代汉语的末期及近代汉语到现代汉语的过渡阶段，正好 300 年；1919 年至今，1919 年是学术界认同度最高的现代汉语的最终形成时期③，距《万历野获编》的最后完成时间又正好三百周年。这正好是一个很鲜明、也很有意义的分界线。下面拟举例说明《万历野获编》提前辞书书证的具体情况。

---

①王力：《字典问题杂谈》，词典编辑进修班编：《词书与语言》，湖北人民出版社1985年版，第5页。

②莫砺锋：《关于〈汉语大词典〉"书证迟后"问题的管见》，《福州大学学报》（哲学社会科学版）2001年第3期。

③刁晏斌：《现代汉语史》，福建人民出版社2006年版，第3，11页。

一、《汉语大词典》中引现代例

要之。此辈不可理喻。亦不足深诘也（13，356）。

案："不可理喻"一词，义为"无法跟他讲道理。形容态度蛮横"。《汉语大词典》收有此词，所举二例皆为现代汉语例：巴金（1904—2005）《家》八："他们简直不可理喻，一定要进去，终于被我们的人赶出来了。"王西彦（1914—1999）《一个小人物的愤怒》："她的日益变成暴躁、偏狭，有时竟至横蛮不可理喻，过错完全由他铸成。"偏晚。

此条王宣武《汉语大词典拾补》、王锳《〈汉语大词典〉商补》皆已发之[①]，且二者所举最早例皆为本例。

李西涯之清苦。无复可议。 曹健齐（元）之秽裂。不足挂齿（8，210）。

案："不足挂齿"一词，义为"不值得一提"。语出《汉书·叔孙通传》："此特群盗鼠窃狗盗，何足置齿牙间哉？"《汉语大词典》收有此词，仅举一例，袁鹰（1924— ）《深深的怀念》："这对于以全心全意地为中国人民服务作为唯一宗旨的革命军队……从来是不足挂齿的。"偏晚。且可补充书证。

金章宗时。董解元西厢尚是院本模范。在元末已无人能按谱唱演者。况后世乎（25，649）。

案：此处"唱演"一词，义为"演唱"。《汉语大词典》收有此义，亦仅举一例，吴组缃《山洪》三十："他抬头望一会台上的唱演，又注视一会面前的人们。"偏晚。可补充书证。

十年前矿税盛行。阉人流毒。辄于宝坻县创为银鱼厂。与南对峙（17，431）。

案：此处"对峙"一词，义为"对抗；抗衡"。《汉语大词典》收有此词，所举最早例出自清末民国黄鸿寿《开设资政院》："院中议员以钦选、民选两部分组织而成，两造之分子，隐隐然若两党之对峙。"偏晚。

[①]王宣武：《〈汉语大词典〉拾补》，贵州人民出版社1999年版，第57页；王锳：《〈汉语大词典〉商补》，黄山书社2006年版，第117页。

《万历野获篇》词汇研究

余儿时在京师。与同侪嬉游北中。小儿每见出塾缓步详视者。必哗指曰。可来看假司马温公（26，671）。余儿时在京师。则徐正系狱。都人争道其事（27，702）。弇州谓上初年元旦即进牡丹。而江陵相与冯珰亦各一花。以为异。余儿时在京师。亦闻而未见（28，733）。

案："儿时"一词，义为"儿童时代"。《汉语大词典》收有此词，所举最早例出自鲁迅（1881—1936）《野草·风筝》："我们渐渐谈起儿时的旧事来，我便叙述到这一节，自说少年时代的胡涂。"偏晚。

师已倦游。无意再游辇下。有高足名流方起废促之行。师遂欲大兴其教。慈圣太后素所钦重。亦有意令来创一大寺处之。不意伏机一发。祸不旋踵。两年间丧二导师（27，691）。

案：此处"伏机"一词，义为"潜在的因素"。《汉语大词典》收有此义，仅举一例，郭沫若（1892—1978）《中国古代社会研究》第二篇第一章第二节："这儿是后来奴隶破坏的一个伏机，我们是应该注意的。"偏晚。可补充书证。

京师正阳门楼。毁于火。庚戌年。议重建。时内监同工部官估计、营缮司郎中张嘉言。楚人也。素以负气称（6，174）。

案："估计"一词，义为"根据情况，对事物的性质、数量、变化等做大概的推断"。《汉语大词典》收有此词，所举最早例出自周恩来（1898—1976）《关于党的"六大"的研究。中国革命的性质、任务和前途》："我们不理解这个问题，没有把不平衡的问题同农民战争联系起来，对中国革命的长期性估计不足。"偏晚。

此条《汉语大词典拾补》已发之[①]，所举最早例出自明海瑞《处补练兵银疏》，但未说明本书中亦有此词。

然笔锋恣横酣畅。似尤胜金瓶梅（25，652）。

案：此处"酣畅"一词，义为"感情饱满，表达尽意"。《汉语大词典》收有此义，所举最早例出自鲁迅《中国小说史略》第十九篇："然笔锋恣横酣畅，似尤胜《金瓶梅》。"偏晚。其实，鲁迅是直接引用沈德符的原话，可见《汉语大词典》

[①] 王宣武：《〈汉语大词典〉拾补》，贵州人民出版社1999年版，第57页。

的编者未追溯过这个书证的最早源头。

不数年召入内阁。书机密文字。授修撰（7，181）。

案：此处"机密"一词，义为"重要而秘密"。《汉语大词典》收有此义，仅举曹禺（1910—1996）《北京人》第一幕一例："这间小花厅当年是作为一个谈机密话的地方。"偏晚。又可补充书证。

此等语太尖刻。然于世情则酷肖矣（26，667）。

案：此处"尖刻"一词，义为"尖利；刻薄"。《汉语大词典》收有此义，所举最早例出自鲁迅《华盖集续编·我还不能"带住"》："我自己知道，在中国，我的笔要算较为尖刻的，说话有时也不留情面。"偏晚。

永乐初。发教坊及浣衣局。配象奴。送军营奸宿者。多黄子澄、练子宁、方孝孺、齐泰、卓敬亲属（18，455）。

案：此处"奸宿"一词，义为"奸污"。《汉语大词典》收有此义，仅举一例，瞿秋白（1899—1935）《文艺杂著·鞘声七》："已经十二年来哀求着不少军阀来就地'镇守''督理''巡阅'。成绩好极！真像贞洁女儿求强盗保护，反而任其奸宿。"偏晚。当补充书证。

每年十月开学。十二月止（3，88）。

案：此处"开学"一词，义为"学期开始"。《汉语大词典》收有此义，所举二例皆出自现当代女作家丁玲（1904—1986）的作品，丁玲《小火轮上》："她不愿被人太扰乱了，整个寒假都没下武陵来，只想快点开学。"丁玲《母亲》三："自从这天开学之后，学堂里就热闹了。"偏晚。

其少子学宪时可恨之。每书徐相事。必苛索痛诋。略似牟州之报严（8，209）。

案："苛索"一词，义为"谓苛刻地索取"。《汉语大词典》收有此词，所举最早例出自民国柯劭忞（1850—1933）等《清史稿·世宗纪》："乙亥，命各省落地税、契税勿苛索求盈。"偏晚。

吴郡人口吻尤儇薄。歌谣对偶不绝于时（26，668）。

案：此处"口吻"一词，义为"口气"。《汉语大词典》收有此义，所举最早例出自现代作家茅盾（1896—1981）《昙》五："父亲的口吻开始严厉了，虽然最后一句的调子又转为柔和。"偏晚。

吴门新都诸市骨董者。如幻人之化黄龙。如板桥三娘子之变驴。又如宜君县夷民改换人肢体面目。其贵公子大富人者。日饮蒙汗药。而甘之若饴矣（26，654）。

案：此处"蒙汗药"一词，义为"比喻麻醉人们思想的东西"。由其本义引申而来。《汉语大词典》收有此义，仅举一例，瞿秋白（1899—1935）《文艺杂著续辑·青年的九月》："'布施'许多新式的蒙汗药。而劳动青年的'九月'，国际无产阶级的'九月'，就是要惊醒中了蒙汗药的人们。"偏晚。可补充书证。

又米仲诏进士园。事事模效江南。几如桓温之于刘琨（24，610）。

案："模效"一词，义为"模仿，仿效"。《汉语大词典》收有此词，仅举范文澜（1893—1969）、蔡美彪（1928—　）等《中国通史》第二编第五章第三节一例："汉族人有自己的礼制风俗，为什么要模效外国的礼制风俗。"偏晚。可补充书证。

朱先为将军。有古人风。似不在诸弁下。竟没没无闻。惜哉（补遗3，870）。

案："没没无闻"一词，义为"谓不为人所知"。《汉语大词典》收有此词，所举最早例出自蔡东藩（1877—1945）、许廑父（1891—1953）《民国通俗演义》第一三三回："你我要是见的到此，虽不能和大帅一般威震四海，也不致没没无闻了。"偏晚。

珰怒愤攘臂。至于痛哭欲自裁。赖二司力劝而止（26，666）。

案："怒愤"一词，义为"愤怒"。《汉语大词典》收有此词，所举最早例出自现代作家何其芳（1912—1977）《画梦录·雨前》："一只远来的鹰隼仿佛带着怒愤，对这沉重的天色的怒愤。"偏晚。

二林皆福建之福州人。二吴皆直隶之苏州人。同姓、同郡、同单名。前则同入鳌甲。后则同拜郎署。并馆选见遗。造物播弄。奇巧极矣（15，400）。

案：此处"奇巧"一词，义为"凑巧"。《汉语大词典》收有此义，仅举一例，叶文玲（1942— ）《心香》："世上的事就是这样奇巧！我在村里住下了，没想到，恰恰住在那个姑娘的邻家。"偏晚。当补充书证。

　　况舟皆由近洋。洋中岛屿联络。遇风可依。非如横海而渡。风波难测。比之元人殷明略会道。实为省便（12，324）。按此为元人所濬故道。以避海运不转尖。可免成山诸岛之险。最为省便（12，331）。

　　案："省便"一词，义为"简便"。《汉语大词典》收有此词，所举最早例出自邹韬奋（1895—1944）《萍踪寄语》二六："他听了笑起来，问我钱在哪里，我刚巧在衣袋里有一张汇票，便很省便地随手取出给他看一看，他没有话说。"偏晚。

　　嘉靖末年，海内宴安。士大夫富厚者。以治园亭。教歌舞之隙。间及古玩……延陵则毡太史。云间则朱太史。吾郡项太学、安太学、华户部辈。不吝重赀收购。名播江南（26，654）。

　　案："收购"一词，义为"大量或从各方面收集购买"。《汉语大词典》收有此词，所举最早例出现代作家骆宾基（1917—1994）《旅途》二："他们不积极收购，是有意压价。"偏晚。

　　以孝宗仁恕。而痛嫉此事乃尔（补遗1，816）。

　　案："痛嫉"义为"极其嫉恨"。《汉语大词典》收有此词，仅举一例，鲁迅《伪自由书·言论自由的界限》："焦大以奴才的身分，仗着酒醉，从主子骂起，直到别的一切奴才……结果是主子深恶，奴才痛嫉，给他塞了一嘴马粪。"偏晚。

　　姜弃城当服上刑。台使者怜窦节侠。特委婉开其罪（23，589）。

　　案：此处"委婉"一词，义为"形容言词曲折婉转"。《汉语大词典》收有此义，所举最早例出自冰心（1900—1999）《我的朋友的母亲》："我便委婉的将人们的批评告诉了他。"偏晚。

　　而仇口污蠛。颠倒是非，又有夤州所不及见者（25，631）。

　　案：此处"污蠛"一词，义为"以不实之词诋毁他人"。《汉语大词典》于此词形之此义项下所举最早例为瞿秋白《鬼脸的辩护》》："他们为着要吓退正在剧烈的革命化的群众，故意要造谣，污蔑，诬陷。"偏晚。

帝以大臣保荐。授道官。为右元义。于宣府等边。协助守边（13，337）。未几弥高奏称。身在宣府。运谋协助。请以朝天宫道士朱可元。代己住持（13，338）。

案："协助"一词，义为"帮助；辅助"。《汉语大词典》收有此词，仅举一现代汉语例，毛泽东（1893—1976）《军队内部的民主运动》："关于经济民主，必须使士兵选出的代表有权协助（不是超过）连队首长管理连队的给养和伙食。"偏晚。当补充书证。

初同一任事。后同一卸责（8，209）。

案："卸责"一词，义为"推卸责任"。《汉语大词典》收有此词，仅举一例，沈从文（1902—1988）《从文自传·我上许多课仍然不放下那一本大书》："这些作马匹的同学，总照例非常忠厚可靠，在任何情况下皆不卸责。"偏晚。

按古来求书者。无过赵宋之殷切（1，4）。

案："殷切"一词，义为"深切"。《汉语大词典》收有此词，所举最早例出自民国邹韬奋《萍踪寄语》五："他自己并未曾见过祖国是个什么样子，但因侨胞在国外处处感到切肤之痛，他希望祖国争气的心也异常的殷切。"偏晚。

关白侵朝鲜事起。建白者。章满公车。石司马以集众思为名。多所采纳。其可哂者。如张念华同卿议集浙、直、福、粤四省之兵。入海捣日本之巢。已为悠缪不经之甚（17，438）。

案："悠缪"一词，义为"荒谬"。《汉语大词典》于此词形下仅举一例，鲁迅《中国小说史略》第一篇："右所录十五家……大抵或托古人，或记古事，托人者似子而浅薄，记事者近史而悠缪者也。"偏晚。

其恨之者。至云党倭奴以坏战局（17，437）。

案："战局"一词，义为"战争双方在一定时间、一定战区内形成的局势"。《汉语大词典》收有此词，所举最早例出自周恩来《一年来的谈判及前途》："假使再打半年到一年，战局一定要改观。"偏晚。

时内臣曲媚孝肃。致英宗在天之灵。终於不安（3，77）。然谈者至今叹功之终於可成。惜徐未尽其用（12，320）。按失印一事。与唐裴度中书印相类。但裴旋得之。而此终於失耳（补遗2，832）。

案："终於"一词，义为"终究；到底"。《汉语大词典》未收此词形，而收有其异体形式"终于"，所举最早例出自朱自清（1898—1948）《背影》："但最近两年的不见，他终于忘却我的不好，只是惦记着我，惦记着我的儿子。"偏晚。

闻君家子不语者已不来。果乎（28，727）。

案："子不语"一词，典出《论语·述而》："子不语怪力乱神。"后因以"子不语"指怪异的事物。《汉语大词典》收有此词，仅举一例，茅盾《子夜》一："他（吴老太爷）只好让他们（子女）从他的'堡寨'里抬出来，上了云飞轮船，终于又上了这'子不语'的怪物——汽车。"偏晚。可补充书证。

二、《汉语大词典》中引近代更晚书证

甲午春。南祭酒陆可教有刻书一疏。谓文皇帝所修永乐大典。人间未见。宜分颁巡方御使各任一种。校刊汇成……上即允行。至今未闻颁发也（25，637）。

案：此处"颁发"一词，义为"公布、发布命令、指示、政策等"。《汉语大词典》收有此义，所举最早例出自清末陈康祺（1840—1890）《郎潜纪闻》卷六："自顺治十五年后，会试及顺天乡试头场'四书'三题，由钦命密封，送内帘官刊印颁发。"则此处为新词兼新义了。

及至夺情恋位。一切保留（2，61）。保留宰相。事不经见。惟隆庆初。留徐华亭者最多（8，221）。又初夺情时。南北大小臣僚保留（9，232）。丁丑江陵夺情。公疏保留者。在言官则吏科都给事中陈三谟（19，504）。

案：此处"保留"一词，义为"保举留任"。《汉语大词典》收有此义，仅举清末陈康祺《郎潜纪闻》卷六一例："沈琨初直军机，由中书选佛山同知，以忧归，服阕。阿文成、王文端二公，交章保留，仍在军机行走。"则此处可算新词兼新义了。

《万历野获篇》词汇研究

凡立功之人故绝。同时亲子侄方许如律保送（20，154）。

案："保送"一词，义为"保举选送"。《汉语大词典》收有此词，所举最早例出自清袁枚（1716—1798）《随园诗话》卷十五："宋咸淳辛未，正言陈伯大议：……年十五以上能文者，许其乡之贡士结状保送。"偏晚。

又忆乙酉年。吾乡马廓庵比部。疏论时宰。侵及诸言官。谪山西马邑典史。时御史滇人孙愈贤。按宣大。正马所首纠者。盖铨地有意困之也（11，293）。吾乡吴生白比部。故刘司空督学浙江时所赏拔士也（19，486）。秦灵虚比部。疏救七人。张亦预焉（20，515）。义兴僧孤松名慧秀。能诗有俊调。其人亦潇洒不俗。为吴彻如比部所厚（27，694）。

案："比部"一词，义为"明清时对刑部及其司官的习称"。《汉语大词典》收有此词，所举最早例出自清恽敬（1757—1817）《前光禄寺卿伊公祠堂碑铭》》："居贫实乐，居丧实忧，吾于伊比部见之。"偏晚。且释义既明言包含明代，却所举二例皆为清代例，未举明代例，不妥。

以上诸公皆无锡发解前辈……又皆起家壁经。故同里合举以诮之（26，670）。

案：此处"壁经"一词，义为"汉代发现于孔子宅壁中藏书"。近人认为这些书是战国时的写本，至秦始皇焚书坑儒时，孔子八世孙孔鲋（或谓鲋弟腾）藏入壁中的。亦称"壁书"。亦称"壁中书"。《汉语大词典》收有此义，所举最早例出自清方东树（1772—1851）《汉学商兑》卷中之下："今谓《说文》未作，《五经》不得本解，殊为慎误，至壁经自是古文……所谓书孔氏者，必是壁书本来字体如此。"偏晚。

五代迄宋所谓柴汝官哥定诸窑。尤脆薄易相。故以近出者当之。始于一二雅人。赏识摩娑。滥觞于江南好事缙绅。波靡于新安耳食。诸大估曰千曰百。动辄倾囊相酬（26，653）。

案：此处"波靡"义为"波及，扩散"。《汉语大词典》收有此词，所举最早例出自梁启超《暴动与外国干涉》》："其暴动所波靡之面积百倍于彼。"偏晚。

大理少卿王用汲。则单疏专劾守仁为悖叛朱晦庵……则又剿袭风闻仇口也

（14，363）。

案："剿袭"义为"剽窃人言以为己说"。《汉语大词典》收有此词，所举最早例出自《红楼梦》第二一回："无端弄笔是何人？剿袭《南华》庄子文。"偏晚。

王振窃柄已久。则此举必当谏止。乃以白简助其焰。未一年而身亦缨此罚矣。岂真出尔反尔哉（18，457）。

案：此处"出尔反尔"一词，义为"你如何对待别人，别人也如何对待你的意思"。《汉语大词典》收有此义，所举最早例出自晚清《老残游记》第十九回："宫保说：'前日捧读大札，不料玉守残酷如此，实是兄弟之罪，将来总当设法。但目下不敢出尔反尔，似非对君父之道。'"偏晚。则此处为新词兼新义了。当然，这个词的语源是很早的，出自《孟子·梁惠王下》："曾子曰：'戒之戒之！出乎尔者，反乎尔者也。'"

及燕师日迫。又劝建文罢兵息战。许燕王入朝。设有蹉跌。须举位让之。不失作藩王（28，709）。虏之盘踞日深。我之士马日耗。陡议大举。人心已摇。主上亦虑万一蹉跌。噬脐无及（17，432）。

案：上举"蹉跌"一词，义为"比喻受挫、失势"。《汉语大词典》收有此义，所举最早例出自清末民国张春帆（1872—1935）《九尾龟》第八三回："只要等这件事情冷了些儿，那时仍旧可以出来的，虽然暂时蹉跌一下子，却得了个天字第一号上好的名声。"偏晚。

二臣皆自广东而来。臣问其居家何状。应曰。此老大概好异。作事多不近人情（补遗3，886）。

案：此处"大概"一词，义为"表示有很大的可能性"。《汉语大词典》收有此义，所举最早例出自清吴敬梓（1701—1754）《儒林外史》第四九回："二来又忝在同班，将来补选了，大概总在一处。"偏晚。

顷己亥岁。粤东珠池内臣李凤。始命蛋人以馀技试之下岩。皮囊绞水穷日夜。久之始见（26，661）。水复大至。蛋人几溺。旋泅以出（26，661）。

案："蛋人"一词，义为"南方沿海从事渔业的水上居民"。 蛋，同"蜑"。

《汉语大词典》收有此词，仅举一例，清王韬（1828—1897）《请建蒋祠议》："甚或勾蛋人以助虐，串蠹弁以均肥。"偏晚。又可补充书证。

嘉靖乙丑春。千步廊毁于火。先朝所贮疏稿底本。俱成煨烬（19，501）。

案：此处"底本"一词，义为"底稿"。《汉语大词典》收有此义，仅举如清恽敬（1757—1817）《与黄香石》一例，："谨将原稿送呈，希饬贵高足钞录后即见掷，并无底本也。"偏晚。又可补充书证。

按允绳之死固冤。但疏参寺丞胡膏时。引内臣杜泰诬诮故少卿马从谦。盗用大官食物。欲比例中以死法。膏恨怒反噬。因之得罪（13，347）。

案：此处"反噬"一词，义为"比喻罪犯诬指检举人为同谋。亦泛指自己办了坏事反而诬陷别人"。《汉语大词典》收有此义，所举最早例出自清昭梿（1776—1828）《啸亭杂录·赵护卫》》："邸中有护卫双爱者，出境滋事，先人劾之，爱因反噬为奉先人命者，而引护卫为证。"则此处为新义。

乙卯四月。张差阍宫事起。一说主风癫轻结。以安储宫。一说主根究重处。以绝祸本。其是非未敢定。而争构纷起。各以恶语相遗。度其寻端。正未已也（18，475）。

案：此处"风癫"一词，义为"疯癫。指精神错乱失常"。《汉语大词典》收有此词，仅举一例，清李慈铭（1830—1894）《越缦堂读书记·三朝要典》："巡视御史刘廷元奏称，'迹似风癫，貌实黠猾'，其亦言之慎矣。"则此处为新词。当补充书证。

又：此处"寻端"一词，义为"寻找事端"。《汉语大词典》收有此义，仅举一例，《儿女英雄传》第二七回："他不是左丢一鼻子，便是右扯一眼，甚至指桑骂槐，寻端觅衅。"此处为新义。当补充书证。

丰坊先生为主事。值大礼议起。欲考献皇。同衙门有公本争之。坊附名（20，508）。

案：此处"附名"一词，义为"在人家名字后边加署姓名"。《汉语大词典》收有此义，仅举一例，清昭梿《啸亭续录·吴南溪》："上询之，文和曰：'臣欲用笔附名于折尾也。'"此处为新义。当补充书证。

　　顷年上偶违豫。慈圣为祷于药王祠。未几圣躬复原（24，617）

　　案：此处"复原"一词，义为"病后恢复健康"。《汉语大词典》收有此词，所举最早例出自清末吴炽昌（生卒年无考）《客窗闲话续集·语怪》》："沈孝廉忽患时症，头痛身热……药补其脑，当能复原矣，何以沈孝廉 终身不复也？"本例为新词兼新义。

　　（江钟廉）比至献县未视事。即罹此变。哀痛不欲生。亟解官去。旋以瞀废。虽改教不能再出矣（28，724）。

　　案："改教"一词，义为"改任教官"。旧时教官简称教。《汉语大词典》收有此词，仅举一例，《二十年目睹之怪现状》第六十回："他此刻随便出个考语，说我'心地糊涂'……我还到那里同他辩去呢。这个还是改教的局面。"偏晚。可补充书证。

　　今矿税流毒。遍满区宇。动以三殿两宫大工为辞。且云停止有日。正不知告竣何日也（补遗4，921）。

　　案：此处"告竣"一词， 义为"宣告完毕，完成（多指较大的工程）"。《汉语大词典》收有此义，所举最早例出自清沈复（1763—1825）《浮生六记·浪游记快》》："余适恭逢南巡盛典，各工告竣，敬演接驾点缀，因得畅其大观。"偏晚。

　　及德裕随驾。又携至闽中。至莆田舟覆。人砚俱没。尽为彼中土人所得。正嘉中。士绅始知贵重。流入吴中争购之（26，661）。聚骨扇。自吴制之外。惟川扇称佳。其精雅则宜士人。其华灿则宜艳女。至于正龙、侧龙、百龙、百鹿、百鸟之属。尤宫掖所尚。溢出人间。尤贵重可宝（26，662）。

　　案：此处"贵重"一词，义为"价值高；珍贵"。《汉语大词典》收有此义，所举最早例出自《红楼梦》第二四回："像这贵重的，都送给亲友，所以我得了些冰片、麝香。"偏晚。

　　（穆象元）少时为诸生。被召为冥吏。每以夜分入幽府决事。间遇亲识逮系者。

亦委曲为道地。或得回生。或附轻比。往往有之（28，721）。

案：此处"回生"一词，义为"复苏"。《汉语大词典》收有此义，仅举一例，清吴谦（1689—1759）等编《医宗金鉴·头面部·颠顶骨》："夫冲撞损伤，则筋脉强硬，频频揉摩，则心血来复，命脉流通；即可回生。"偏晚。可补充书证。

永乐二年甲申。会元又馆元杨相。为辅臣士奇侄（15，397）。董中峰以会元鼎甲。负一代重名。乃作此丧心事（补遗2，845）。是科。会元邹东郭。状元杨升庵。真无忝科名（补遗2，862）。

案：此处"会元"一词，义为"科举时代，乡试中式为举人。举人会试中式第一名为会元"。《汉语大词典》收有此义，所举最早例出自清钱泳（1759—1844）《履园丛话·科第·鼎甲》》："顺治乙未会试，题'诗可以兴'七句。会元秦鉽卷，本房以为平而弃之。"偏晚。

如节慎库一差。本冬曹职掌。巡视者不过司监督稽察其弊耳（19，488）。

案："稽察"一词，义为"检查"。《汉语大词典》收有此词，所举最早例出自清林则徐（1785—1850）《札各学教官严查生员有无吸烟造册互保》："转以为无人稽察，不知痛改前非。"偏晚。

此书藏之秘阁。未几文皇迁都。往来无定。且犁庭四出。多修马上之业。未暇寻讨。即列圣亦不闻有简阅展视者（补遗1，789）

案：此处"简阅"一词，义为"翻检查阅"。《汉语大词典》收有此义，仅举一例，章炳麟（1869—1936）《致□□二子书》："简阅传文，知二子昔日，曾以'纪孔保皇'为职志。"偏晚。

项公虽名臣。不闻善风角。而奇中乃尔。信乎前辈多能。不肯炫鬻见长（17，434）。

案："见长"一词，义为"显得有特长"。《汉语大词典》收有此词，所举最早例出自清文康《儿女英雄传》第二一回："那等安享升平的时候，谁又肯无端的找些事来取巧见长，反弄到平民受累？"偏晚。

饮茶精洁无过于近年。讲究既备。烹沦有时。且采焙俱用芽柯。无碾造之劳。而真味毕现。盖始于本朝（补遗2，850）。

案：此处"讲究"一词，义为"考究，谓力求精美完善。亦指精美完善"。《汉语大词典》收有此义，所举最早例出自清李伯元(1867—906)《官场现形记》第六回："另外有个小厨房，饮食极其讲究。"偏晚。

似此局势。即使孝宗犹在御。华容公亦未必善去也（7，192）。

案：此处"局势"一词，义为"事物发展的趋向或状况"。《汉语大词典》收有此义，所举最早例出自清末薛福成（1838—1894）《援越南议上》》："今之局势与古稍异。"偏晚。

屠亦能新声。颇以自炫。每剧场则阑入群优中作技（25，645）。

案："剧场"一词，义为"供演出戏剧、歌舞等用的场所。亦称戏院、戏园、剧院"。《汉语大词典》收有此词，所举最早例出自清末龚自珍（1792—1841）《人草稿》诗："剧场不见收，我固怜其真。"偏晚。

（灵岩山）其石最佳者中砚材。次亦当碑碣用。年来山麓居民与石户为奸。据为己有。日夜椎凿。巉岏颓堕。非复旧观（24，618）。彼思陆者。以逆子逌诛潜复奋起。复父祖仇耻。反夺其地。据为己有，虽故封失守。而取偿于仇邻。再领民社者又将二百年（补遗4，930）。

案："据为己有"一词，义为"把不是自己的东西占为自己所有"。《汉语大词典》收有此词，所举最早例出自清末谴责小说不题撰人《官场维新记》第六回："（袁伯珍）便想夺他的利权，据为己有。"偏晚。

又：此处"椎凿"一词，义为"用槌子锤，用凿子凿"。《汉语大词典》收有此义，仅举一例，清阮元（1764—1849）《小沧浪笔谈》卷三："石下各刻一线为界，下线之下，有碎点星星，殆椎凿使然。"偏晚。可补充书证。

至辛亥大计。主事与给事俱坐镌级。物论亦有不平之者。终称给事负枉。争为昭雪。荐剡满公车（19，488）。又冯文所（时可）辛巳年已为贵州督学副使。屡起屡踬。丙辰亦大计镌级。（20，521）。

《万历野获篇》词汇研究

案："镌级"一词，义为"降低官阶，降职"。《汉语大词典》收有此词，所举最早例出自清钱泳《履园丛话·耆旧·耘松观察》》："未几，擢贵州贵西兵备道，而以广州谳事镌级。遂乞养，归田十年，母既终，不复出。"偏晚。

俄何出光亦有参疏至。诋慎行抗违明旨。蒙蔽弄权（补遗2，862）。

案："抗违"一词，义为"违抗"。《汉语大词典》收有此词，所举最早例出自《红楼梦》第五三回："你到那里，自然是爷了，没人敢抗违你。"偏晚。

丁酉秋应天河南。又有程策雷同事。为时所讥（6，172）。世宗朝夏文愍治白鸥园。有堂名赐闲。即以名其刻本诗集。今尚行世。而近日吴门申瑶泉相公谢事归。亦构别业名赐闲堂。刻图记署诗文俱用之。同为首揆。相去不数十年。何以雷同至此（9，241）。如霖所云。则蹈袭雷同之文。且戾旨背理。今其文不然（补遗2，858）。

案：此处"雷同"一词，义为"相同"。《汉语大词典》收有此义，所举最早例出自清钱泳《履园丛话·艺能·营造》："造屋之工，当以扬州为第一，如作文之有变换，无雷同。"此处可算新义。

盖中官相承。窟穴深固。虽以世庙初年。新都相之肃清。今上初年。江陵相之严刻。亦无所措手。国计之匮。此第一漏卮也（补遗1，812）。

案：此处"漏卮"一词，义为"比喻利权外溢"。《汉语大词典》收有此义，所举最早例出自清夏燮（1800—1875）《中西纪事·盐茶裕课》："国家财赋之入，自地丁外，则盐课其最也。然五百七十余万之岁额，其漏卮为不少矣！"偏晚。

犹忆戊子春。娄上王辰玉、松江董元宰入都。名噪一时。士人皆以前茅让人（16，421）。

案："名噪一时"一词，义为"名声传扬于一个时期"。《汉语大词典》收有此词，所举最早例出自清宣鼎（1832—1880）《夜雨秋灯录三集·科场》》："朱半仙，时文中之能手也，名噪一时。"偏晚。

又：此处"前茅"一词，义为"谓考试成绩或其他方面与他人相比处于前列"。《汉语大词典》收有此词，所举最早例出自清蒲松龄《聊斋志异·郭生》："自以屡拔前茅，心气颇高，以是益疑狐妄。"偏晚。

雪浪自此汗漫江湖。曾至吴越间。士女如狂。受戒礼拜者。摩肩接踵。城郭为之罢市（27，693）。

案："摩肩接踵"义为"肩挨肩，脚碰脚。形容人多拥挤"。《汉语大词典》收有此词，所举最早例出自清咸丰、同治年间倦圃野老《庚癸纪略·辛酉》："十二月二十日，连日市上贼众往来，昼夜摩肩接踵，食物昂贵，从来未有。"偏晚。

今北场及会场朱卷。皆以开榜时。立刻送部磨勘。无复遗失事矣（15，390）。

案：此处"磨勘"一词，义为"科举时代对乡、会试卷派翰林院儒臣等复核，称'磨勘'"。《汉语大词典》收有此义，仅举清末陶福履（1853—1911）《常谈·磨勘》一例："唐开元二十五年，礼部侍郎姚亦奏请应试进士等唱第讫，其所试杂文及策送中书门下详覆。此磨勘所由昉也。国朝康熙四十一年壬午科，始磨勘乡试朱墨卷。乾隆元年，户部侍郎李绂奏请增派翰、詹、科、道官磨勘。"偏晚。当补充书证。

永乐间。仙女焦奉真奉诏召入京。荐其母舅冯仲彝为太常寺丞（27，704）。次日。其魂即叩母舅扉索命。张不数日暴卒（28，712）。

案："母舅"一词，义为"母亲的弟兄。俗称舅父、舅舅"。《汉语大词典》收有此词，所举最早例出自清吴敬梓（1701—1754）《儒林外史》第二回："先年俺有一个母舅，一口长斋。"偏晚。

至甲午应天乡试。李晋江为主考。出管仲之器为首题。冯为南掌院。作拟程一首。为一时脍炙（16，416）。

案："拟程"一词，义为"科举制度中主考官拟作的示范文章。又称拟墨"。《汉语大词典》收有此词，仅举一例，清阮葵生（1727—1789）《茶余客话》卷十六："主司改窜刻录曰程文，主司拟作之文曰拟程……近以主司之拟程为程文，未知所本。"偏晚。又当补充书证。

顷岁丁酉。冯开之年伯为南京祭酒。东南名士云集金陵。时屠长卿年伯久废。

奉新恩诏复冠带（26，676）。

案："年伯"一词，义为"科举时代为对父亲同年登科者的尊称，明代中叶以后亦用以称同年的父亲或伯叔，后用以泛指父辈"。《汉语大词典》收有此词，所举最早例出自清乾隆年间王应奎（1732—?）《柳南随笔》卷二十二："前明正、嘉以前，风俗犹为近古，必父之同年，方称年伯，而同年之父，即不尔。"偏晚。

武官袭替。例有赀为凭……近世作伪者多凭空捏造（补遗4，934）。

案：此处"凭空"一词，义为"无根无据"。《汉语大词典》收有此义，所举最早例出自清江藩（1761—1831）《经解入门·有训诂之学》》："国朝经学家如顾氏、阎氏而下，亦皆精通乎此，故能上接汉代，且有发汉儒所未发者。不然，凭空臆造，蒐古又熟甚哉？"偏晚。

（冯少宰）见心圣人之心五字。大喜以为奇绝。立命本房加批点评语。即以入毂（16，425）。

案："评语"一词，义为"评论的话"。《汉语大词典》收有此词，所举最早例出自清代中后期唐鉴（1778—1861）《廪贡生王府君墓志铭》》："昔年官京师，阅倭艮峯日记，见其上方评语，有曰'子涵子洁'者，问之，则其河南同志王检心、王涤心也。"偏晚。

仙居吴悟斋。以先朝直臣。拜左都御史。领西台。适戊子北场事起。覆试中式者八人。时原参官。礼部郎高凤翥亦同评阅（13，350）。

案："评阅"一词，义为"阅览评审"。《汉语大词典》收有此词，所举最早例出自《红楼梦》第三七回："宝玉道：'稻香老农虽不善作，却善看，又最公道，你的评阅，我们是都服的。'"偏晚。

迨嘉兴事宁后报命。乃以原官。改佥都御史。清理两浙盐法（17，434）。

案：此处"清理"一词，义为"彻底整理或处理"。《汉语大词典》收有此义，所举最早例出自晚清吴趼人（1867－1910）《二十年目睹之怪现状》第九五回："不料当到第三年上，忽然来了个九省钦差，是奉旨到九省地方清理财赋的。"偏晚。

紫柏名震东南。缙绅趋之如鹜（27，692）。

案："趋之如鹜"一词，义为"像野鸭成群而往。比喻很多人争相趋附、前往"。《汉语大词典》未收此词，而收有其平行词"趋之若鹜、趋之如鹜"。所举最早例出自清袁枚《随园诗话》卷十一："毕尚书宏奖风流，一时学士文人趋之如鹜。"偏晚。此处"鹜"或通"鹜"，或为"鹜"的误字。

又二十五年丙寅。而龙驭始上升（2，65）。

案：此处"上升"一词，义为"用作'死亡'的讳称"。《汉语大词典》收有此义，仅举一例，清末刘鹗（1857—1909）《老残游记》第十一回："大约甲戌穆宗毅皇帝上升，大局为之一变。"偏晚。

会王氏夫死。一平构娶为配。造为指南经等妖书。令天宠等诸党投散各省会。以及两京（29，754）。

案："省会"一词，义为"省行政机关所在地"。《汉语大词典》收有此词，所举最早例出自清冯桂芬（1809—1874）《重儒官议》》："移书院于明伦堂侧，建精庐，可容一二百人，郡县主之，省会则督抚学政主之。"偏晚。

即间有建白者。多旁訾掣其肘。盖虑始甚难。小有蹉跌。罪及首事（12，323）。

案：此处"首事"一词，义为"指出头主管其事的人"。《汉语大词典》收有此义，所举最早例出自晚清刘鹗（1857—1909）《老残游记》第二十回："王子谨同老残坐了两乘轿子，来到齐东村，早有地保同首事备下了公馆。"偏晚。

又山坡羊者李、何二公所喜。今南北词俱有此名。但北方惟盛。爱数落山坡羊（25，647）。

案：此处"数落"一词，义为"不住地述说"。《汉语大词典》收有此义，所举最早例出自《儿女英雄传》第二十回："（安太太）一面哭着，一面数落道：'我的孩子！你可心疼死大娘子！拿着你这样一个好心人，老天怎么也不可怜可怜你，叫你受这样儿的苦哟！'"则此处为新义。

（同卿）偶与金吾小隙。因而争讦者累岁。彼此各数十疏。小而帷薄琐屑。大而不轨逆谋。靡不登之奏牍。总之皆讼师巷口。无一语实者（21，538）。

案：此处"琐屑"一词，义为"指细小、琐碎的事情"。《汉语大词典》收有此义，所举最早例出自清末魏秀仁（1819—1874）《花月痕》第四九回："你的权大事多，这琐屑也不合大将军计较。"偏晚。

宰相裴光庭。娶武三思女为妻。高力士与之私通。则不但有正室。且有外遇矣（6，177）。徐此后遂患狂易。疑其继室有外遇。无故杀之（23，581）。西门庆则一呆憨男子。坐视妻妾外遇（25，652）。

案："外遇"一词，义为"指丈夫或妻子在外面不正当的男女关系。亦指与丈夫或妻子有不正当男女关系的人"。《汉语大词典》收有此词，所举最早例出自清纪昀《阅微草堂笔记·滦阳消夏录六》》："妇故妒悍，以为夫有外遇也；愤不可忍，遽以拍痛击。"偏晚。

吏部大选。加午饭一顿。兵部则无之（11，289）。

案：此处"午饭"一词，义为"中午的饭食"。《汉语大词典》收有此义，所举最早例出自晚清吴趼人《二十年目睹之怪现状》第四回："开出午饭来，便有几个同事都过来同着吃饭。"偏晚。

遇升迁用人。选君独至太宰火房。面决可否（11，286）。吏部选君。虽握重权。其位不过郎吏耳（11，287）。谢选君同乡相善。破格用之（11，296）。其子故选君继疏方起清卿向用。而孙富平掌铨。又旧堂属相知（13，340）。

案："选君"一词，义为"指在吏部任职的人"。《汉语大词典》收有此词，仅举一例，清蒋士铨（1725—1785）《临川梦·改梦》："今日京中选君李维桢有书相寄，说朝右慕兄才望，将征兄进京为吏部郎，托我致意，故来相告。"偏晚。当补充书证。

成化以前。粮户解纳白粮及合用料物。户工二部。委官同科道官验收。乃运送内府。粮户不与内臣相接（补遗2，848）。

案："验收"一词，义为"按照一定标准进行检验而后收下"。《汉语大词典》收有此词，所举最早例出自清李绿园（1707—1790）《歧路灯》第二五回："绍闻明知张祖绳在大门外看着车子，验收运钱，心中大加发急。"偏晚。

至穆宗以壮龄御宇。亦为内官所蛊。循用此等药物。致损圣体。阳物昼夜不仆。遂不能视朝（21，547）

案："此处"阳物"一词，义为"指男性生殖器"。《汉语大词典》收有此义，仅举一例，清薛福成（1838—1894）《庸盦笔记·轶闻·谳狱引律同而不同》："有一人便旋于路，偶为妇人所见，其人对之而笑，且以手自指其阳物，妇人归而自缢。"偏晚。

此儿罪自当死。何至为厉求偿。将毋夙世冤对耶（28，713）。然此妇何不祸彼夫妇以伸枉抑。而现形怖人。卒陷无辜于贬窜。殆亦前生冤对云（28，724）。

案："冤对"一词，义为"冤家对头"。《汉语大词典》收有此词，所举最早例出自作于道光六年至二十七年（1826—1847）的《荡寇志》第七四回："你不省得，这厮不止一刀一剑的罪，他恶贯满时，自有冤对惩治他。"偏晚。

惟次第非复本来。然颇便于展览（《补遗》序，5）。

案：此处"展览"一词，义为"打开观看"。《汉语大词典》收有此义，仅举一例，梁启超（1873—1929）《亚洲地理大势论》："李义山诗云：'自是当时天帝醉，不关秦地有山河。'展览坤图，不禁且歆且妒，而且悚惶也。"此序作于清康熙间，故《汉语大词典》书证偏晚。

城外一花园。壮丽敞豁。侔于勋戚。管园苍头。及司洒扫者至数十人。问之乃车头洪仁别业也。本推挽长夫。不十年即至此（19，487）。

案："长夫"义为"旧时搬运工人中的工头"。《汉语大词典》收有此词，仅举一例，《二十年目睹之怪现状》第六二回："等到要起货时，归库房长夫经手，不是长夫忙得没有工夫，便是没有小工，给你一个三天起不清。"简夷之注："当时称搬运工人为小工，称领导小工的人为长夫，后来又称工头。"偏晚。可补充书证。

贺不能堪。又作驳驳漫录评正。则语愈支蔓。且讦伍过端近于巷口（25，632）。

案：此处"支蔓"一词，义为"芜蔓啰唆，不得要领"。《汉语大词典》收有

《万历野获篇》词汇研究

此义，所举最早例出自清陈鳣（1753—1817）《对策》卷四："刘昫等撰《唐书》，长庆以前，本纪简而有体，列传叙述详明。以后纪多支蔓，传失空疏，所谓繁略不均也。"偏晚。

（刘台）出按辽左。时方奏捷（19，492）。

案：此处"奏捷"一词，义为"战争获胜"。《汉语大词典》收有此义，仅举一例，清昭梿《啸亭杂录·陆中丞》："已而官兵奏捷，一城鸡犬不惊焉。"稍晚。可补充书证。

先是守仁与陈献章、胡居仁俱得旨崇祀。已定至次年。而唐始阻止（14，360）。

案："阻止"一词，义为"阻拦制止"。《汉语大词典》收有此词，所举最早例出自晚清《儿女英雄传》第十六回："你既受他的恩情，又合他师弟相关，也该阻止他一番才是，怎的看了他这等轻举妄动起来？"偏晚。

正如韩平原攻道学而败。贾秋壑继之。自度必不能胜。乃厚加宠命。以博其誉。事若相反。而作用则一也（补遗2，846）。

案：此处"作用"一词，义为"用心、用意"。《汉语大词典》收有此义，所举最早例出自清王筠（1784—1854）《菉友肊说》："比较《左传》'投诸四夷，以御魑魅'，尤见圣人作用。"偏晚。

此外，至少还有如下词条或义项可以在《万历野获编》中找到更早的书证：谙练（义为"明晓事理，历练老成"）、保留（义为"保举留任"）、便计（义为"简便易行的打算"）、濒危、部属（义为"旧指中央六部各司署的属官"）、不得要领（义为"没有抓住关键或要点"）、承题、丑态、创作（义为"始创"）、椎埋（义为"指偷盗抢杀的恶徒或盗墓者"）、旦晚、登场（义为"特指剧中人登上舞台"）、底稿、递加、恩贡、发舒（义为"无约束"）、烦冗（义为"谓事务繁杂"）、房稿、房考、坊局、废籍（义为"指废员"）、罣误、官生、馆选、鬼箓（义为"指在鬼录，死亡。"）、贵近（义为"指显贵而亲近"）、回赎、火夫（义为"明代北京官署掌灯的差役"）、惑溺、急需、监犯、讲款、降级、矫健（义为"强健有力"）、借端、借题、矜疑、晋秩、纠缠（义为"搅扰不休"）、救护（义为"指古代日、月

蚀时举行的祈祷仪式。")、居停、颓堕、峻超、开朗（义为"明朗"）、开明（义为
"开列清楚"）、锒铛（义为"表示被铁链子锁着"）、狼籍（义为"折磨"）、厉禁
（义为"严禁；禁令"）、凉薄（义为"淡薄"）、粮户（义为"缴纳田赋之民户"）、
两败俱伤（义为"指双方争斗，结果都受到损失"）、美差、渺小（义为"藐小；
微"）、明晰、墨卷（义为"明清科举制试卷名目之一。乡试、会试时，应试者用
墨笔书写试卷，称墨卷"）、墨吏、破格（义为"突破常规；不拘成格"）、扑责、
清卿（义为"显贵的官职"）、确当、稔知、辱詈、上台（义为"上司，上官"）、
声口（义为"言语"）、首揆、岁贡、体面（义为"面子；名誉"）、调剂（义为"调
解"）、途径、完密、巍焕、位业、闻问（义为"音信"）、诬伏、西市、香火（义
为"供奉神佛之所"）、向道（义为"引路或引路的人"）、象奴、心折（义为"佩
服"）、选郎、隐情（义为"难言的事情"）、迁癖、谀语、置辨（义为"申辩；反
驳"）、忠爱、株累、转圜（义为"挽回"）、棹楔（义为"门旁表宅树坊的木柱"）、
姿首。其中有不少条目在《汉语大词典》中只有孤证，《万历野获编》可以为其补
充书证。

第四节　推迟最晚书证

　　我们认为，在编纂语文辞书，尤其是大型语文辞书时，首例时代偏晚，固然
会导致读者对词语的历史状况的认识出现偏差，甚至误解词义；末例时代偏早，
同样会让读者，尤其是语文水平不太高的读者，对词语的历史认知发生错误，甚
至严重地误解词义。很多词语或者义项，特别是那些历史上曾经比较常用，而且
存活过较长历史时期，而现代完全不用或基本不用的词语或义项，如果《汉语大
词典》这类大型工具书只收有其较早期的书证，而不收其较晚期的书证，一方面
违背了其"古今兼收，源流并重"的编纂方针，更为严重的是，很容易让那些语
文水平不太高的读者误认为那些晚期作品中出现的同样的词语已不适于用辞书中
给出的意义去理解，于是乎自己煞费苦心地给它们作了个解释，从而直接导致对
词义和文献的误解。更为复杂的情况发生在那些本来就义项比较繁多，各个义项
之间关系极为密切，而《汉语大词典》又只列出了某个或某些义项早期的书证，

《万历野获篇》词汇研究

但实际上这个或这几个义项的存活时间远远较《汉语大词典》给出的最晚书证时代更晚，但现代汉语中又基本绝迹，从而很难准确索解的词条。这种情况确实很多时候令人无所适从，如坠五里云中。我想虽然鄙人愚钝，但自问对语言文字还算比较敏感，且和它们打交道的时间也不算太短，有时尚且会有这种感觉，遑论一般读者？另外，尤其是那些近代汉语甚至现代汉语中还在使用的词语或义项，仅举中古汉语甚至上古汉语的书证是很说不过去的。王宣武在《汉语大词典拾补》中特地在"书证拾补"部分将"末例时代偏早"与"首例时代偏晚"并举，我们认为这是很有见地的一个举措。不过，在其著作中对有些词条或义项补出的末例时代与《汉语大词典》的末例书证时代相差并不太远，似无太大的价值和必要。我们认为，增补的最晚书证以能比《汉语大词典》的末例时代至少晚出二三百年为佳。所以关于这个方面的研究价值和意义，也颇有费一番笔墨进行阐述的必要。下面拟举例说明《万历野获编》推迟辞书最晚书证的具体情况。限于篇幅，不一一列举相关词条或义项下《汉语大词典》所举最晚书证，只标明其出处，俾好学深思者查验之。惟相关词条或义项《汉语大词典》只举孤证时，将孤证列出。

按诸公皆一时名硕。用之多不尽其材。而稔恶不悛如汪鋐者。乃持权久任如此。则永嘉张相。始终为之奥主也（11，278）。

案：此处"奥主"一词，义为"靠山"。《汉语大词典》收有此义，所举最晚例出自宋文天祥《己未上皇帝书》。当补充宋代以后例。

松胄子名世忠当袭封。而顽嚚无赖。赀产荡尽。遂无人肯保任之（20，530）。

案：此处"保任"一词，义为"特指向朝廷推荐人才而负担保的责任"。《汉语大词典》收有此义，所举最晚例出自《宋史·选举制六》。当补充元代以后例。

虽主上惑于貂弁。秕政日闻。赖诸公匡救弥缝（7，194）。

案："秕政"一词，义为"弊政，指不良的有害的政治措施"。《汉语大词典》收有此词，所举最晚例出自唐姚思廉《梁书·侯景传》。当补充唐代以后例。

又数年安南尚不宾（17，442）。

案："不宾"一词，义为"不臣服，不归顺"。《汉语大词典》收有此词，所举最晚例出自唐刘知几《史通·世家》。当补充唐代以后例。

夜分以后。火忽从仁宗庙起。延烧成庙及太庙。各庙尽付煨烬。惟新立睿宗庙独存。果应讹言。真可异也。按成庙旧号太宗。先是十七年改称祖。而兴献帝新称宗。其主与成祖同入庙。说者谓文皇帝神灵不豫使然（29，745）。或有问于郑福成曰。今天下太平。国本已固。无复可忧。无复可虑矣。而先生常不豫。何也（补遗3，878）。

案：此处"不豫"一词，义为"不高兴"。《汉语大词典》收有此义，所举二例皆出自《孟子》一书。当补充战国以后例。

初犹怖骇。后习之不怪也（28，723）。

案："怖骇"一词，义为"惊恐"。《汉语大词典》收有此词，所举最晚例出自唐玄奘《大唐西域记·驮那羯磔迦国》。当补充唐代以后例。

今王氏蝉冕联翩，贵盛无比，皆其苗裔也（28，724）。

案："蝉冕"一词，义为"汉代侍从官所戴的冠。上有蝉饰，并插貂尾，故亦称貂蝉冠。后泛指高官"，《汉语大词典》收有此词，所举最晚例出自宋刘克庄《贺新郎》词。当补充宋代以后例。

先外祖既不自鸣。言路亦无为称荐者（17，436）。

案："称荐"一词，义为"举荐"。《汉语大词典》收有此词，所举最晚例出自宋范仲淹《王君墓表》。当补充宋代以后例。

其他称引果位不胜纪（17，441）。

案："称引"一词，义为"援引，称述"。《汉语大词典》收有此词，所举最晚例出自南朝宋刘义庆《世说新语·规箴》。当补充南朝宋以后例。

至南宋开禧间。吴曦在蜀。夜坐见月中一人策马垂鞭。其貌与曦绝肖。起揖之。月中人亦举手扬鞭。由是果于称制降北（28，720）。

案：此处"称制"一词，义为"谓即位执政"。《汉语大词典》收有此义，所举最晚例出自《晋书·姚苌载记》。当补充唐代以后例。

《万历野获篇》词汇研究

又："降北"一词，义为"投降败逃"。《汉语大词典》收有此词，所举最晚例出自《汉书·晁错传》。当补充汉代以后例。

（利本泰）性好施。能缓急人。人亦感其诚厚。无敢负者（30，785）。

案："诚厚"一词，义为"诚实宽厚"。《汉语大词典》收有此词，所举二例皆为唐代例，当补充其他朝代例。

其后公主出降。例皆白屋（补遗1，809）。

案：此处"出降"一词，义为"帝王之女出嫁"。因帝王位处至尊，故称降。《汉语大词典》收有此义，所举最晚例出自宋孟元老《东京梦华录·公主出降》。当补充宋代以后例。

昔齐文宣帝剃彭城王元韶须发。加以粉黛。目为嫔御。盖讥其雌懦耳（24，621）。

案："雌懦"一词，义为"柔弱懦怯"。《汉语大词典》收有此词，仅举一例，《北齐书·永安简平王浚传》："文宣性雌懦，每参文襄，有时涕出。"又当补充唐代以后例。

耶律生前举动。已是慈氏后身。又安问遗骸之完缺。但功济一世。而七尺之不保。报应之说似不足信（28，714）。

案："慈氏"一词，义为"佛教菩萨名，即弥勒菩萨"。弥勒，梵语 Maitreya，意译为"慈氏"，为将继承释迦佛位的未来佛。《汉语大词典》收有此词，所举最晚例出自唐刘禹锡《第一祖新塔记》。当补充唐代以后例。

即间有建白者。多旁訾掣其肘。盖虑始甚难。小有蹉跌。罪及首事（12，323）。

案：此处"蹉跌"一词，义为"失误"。《汉语大词典》收有此义，所举最晚例出自北齐魏收《魏书·郭祚传》。当补充北齐以后例。

今守御单弱。千里几无行人。一旦草泽奋臂。此地仍为战场矣（12，329）。

萧如熏以参将守平房城。哱刘勾房以数万众围之。守御单弱。人有危心（23，589）。

案：此处"单弱"一词，义为"孤单势弱"。《汉语大词典》收有此义，所举最晚例出自唐韩愈《论淮西事宜状》。当补充唐代以后例。

又："奋臂"一词，义为"振臂而起。常指举大事"。《汉语大词典》收有此词，所举最晚例出自晋陆机《汉高祖功臣颂》。当补充晋代以后例。

乙未丙申间。焦弱侯竑为皇长子讲官。撰养正图说进之东朝。而同事者不及闻（25，636）。震大怒。上言昌隆曾事庶人。名在党籍。今身为东朝官。阴欲树结。不之父而之子（28，709）。

案：此处"东朝"一词，义为"借指太子"。《汉语大词典》收有此义，所举二例皆出自南北朝。当补充近代汉语例。

上大怒责对状。于是张、桂等又疏诤之。宜如初议（2，37）。

案："对状"一词，义为"谓臣子向皇帝陈述事状"。《汉语大词典》收有此词，所举最晚例出自《汉书·霍光传》。当补充汉代以后例。

至纠合台垣。为之角距。动借白简。锄去非类。则又永嘉所不为者（7，204）。

案：此处"非类"一词，义为"志向不合、志趣不同的人"。《汉语大词典》收有此义，所举最晚例出自《隋书·于宣道传》。当补充唐代以后例。

江陵当国时。持法不少假。如盗钱粮四百两以上。俱非时诛死（18，481）。

案：此处"非时"一词，义为"不是时候。不在正常、适当或规定的时间内"。《汉语大词典》收有此义，所举最晚例出自宋苏轼《乞增修弓箭社条约状》。当补充北宋以后例。

建议者欲析为二道。又疑畿辅不便割裂（22，571）。

案：此处"割裂"一词，义为"从整体中分割出若干部分；割开"。《汉语大词典》收有此义，所举最晚例出自《新五代史·职方考三》。当补充宋代以后例。

即隆庆初元起废。亦不敢及之。第为广扬其光价耳（2，52）。

案：此处"光价"一词，义为"荣耀的身阶"。《汉语大词典》收有此义，所举最晚例出自宋梅尧臣《依韵王司封宝臣答卷》，当补充宋代以后例。

纸钱乃释氏使人以过度其亲者。本非圣主所宜（2，60）。

案：此处"过度"一词，义为"转手送交；中转"。《汉语大词典》收有此义，所举二例皆为元代例。当补充元代以后例。

顷救朝鲜。又赦播州杨应龙之罪。调其兵五千。半途不用遣归。以此恨望再叛（补遗4，927）。

案："恨望"一词，义为"怨望，怨恨"。《汉语大词典》收有此词，所举最晚例出自《资治通鉴·晋穆帝永和五年》。当补充宋代以后例。

去年抵辇下。从邱工部六区得寓目焉。仅首卷耳。而秽渎百端。背伦灭理。几不忍读（25，652）。

案："秽渎"一词，义为"污辱；轻慢"。《汉语大词典》收有此义，所举最晚例出自宋苏舜钦《与欧阳公书》。补充宋代以后例。

今胄君在仕途多求速化。甚而有诟詈选郎者。铨地以忌器优容之（11，285）。去凡四年。初为人所指目。遂因讹就讹。冀王氏忌器释宥（23，594）。

案："忌器"一词，义为"谓有所顾忌"。《汉语大词典》收有此词，所举二例皆为宋代例。当补充其他朝代例，尤其是宋代以后例。

少傅刘吉与万安尹直奸贪。今二人斥去（19，490）。

案：此处"奸贪"一词，义为"邪恶贪贿"。《汉语大词典》收有此义，所举最晚例出自《资治通鉴·唐则天后长安元年》。当补充北宋以后例。

二十一年遭刘哱之变。为所劫质。亦诡附乱卒。以求苟免（4，116）。

案：此处"劫质"一词，义为"挟持人以为人质"。《汉语大词典》收有此义，所举最晚例出自《新唐书·田令孜传》。当补充宋代以后例。

杨以再世。断其淫根。慈氏所以警悟文襄而玉成之。不可谓不厚矣（补遗2，833）。

案：此处"警悟"一词，义为"告戒使觉悟；警戒醒悟"。《汉语大词典》收有此义，所举最晚例出自宋周辉《清波杂志》。当补充其他朝代例。

不数年而此寺铲为鞠场矣（1，2）。又蹴鞠家祀清源妙道真君。初入鞠场子弟必祭之（补遗4，920）。

案："鞠场"一词，义为"古代蹴鞠场地。为平坦大广场，三面矮墙，一面为殿、亭、楼、台，可作看台"。《汉语大词典》收有此词，所举最晚例出自《金史·礼志八》。当补充更晚例。

此等举动。全是鬼蜮心肠（7，197）。且举动明白。不设阴谋（8，210）。每遇文肃大小举动。必密侦以播四方（9，239）。

案：此处"举动"一词，义为"举止；行动"。《汉语大词典》收有此义，所举最晚例出自《旧唐书·魏征传》。当补充五代以后例。

每市一物入内。必经数处验查。饮食之属十不能得一。又不得自举火。虽严寒不过啖冷炙披冷衲而已（21，538）。

案：此处"举火"一词，义为"生火做饭"。《汉语大词典》收有此义，所举二例皆为上古汉语例。当补充中古及近代汉语例。

于江罗大参近溪。为一时儒、释二教宗师。亦晚年举子。偶有二三游僧踵门参谒。罗爱其辨才。留为上足。未几。壮儿俱被诱去不返。因悼恨下世。人又致疑天道焉（28，711）。

案：此处"举子"一词，义为"生育子女"。《汉语大词典》收有此义，所举最晚例出自金王若虚《失子》诗。当补充金代以后例。

此兄古君子。而用兵非所长。今倭奴正炽。海上多事。得早离剧地，公私俱便（22，561）。

案：此处"剧地"一词，义为"险阻之地"。《汉语大词典》收有此义，所举最晚例出自《晋书·贺循传》。当补充唐代以后例。

其至朝鲜时。部曲但怪其日夜婆娑枕傍。手磨此木不舍。甚怪之。已而遇害。时邓年已七十余。距得木时且四十年矣。虽云运数前定。何物枯柹，能预示妖变乃尔（28，726）。

案：此处"枯柎"一词，义为"枯枝，枯株"。《汉语大词典》收有此义，所举最晚例出自金元好问《续夷坚志·脱壳楸》。当补充金代以后例。

词林虽号清华。然迁转最迟。编检历俸须九年始转。即已得五品。亦有至十馀年始得再转者。前辈碑志可考。至嘉靖间登进稍速矣……夫司业虽小京堂。然词林最厌薄之。以为嫁老女。乃至陪点后七年。而积薪如故。较之近年速化者。不免书空咄咄矣（10，263）。

案："老女"一词，义为"年长未嫁的处女"。《汉语大词典》收有此词，所举最晚例出自唐李商隐《无题》诗之四。当补充唐代以后例。

今上初。有徐爵者号樵野。粗能文艺。以罪遣戌。寻逃伍入京。素娴刀笔。遂入大珰冯保幕。为洗罪籍。积官至锦衣都指挥同知。理南镇抚司。江陵相亦曲意礼接之。声势震远近（27，702）。

案："礼接"一词，义为"礼遇；以礼接待"。《汉语大词典》收有此词，所举最晚例出自唐杜牧《上宣州崔大夫书》。当补充唐代以后例。

今上眷郑贵妃，几于宪宗之万贵妃矣。然礼遇虽隆，而防维则甚峻（3，98）。然沁阳稔恶最久。其败乃在逆瑾之前。虽云致政。毫无礼遇（补遗2，829）。

案："礼遇"一词，义为"以礼相待"。《汉语大词典》收有此词，所举最晚例出自宋文莹《玉壶清话》卷一。当补充宋代以后例。

至十七年十二月。章圣太后崩。上忽下诏。迁显陵梓宫改葬于北。六飞亲阅。得吉壤于天寿山之大峪（补遗1，796）。

案：此处"六飞"一词，义为"指称皇帝"。《汉语大词典》收有此义，所举最晚例出自宋周辉《清波杂志》。当补充宋代以后例。

上下部详议。始改遣南京五府金书官行礼。似于祀典稍加隆重（1，8）。

案：此处"隆重"一词，义为"优厚"。《汉语大词典》收有此义，所举最晚例出自《北史·崔弘度传》。当补充唐代以后例。

时工科都给事中王德完。新自家居补官至都。始露章力谏（3，96）。巡城御史况上进。露章于朝。词臣削籍去（8，212）。

案：此处"露章"一词，义为"上奏章"。《汉语大词典》收有此义，所举最晚例出自《新唐书·康承训传》。当补充北宋以后例。

不特祀丰于祢庙傅岩犹以为渎。且教坊司何职。可与陵祀接称（14，361）。

案："祢庙"一词，义为"父庙。或称考庙"。《汉语大词典》收有此词，所举皆为上古汉语例。当补充中古及近代汉语例。

仙姑辞曰。我无祕术。但能绝粒。此非帝王事。使者偕我入朝。其技止此。御史且得罪奈何（27，705）。

案："祕术"一词，义为"秘密的方法或法术"。《汉语大词典》收有此词，所举最晚例出自《新唐书·文艺传上·王勃》。当补充北宋以后例。

时刘节斋以督府总两广。独心慕之。潜遣材官说之曰。吾能一旦富贵汝。亦能孥戮汝。二端惟所自择（27，705）。

案：此处"孥戮"一词，义为"杀戮"。《汉语大词典》收有此义，所举最晚例出自《资治通鉴·后唐明宗长兴四年》。当补充北宋以后例。

礼部言宗庙献新。及奉先殿岁荐品味。不过鹿、雁、兔、猪、鹅、鸭、鸡等物（补遗3，899）。

案：此处"品味"一词，义为"各种肴馔"。《汉语大词典》收有此义，所举最晚例出自宋孟元老《东京梦华录·大内》。当补充宋代以后例。

然当时御史辟聘。亦似出格。所以止行一科。旋即报罢（14，376）。

案："辟聘"一词，义为"征聘；征召"。《汉语大词典》收有此词，仅举一例，唐陆龟蒙《读〈襄阳耆旧传〉因作诗五百言寄皮袭美》："庞公乐幽隐，辟聘无所就。"当补充唐代以后例。

有奴王奎司启闭（18，478）。

案：此处"启闭"一词，义为"开与关"。《汉语大词典》收有此义，所举最晚例出自宋曾巩《司门制》。当补充宋代以后例。

夷陵之忍毒。不能如汪荣和。而卑佞过之矣（7，204）

案："忍毒"一词，义为"残忍狠毒"。《汉语大词典》收有此词，所举最晚例出自宋范正敏《遯斋闲览·人事》。当补充宋代以后例。

云南宝井。环孟艮孟养诸夷俱有之。惟孟养所出称最。孟养故木邦宣慰司所辖地。井所出。色类不一。其价亦悬殊。有铢两即值千金者（30，769）。

案："色类"一词，义为"种类；类别"。《汉语大词典》收有此词，所举二例皆出自唐代文献。当补充其他朝代例。

而卢龙地瘠。旱涝相仍。又无商估肯至其地。全仰给于窎运（12，324）。

案：此处"商估"一词，义为"商贾，商人"。《汉语大词典》收有此义，所举最晚例出自唐李端《送吉中孚拜官归楚州》诗。当补充唐代以后例。

今上初元。王大臣事起。冯珰密差数校至新郑。声云钦差拿人（21，534）。

案："声云"一词，义为"声言"。《汉语大词典》收有此词，所举最晚例出自《南史·贼臣传·侯景》。当补充唐代以后例。

是时方士。自邵、陶二人外。如段朝用、龚中佩、蓝道行、蓝田玉、胡大顺、胡元玉、何廷玉、罗万象等数十辈。皆以失旨伏诛（27，705）。

案："失旨"一词，义为"不合帝王旨意"。《汉语大词典》收有此词，所举最晚例出自《宋书·徐湛之传》。当补充南朝梁以后例。

其像十人。如人间曹局。一切受成于主者。所谓阎罗天子是也（28，721）。

案：此处"受成"一词，义为"办事全依主管者的计划而行，不自作主张"。《汉语大词典》收有此义，所举二例皆为宋朝人例，当补充其他朝代例。

至今上初年。大珰冯保用事。如瑾入京。投其司房徐爵。充锦衣校尉（21，539）。

案：此处"司房"一词，义为"明代内廷各家私臣名"。上文中徐爵为大太监冯保私臣。《汉语大词典》收有此义，所举二例皆出自明刘若愚《酌中志·内臣职掌纪略》。盖当时编纂者未找到他书书证。当补充其他书证。

上谓所言良是。如拟以副朕肃奉先师之意（补遗2，854）。

案："肃奉"一词，义为"恭敬地接受或遵奉"。《汉语大词典》收有此词，所举最晚例出自隋炀帝《设斋愿疏》。当补充隋代以后例。

初不难借其子以市公。终于攒锋聚镝。爱前人未有之弹射。所谓拙事无好手也（16，420）。

案：此处"弹射"一词，义为"指摘"。《汉语大词典》收有此义，所举最晚例出自宋王禹偁《送柳宜通判全州序》。当补充宋代以后例。

（督府）遣兵卒捕系之。至则一弱冠牧竖耳。尚冀其可威制。问曰。且未治汝叛逆大罪。闻汝能为黄金。吾欲面验始信（27，705）。

案："威制"一词，义为"用威力压服或用暴力制服"。《汉语大词典》收有此词，所举最晚例出自《魏书·崔浩传》。当补充北齐以后例。

又直隶崇明县民顾孟文。雄鸡伏卵。猴头而人形。身长四寸。有尾活动而无声。尤为怪极。盖未期而孝宗上宾矣（29，741）。

案："未期"一词，义为"不满一周岁"，亦作"未朞"。《汉语大词典》收有此词，所举二例皆为宋曾巩例。当补充其他朝代例。

但如此夸诞。近于戏侮。当时典属国者。何以不拒回（补遗4，935）。

案："戏侮"一词，义为"戏弄轻侮"。《汉语大词典》收有此词，所举最晚例出自金王若虚《李仲和墓碣铭》。当补充金代以后例。

永嘉之初起也。倚桂文襄为先登。（7，203）

案：此处"先登"一词，义为"先锋"。《汉语大词典》收有此义，所举最晚例出自唐韩愈《送侯参谋赴河中幕》诗，当补充唐代以后例。

二人同姓同乡。相望三十年间。尤为创见（19，502）。

案：此处"相望"一词，义为"相去，相距"。《汉语大词典》收有此义，所举二例皆出自北宋作品，且都用于指空间上的距离。此例可补充北宋以后例，且可证明此义亦可指时间上的距离。当然，时空转换是词义引申中常见的现象。[①]

苏州卫军人丁姓者。曾以小谴收狱中（28，715）。

案："小谴"一词，义为"小罪"。《汉语大词典》收有此词，所举二例皆出自宋代文献。当补充宋代以后例。

杏源自梦谴后。即得心疾。亦入庠为诸生。而性理狂错。往往不竟闹中试而出（28，718）。

案：此处"性理"一词，义为"情绪和理智"，《汉语大词典》收有此义，所举最晚例出自《宋书·谢述传》。当补充南朝梁以后例。

然韩国以嫌赐死。青田为胡惟庸所毒。在当时已凶终矣（29，750）。

案："凶终"一词，义为"不得善终"。《汉语大词典》收有此词，所举最晚例出自北齐颜之推《颜氏家训·文章》。当补充北齐以后例。

江陵最憎讲学。言之切齿。即华亭其所严事。独至聚讲。即艴然见色（8，219）。

案：此处"严事"一词，义为"师事"。《汉语大词典》收有此义，所举最晚例出自唐柳宗元《南岳云峰和尚塔铭》。当补充唐代以后例。

至嘉靖四十年辛酉二月朔亦当日食。天阴晦。色不甚辨。诸臣遂以当食不食。上表称贺。上大喜。独礼部尚书吴山曰。明明薄蚀。吾谁欺。欺天乎。首揆严嵩密以其语奏闻。上已不平。山自上疏以救护礼毕为言。上愈怒。未几用言章夺吴职（29，735）。

案："言章"一词，义为"弹劾官员的奏章"。《汉语大词典》此有此词，所举三例皆出自宋代文献。当补充其他朝代例。

昌隆初倡禅让之议。其忠邪不可知。然亦可谓冒死不顾矣。至文皇廷诘得免。且令辅佐储宫。则知遇亦颇不浅。终以触忤堂官。再罹谗口。至于寸磔夷宗。则

[①]王宁：《训诂学原理》，中国国际广播出版社1996年版；刘志纲：《论词义系统的时空转换》，《古汉语研究》2007年第4期。

不如同方、黄辈。先死于革除时。犹得保令名。不至列逆籍也（28，709）。

案："夷宗"一词，义为"灭族"。《汉语大词典》收有此词，所举最晚例出自《魏书·外戚传序》。当补充北齐以后例。

温陵李卓吾。聪明盖代。议论间有过奇。然快谈雄辩益人意智不少（27，691）。

案：此处"意智"一词，义为"智慧"。《汉语大词典》收有此义，所举最晚例出自唐韦渠牟《步虚词》之六。当补充唐代以后例。

近日一甄姓者。绍兴人也……后起家殷厚。纳通州吏。再纳京卫经历（24，624）。

案："殷厚"一词，义为"殷实，富裕"。《汉语大词典》收有此词，所举最晚例出自《旧唐书·陈少游传》。当补充五代十国以后例。

两世尚书。俱用扫门得之。又因缘师生。屡踬屡起。终以通显（补遗2，865）。

案：此处"因缘"一词，义为"依据；凭借；攀附"。《汉语大词典》收有此义，所举最晚例出自唐刘觫《隋唐嘉话》卷上。当补充唐代以后例。

淫夫渔色至此。真胆大于天（11，298）。国维曳出之。讯知屠儿。遂执为与荷花稔奸。构淫夫杀逆。卢锦不胜楚毒。诬伏（18，479）。尚有名玉娇李者。亦出此名士手。与前书各设报应因果。武大后世化为淫夫。上烝下报（25，652）。

案："淫夫"一词，义为"淫荡的男子"。《汉语大词典》收有此词，所举最晚例出自晋张华《博物志》卷十。当补充晋代以后例。

其妻年四十馀矣。荡而悍。与塾师淫通（18，480）。

案："淫通"一词，义为"男女私通，通奸"。《汉语大词典》收有此词，所举最晚例出自《南史·刘劭传》。当补充唐代以后例。

旋生子名成。少年即入赀为南国子生。狠戾淫恣（28，713）。

案："淫恣"一词，义为"放荡，不知拘检"。《汉语大词典》收有此词，所举最晚例出自《南史·褚彦回传》。当补充唐代以后例。

自来六卿皆避内阁。惟太宰则否。自分宜势张。冢宰亦引避（9，244）。富平鉴前事。独引避恐后（9，244）。

案：上二例中"引避"一词，义为"让路；躲避"。《汉语大词典》收有此义，所举最晚例出自《新唐书·萧至忠传》。当补充北宋以后例。

一中丞耳。何以勇谋于逢掖。而选懦于节钺耶（22，559）。

案："勇谋"一词，义为"勇敢而有谋略"。《汉语大词典》收有此词，所举最晚例出自《后汉书·庞参传》。汉补充南朝以后例。

以中丞得南冷局。似非庙堂优贤意（22，561）。

案："优贤"一词，义为"优待、礼遇贤者"。《汉语大词典》收有此词，所举最晚例出自宋苏轼《札子·论文彦博吕公着辞免不拜恩命事》。当补充北宋以后例。

两公俱当世羽仪。焦以博洽冠世。吕以理学著名（25，637）。

案：此处"羽仪"，义为"比喻居高位而有才德，被人尊重或堪为楷模"，《汉语大词典》收有此义，所举最晚例出自唐韩愈《燕喜亭记》。当补充唐代以后例。

盖此时拨各衙门观政。尚未限定常规。以故巧黠者能越次得之。然而必先授试职或逾年再考不称。则又调别衙门（11，291）。

案：此处"越次"一词，义为"越级；破格"，《汉语大词典》收有此义，所举最晚例出自宋范仲淹《上枢密书》。当补充宋代以后例。

时高无子。乃移家于西安门外。昼日出御女。抵暮始返直舍（8，217）。

案："直舍"一词，义为"古代官员在禁中当值办事之处"。《汉语大词典》收有此词，举有四例，其中一为唐代例，其余三例为宋代例。书证时代过于集中，且未收宋代以后例，盖以为宋代以后无书证。当补明代书证。

诗虽不佳。亦指实也（6，160）。

案：此处"指实"一词，义为"指明实际情况"。《汉语大词典》收有此义，所举最晚例出自《旧唐书·薛登传》。当补充五代以后例。

于江罗大参近溪。为一时儒、释二教宗师。亦晚年举子。偶有二三游僧踵门参谒。罗爱其辨才。留为上足。未几。壮儿俱被诱去不返。因悼恨下世。人又致疑天道焉（28，711）。

案："壮儿"一词，《汉语大词典》仅列一个义项"犹健儿"，举有二例。唐杜甫《高都护骢马行》："长安壮儿不敢骑，走过掣电倾城知。"唐范摅《云溪友议》卷一："壮儿过大梁，如上龙门也。"二例皆为唐代例。当补充唐代以后例。

北史纪杨五伴侣诗。最拙恶。市日传写以售人（26，677）。

案：此处"拙恶"一词，义为"粗劣"。《汉语大词典》收有此义，所举最晚例出自宋葛立方《韵语阳秋》卷四。当补充宋代以后例。

又校尉在汉如戊己、护羌、城门之属。俱属尊官剧任（21，540）。

案：此处"尊官"一词，义为"高官"。《汉语大词典》收有此义，所举最晚例出自唐韩愈《送陆歙州诗序》。当补充唐代以后例。

此外，至少还有如下词条或义项可以在《万历野获编》中找到更晚的书证：冰蘖、屏藏、差错（义为"错误；错乱"）、宠数、春榜（义为"指春试"）、辞避、隄防（义为"管束；防备"）、典礼（义为"制度礼仪"）、端介、对扬、烦数、废退、宫府（义为"帝王宫廷与官署的合称"）、工人（义为"从事各种技艺的劳动者"）、怪笑（义为"惊怪，嗤笑"）、归美、贵尚（义为"崇尚；尊崇"）、后身（义为"转世之身"）、厚颜（义为"厚脸皮，不知羞耻。"）、华贯、祸难、坚正、将顺（义为"顺势促成"）、拘刷、举选、峻刻（义为"严厉苛刻"）、浪死、慕羡、逆乱（义为"乖戾失常"）、勤瘁、色长、上足（义为"犹高足。对徒弟的美称"）、失入、疏薄（义为"疏远淡薄"）、殊邻、町畦（义为"比喻拘束；仪节"）、吐纳（义为"发声"）、文价、悟入（义为"佛教语。谓觉知并证入实相之理"）、乡书（义为"代指乡试中式"）、器浮（义为"虚浮不实"）、星官（义为"掌天文星象之官"）、要剧（义为"要职"）、预选（义为"参与考选。亦谓参加科举考试被录取。"）、照顾（义为"关注；注意"）、折辱、鬼瞰、镇城。其中有不少条目在《汉语大词典》中只有孤证，《万历野获编》同时又可以为其补充书证。

综观本章及第二、三章的内容，我们发现，现有各种大中型语文工具书及历史类工具书，对《万历野获编》中的词语给予了相当的重视，收录词目数量较多，在明代笔记中罕有其匹，释义大多准确，但仍存在缺点和不足，具体如下：

首先，很多词语还未被工具书收录，一些相关条目顾此失彼，收此漏彼，大大损害了工具书收词的全面性、系统性，进而影响到工具书的科学性、权威性。

其次，有些词语工具书解释不确，尤其突出的是有些词语义域的限定不够精确，这一方面与文献考察不够全面有关，另一方面与未能全面、历时地考察词的组合关系有关。

复次，有些词条工具书虽收录了但义项不完备。

再次，有些词条有些义项工具书释义不确，原因也主要与未能全面、历时地考察各种文献及词的组合关系有关。

最后，对《万历野获编》中的异形词目的收录不够全面。

第五章 整理研究

《万历野获编》是关于明代历史最重要的笔记之一，具有很高的史料价值，其书对于研究明代政治、社会、文化的历史具有重要的参考价值。明清之际的大学者朱彝尊称此书"事有佐证，语无偏党，明代野史，未有过焉者"，其版本精确与否就显得颇为重要。本书使用的底本为中华书局《元明史料笔记丛刊》中的版本，1959 年出版。同时对照了 1977 年台湾新兴书局出版的《笔记小说大观》第十五编第六册中的《万历野获编》的版本以及收入海南国际新闻出版中心 1996 年出版的《传世藏书·子库·杂记 2》中的《万历野获编》版本。以上三种现代排印本皆以清道光七年（1827 年）姚氏（姚祖恩）扶荔山房刻本为底本。本书最后还参考了台湾伟文图书出版社有限公司 1976 年出版的，收入《明季史料集珍》的影印旧抄本。这是目前笔者见到并参考的唯一的影印旧抄本。遗憾的是，该抄本既未交待版本情况，出版社也直接照原样影印，未有片言只语说明。

经过笔者的仔细研读、对比，以上四种版本中，三种现代排印本皆存在程度不同的标点错误，其中，《元明史料笔记丛刊》版出版时间最早，错误也最多，《笔记小说大观》版次之，《传世藏书》版又次之。后二者应该参考了《元明史料笔记丛刊》版的点校成果，故相对来说错误较少。总的来说，它们的错误都很多，且绝大部分的错误是三者共有的，这应该与它们据同一底本点校有关。四种版本中，唯一的影印旧抄本《明季史料集珍》本最独特，标点及文字方面与上述三种现代排印本出入很大。三种现代排印本标点及文字有误的地方，《明季史料集珍》本多数不误。惜乎三种现代排印本都未以此书作为对照本进行点校，故鲁鱼亥豕、郢书燕说、以讹传讹之处颇多。令人惊讶费解的是，此版又同时出现大量三种现代排印本中没有且非常不应该出现的错字、别字。

笔者以为，整理古籍的目的和意义在于提供一个最精确、最可靠、最完善、最不致令人心生疑问的版本。如果今人点校的古籍仍然大量沿袭古本错误，甚至是沿袭低水平错误，更甚而因点校者误解古籍而产生古籍中本来不存在的错误，这样的点校本没有存在的意义。有时候，点校者对古籍中某些地方、某些问题的认识见仁见智、各执一端，一时难定其是非，或容有不同意见存在的必要。本书指出的很多问题在《明季史料集珍》本中得到纠正，但能看到这一古籍原本的读者为数甚少，竖排繁体，只有简单标点的本子，恐怕愿意读、能够基本读懂的读者也不多。现有的今人点校本又问题较多，所以颇有重新整理的必要。本书对《明季史料集珍》本的少数地方也提出不同看法。最后，对于上述版本，尤其是三种现代排印本中由于不明词义或不明古代名物、典章制度而误断原文的地方，本书在校正之后，运用词汇学、训诂学理论和方法进行了较为详细、缜密的分析，必要时援引其他书证证明笔者整理的正确性和必要性。毋庸讳言，限于学识和水平，不当之处在所难免。

唐李匡乂《资暇录》引稷下谚云："学识何如观点书。"本章主要整理《万历野获编》一书中字词、标点有误的地方，进行校勘，对致误之由进行阐释。为了便于查检，所有点校整理之处均按原文出现顺序排列。为保持材料的真实性，我们对原文直接采用收入中华书局《元明史料笔记丛刊》中的《万历野获编》不完全点校本的格式，原文标点及文字有误的地方仍保留原样，在其后进行校勘整理。在少数必要的地方，保留繁体字、古体字、异体字。本章少数内容跟前面词义考释部分章节密切相关，但属于古籍校勘的范畴，容有两处同时出现的必要。本章所用校勘方法基本涵盖了本校法、对校法、他校法、理校法①，尤以前二法为多。

第一节　校勘举例

又如外夷朝贡赐宴。大臣元会。及诸大礼。俱伶官排长承应（1，17）。

案："排长"一词，《汉语大词典》仅列一个义项"部队或民兵中率领一排战士的军官"，与文中意义风马牛不相及，疑有误字。今查台湾《明季史料集珍》影

---

① 陈垣：《校勘学释例》，中华书局 2004 年版，第 129～134 页。

印手抄本，作"俳长"。此词义为"俳优的头目"。《汉语大词典》收有此词，且仅举一本书例，《万历野获编·礼部二·园陵设教坊》："嘉靖二十七年，增设伶官、左右司乐，以及俳长、色长。"可见此处亦当作"俳长"。俳、排形近而误。

三种现代排印本皆误作"排长"，唯台湾《明季史料集珍》影印手抄本不误。

萑苻小寇。乃与圣主同号。盖机兆亦非偶然（1，21）。

案："萑符"一词，《汉语大词典》未收，疑有误字。今查《汉语大词典》收有"萑苻"一词，其中正有一义"指盗贼；草寇"。例如《明史·李俊传》："尸骸枕籍，流亡日多，萑苻可虑。"沈昌眉《和弟》："攫人无魑魅，御人无萑苻。"郭沫若《少年时代·黑猫》："在宣布独立以后，更由萑苻余孽一变而为丰沛功臣。"此义正合上揭例。则知"符"字乃"苻"字之误。俗写往往"草字头"与"竹字头"不别，张涌泉称这种情况为"改旁便写"[①]。

此处三种现代排印本皆误作"萑符"，唯《明季史料集珍》本作"萑苻"。

又建清馥殿为行香之所。每建金籙大醮坛。则上必日躬至焉。凡入直撰元诸侥臣。皆附丽其旁。即阁臣亦昼夜供事。不复至文渊阁（2，41）。

案：文字有误。"侥臣"不辞，乃"倖臣"之讹。因"侥倖"常连用成词，二字形旁又相同，下笔稍有疏忽，则易张冠李戴。点校者如果稍微细心，当不致有此误。

我们所考察的四种版本中，三种现代排印本皆误作"侥臣"，唯台湾《明季史料集珍》本作"倖臣"，不误。

大礼定后。举朝缄口。而远外下吏。及昌言以纠其非者。又二人（2，43）。

案：文字有误。据上下文义可知，"及"字乃"反"字之误。"远外下吏"乃与"举朝"相对而言，"昌言"与"缄口"相对而言，用"及"字令人不知所谓，当用"反"字，表语义转折。及、反以毛笔书写极易相混。

我们所考察的四种版本中，三种现代排印本皆误作"及"，唯台湾《明季史料

[①] 张涌泉：《汉语俗字研究》（增订本），商务印书馆 2010 年版，第 54 页。

集珍》本不误。

万历十年。今上元子生。首揆张蒲州等诸公。俱进官荫子。尤为本朝创建之事（7，190）。

案：文字有误，扞格难通。今谓"创建"当为"创见"之误，义为"少见；初见"。点校者不明词义而误。

"创建"义为"建造；建立"，后面一般接建筑物、根据地等具体的事物，而不用来指抽象的现象、事例等。"创见"既可以用来指具体的事物，又可用来指抽象的现象、事例。上例正是指一种较为抽象的现象、事例。 本书中还有不少类似的地方亦用"创见"一词，例如：夫以本衙门幕职。即擢为堂官。此亦创见之事（5，150）。古来宦官冒武功固多。然未有被编摩之赏者。独嘉靖初年。修献帝实录成。首揆费铅山等诸公。请于上。归功司礼太监张佐等数人。得旨。各荫弟侄一人。锦衣世袭指挥等官。则真千古创见之事（6，165）。宣德元年丙午科。顺天当乡试。以上亲征汉王高煦。不及开闱。此亦创见事也（15，400）。惟成化二十三年正月。皇贵妃万氏薨。辍朝至七日。谥曰恭肃端慎荣静。遂至六字。此本朝创见（补遗1，803）。仲文考绩时。至加授特进光禄大夫柱国兼支大学士俸。竟是正任宰相体例矣。尤为创见（补遗2，838）。

此处三种现代排印本皆误，《明季史料集珍》本先作"创建"，后于"建"字旁改为"见"，甚是。

张永嘉之入相也。去登第六年耳。时嘉靖丙戌。诸庶常在馆。以白云宗阁老呼之。每进阁揖。及朔望阁试。间有不赴者。并不引疾给解。张始震怒。密揭于上。谓俱指为费铅山私人。于是俱遣出外授官。无一留为史官者（7，200）。

案："给解"不辞，《汉语大词典》《辞源》《辞海》等工具书未收。当为"给假"之误，音近而误。"解"为蟹摄开口二等去声见母佳韵，"假"为假摄开口二等去声见母麻韵，声韵俱近。《汉语大词典》《辞源》收有"给假"一词，皆释为"准予休假"。例如《隋书·礼仪志四》："后齐制，立新学……学生每十日给假，皆以丙日放之。"《警世通言·钝秀才一朝交泰》："（马德称）上表给假还乡，焚黄谒墓，圣旨准了。"《二刻拍案惊奇》卷十七："（闻俊卿）问着了杜子中一家，原来那魏撰之已在部给假回去了。"上文中正言诸庶常因轻视张永嘉（张孚敬）资历浅而不遵守工作纪律，不上班也不请假。

此处三种现代排印本皆误，《明季史料集珍》本先作"给解"，后于"解"字旁改为"假"，甚是。

吏部尚书方献夫建议。翰林额载。本有定员。今溢于常额。乞量增数员有弗称者。俱令外补。诏如议行。侍读、侍讲、修撰、旧二员。今增为三员。编修、检讨。旧四员。今增为六员。上命著为令。今词林充斥。不止数倍于前。虽三堂盛事。不免盈脱校书之诮矣（7，201）。

案：文字有误。此处"三堂"一词，当为"玉堂"之误。"三堂"一词，《汉语大词典》收有二义：1.唐虢州 (今河南灵宝县南)刺史宅中庭园名。以屡经文士题咏而著名。2.第三进堂屋。皆与上文无涉。"玉堂"一词，有一义为"官署名。汉侍中有玉堂署，宋以后翰林院亦称玉堂"。例如《汉书·李寻传》："过随众贤待诏，食太官，衣御府，久污玉堂之署。"颜师古注："玉堂殿在未央宫。"王先谦补注引何焯曰："汉时待诏于玉堂殿，唐时待诏于翰林院，至宋以后，翰林遂并蒙玉堂之号。"《宋史·苏易简传》："帝尝以轻绡飞白大书'玉堂之署'四字，令易简榜于厅额。"明李东阳《院中即事》诗："遥羡玉堂诸院长，酒杯能绿火能红。"《儿女英雄传》第一回："至于那入金马，登玉堂，是少年朋友的事业，我过了景了。"王闿运《郭新楷传》："君逸才也，玉堂群彦为愧多矣。"而上文中所述正为明代翰林院事。故可知此处当作"玉堂"无疑。此为不知典制而误，同时与"三""玉"形近有关。

此处三种现代排印本皆误，唯《明季史料集珍》本不误。

何以当国首臣。拱奉离宫。又非朝宁比。反不得与妇寺埒也（8，207）。

案：文字有误。"拱奉"不辞，《汉语大词典》等工具书未收。今谓"拱奉"为"供奉"之误，此处义为"侍奉，伺候"，例如《南史·后妃传上·宋孝武昭路太后》："初，明帝少失所生，为太后所摄养，抚爱甚笃。及即位，供奉礼仪，不异旧日。" 明何良俊《四友斋丛说·经》："杨文定公之子上京师，沿途官司供奉甚至。"《红楼梦》第一〇三回："倘荷不弃，京寓甚近，学生当得供奉，得以朝夕聆教。"拱、供形近致误。

此处三种现代排印本皆误,唯《明季史料集珍》本不误。

世宗御札至阁最夥。及在西苑。则在直大臣。日承手诏。无虑数□(9,238)。

案:"无虑数□"最后一字,我们所考察的四种版本中,有三种皆阙如,唯台湾《明季史料集珍》本作"无虑数十"。该版本为手书,当最为可信。且以情理揆之,皇帝一日下诏数十,颇为合情合理之事。

至癸丑之冬。太宰李延津去位。以户郎尚书赵南渚(世卿)署吏部。止半年。然司甲辰外察矣(11,288)。

案:"户郎尚书"显然为"户部尚书"之讹。郎、部形近而误。点校古籍似不当有此类低级错误。

此处《元明史料笔记丛刊》本、《笔记小说大观》本误,而台湾《明季史料集珍》本、海南《传世藏书》本不误。

今公能沮其铨曹。未必能收沮其台琐。与其树以为敌。不如收以为援(11,290)。

案:中间有衍文。"未必能收沮其台琐"中衍一"收"字。

三种现代排印本皆误,唯《明季史料集珍》本不误。

按倪文毅之殁。至是已百余年。历列帝五朝。孰辨真伪。且文毅隐官无子。当时已立侄为嗣。至翰儒支派。更难考矣(13,346)。

案:此处文字有误。"隐官"一词,义为"专说隐语廋辞以供皇帝取乐的人。"《汉语大词典》收有此词,仅举一例,汉刘向《说苑·正谏》:"平公问于隐官曰:'占之为何?'隐官皆曰:'不知。'"此词施诸上揭例,殊不可解。

今谓"隐官"一词,当为"隐宫"之误。《汉语大词典》于"隐宫"一词下,收有两个义项:1.宫刑。古代一种破坏人的生殖机能的酷刑。2.指天阉。谓男子生殖器官不全,无生殖能力。其中第二个义项下仅举一例,且为本书例,《万历野获编补遗四·機祥·不男》:"男子生而隐宫者,内典以为人中恶趣。"结合词义及文义,此处本当为"隐宫"一词无疑。点校者因官、宫二字形近而致讹。该书他处亦记载倪文毅此事："大臣则杨文襄、倪文毅。及近年士人闵工部。俱云隐宫无嗣息。"（补遗4，922）此处则又不误。

此处三种现代排印本皆误，唯《明季史料集珍》本不误。

此后谄风稍衰。而讽讪者渐出。戊子河南。孟子出好善章后二节。主意在訑訑之声音颜色。与谗谄面谀之人。所以讥切时相（15，387）。

案：文字顺序颠倒，遂至不知所云。标点亦稍有误。当作"戊子河南出孟子好善章后二节"。有同书同条其他语例为证，下文云：是年应天遂出颜渊问为邦一章以放郑为言。盖媚徐华亭也（15，387）。壬午湖广出天下有道。则庶人不议。则江陵之桑梓。媚之尤为近情（15，387）。至于己酉。湖广忽出孟子孙叔敖举于海。初见人甚疑骇。后乃知为郭江夏家居。方负相望。故以此题。默寓拥戴（15，387）。

此与不明古书文例尤其是本书他处文例有关。

此处四本皆误。

科道本以试卷为刍狗。惟庶常自考改以后。仍亲笔墨（15，391）。

案：疑有误字。查《汉语大词典》《辞源》《辞海》等工具书皆未收"考改"，盖其非词也。"考政"一词，《汉语大词典》释为"犹问政"，举例如《国语·鲁语下》："日中考政，与百官之政事。"宋苏舜钦《处州照水堂记》："考政之始，众务毕举。"因知上揭例中当以作"考政"为是，"改"、"政"形近而误。点校者不明历史词的意义，故不能发现文字错误，更不能改正。

此处三种现代排印本皆误，唯台湾《明季史料集珍》本不误。

潘玺卿雪松（士藻）。冯司成癸未所录士。滞符台十年。在京偕诸名士立讲会。每云吴猛镇铁柱宫。实多遁去者。许真君约后千年。当生八百散仙。戡此孽魔。今正其时矣。我为一人。与某某等皆同列。余师司城公。亦其一也（17，441）。

案：此处"司城"一词，当为"司成"之讹误。考"司城"一词，义为"官名。即司空"。明代已无司空之官职，亦无司城之官名。笔者考证，"司成"一词有一义项为"学官名。主管生员学业教育的官员"（见第三章）。上文中又明言潘玺卿为冯之门生，故以作"司成"为是。误作"司城"者，以其与"司成"音同，且二者皆为官职名，下笔稍有疏忽，即易张冠李戴。

此处四本皆误。

比谢事数年。太夫人始以寿终。上特亲酒宸翰。曲加慰勉（23，591）。

案："酒"字当为"洒"字之误，形近而误。"宸翰"一词，义为"帝王的墨迹"。本书中他例如：上即命司礼监翻刻颁行。至上亲洒宸翰。弁其首（25，635）。今圣上若有咨议。乞仍照祖宗旧事。或召臣等面谕。或亲洒宸翰数字封下。或遣太监密传圣意。庶事无漏泄（补遗2，825）。

此处三种现代排印本皆误，唯《明季史料集珍》本不误。其实，这种错误用最简便的校勘方法——本校法稍加留心便可发现，从而避免，三种现代排印本何其不察也！

袁立捕黄笞之三十。囊三本于通衢（24，619）。

案：文字有误。"三本"乃"三木"之误。"三木"一词，义为"古代加在犯人颈、手、足上的三件刑具"。例如《汉书·司马迁传》："魏其，大将也，衣赭，关三木。"颜师古注："三木，在颈及手足。"《后汉书·马援传》："可有子抱三木，而跳梁妄作，自同分羹之事乎？"李贤注："三木者，桎、梏及械也。"明张煌言《虏廷以余倡义既久波累亲朋榜掠备至闻之泫然》诗："所悲诸父行，斑白撄三木。"中国近代史资料丛刊《辛亥革命·大总统令内务司法两部通饬所属禁止刑讯文》："三木之下，何求不得！"本书中亦多用此词。例如，是时讯治既酷。二生被重创。荷三木。穷冬盛寒。皆濒死而苏（14，374）。科场之禁。在唐宋甚宽。如挟册者。亦止扶出。不锢其再试也。本朝此禁甚严。至三木囊头。斥为编氓（16，413）。台琐清班。俱膺三木。虽其罪皆自取。然辱言路甚矣（19，501）。以御史杖一厨役。且死在保辜限外。何至荷三木且至三月（补遗3，881）。而"三本"一词，意义与之相差甚远。

此处三种现代排印本皆误，唯《明季史料集珍》本不误。盖因不明"三木"一词的意义而误。其实，这种错误亦只需运用"本校法"稍加留心便可发现，从而避免。

天顺四年。江西万安县民罗学渊进所作诗三百余首。名大明易览。中有咏犬。咏蜜。咏蟊。嘲丑妇。及诔当道者。词多谬安。上大怒。出其诗。命下狱讯治。集诸大臣廷鞫。坐妖言律论斩（25，636）。

案：文字有误。"谬安"不辞，《汉语大词典》《辞源》《辞海》等工具书皆未收录，当有误字。今谓"谬安"乃"谬妄"之误。二字形体相近，手书尤其易混。"谬妄"一词，义为"荒谬背理"。《汉语大词典》等语文辞书收录。例如《后汉书·刘玄传》："惟割既往谬妄之失，思隆周文济济之美。"唐陈子昂《上蜀川军事》："若臣苟为谬妄，无益国家，请罪死不赦。"鲁迅《书信集·致姚克》："此种谬妄，我于短评中已曾屡次道及，然无效，盖此辈本不读书耳。"此义施诸上揭例中若合符节。

此处三种现代排印本皆误，唯《明季史料集珍》本不误。

又嘉靖十七年。上幸承天府。都御史胡缵宗作诗纪上南巡……上震怒逮下诏狱。拷掠论死。后宥戍极边。此等拙笔。无论为颂为规。要无佳句。何足尘乙览。时两英主在御。宜乎得罪。此比蔡确车盖亭诗不及远甚。直如古人目为靳淮恶诗可也（25，636）。

案：文字有误。但由于作者使用了一个比较冷僻的典故，所以这个错误隐藏得很深，一般读者很难发现。

今谓"靳淮恶诗"当作"敕准恶诗"。典出《太平御览》卷五百八十六："又杜佑在淮南，进崔叔清诗百篇。上曰：'此恶诗，焉用进？'时人谓之'敕准恶诗'。"此处指胡缵宗所作诗。

此处三种现代排印本皆误，唯《明季史料集珍》本作"勅准恶诗"，不误。

又三年小修上公车。已携有其书。因与借抄挈归。吴友冯犹龙见之惊喜。怂恿书坊。以重价购刻（25，652）。

案：文字有误，但较为隐蔽。"吴友"当为"吾友"之误，同音致误。冯犹龙即冯梦龙，为沈德符的文章之友。冯固吴人，而沈德符本人也是吴人，且古籍中亦未有以籍贯称友者。固知其当为同音讹误。

此处四本皆误，以其隐藏较深，不深究则不易发现。

五代迄宋所谓柴汝宫哥定诸窑。尤脆薄易损。故以近出者当之。始于一二雅人。赏识摩娑。滥觞于江南好事缙绅。波靡于新安耳食。诸大估日千日百。动辄倾囊相酬（26，653）。

案：标点有误。当作“滥觞于江南好事缙绅。波靡于新安耳食诸大估”。其中“诸大估”当属上而误属下。两句对偶。“大估”一词，义为“大贾，大商人。”与上文“缙绅”相对。《汉语大词典》收有此词，仅举一例，明沈德符《万历野获编·列朝二·端阳》：“惟天坛游人最胜，连钱障泥，联镳飞鞚，豪门大估之外，则中官辈，竞以骑射为娱。”又下文云：古所称墨王墨宝。此乃足当之。其他称元常。称逸少子敬者。今新安大估多有之。不足供喷饭也（26，657）。益可证“大估”当属上读。

此处三种现代排印本皆误，唯《明季史料集珍》本不误。

又：文字有误。“柴汝宫哥定诸窑”中的“宫”字为“官”字之误，形近而误。与第32例“隐宫”误作“隐官”形似相反而实则异曲同工。官窑为宋代著名瓷窑之一。北宋大观、政和年间，宫廷自建瓷窑烧造瓷器，故称。其色以粉青为上，其纹以冰裂鳝血为高。南渡后，又于杭州别建新窑。又明清两代景德镇御器厂所烧瓷器，一般亦称官窑。明都穆《都公谭纂》：“时可家复有荷花宴。每花时，设几十二面，皆嵌以水晶，置金鲫鱼其下，上列器皆官窑。”清孔尚任《小忽雷·巧遇新亭》：“广锡酒壶偏灿烂，官窑茶具亦风流。”《红楼梦》第四一回：“然后众人都是一色的官窑脱胎填白盖碗。”老舍《老张的哲学》第六：“东里间是李应和他叔父的卧室，顺着前檐一张小矮土炕，对面放着一条旧楠木条案，案上放着一个官窑五彩瓶和一把银胎的水烟袋。”参阅元陶宗仪《辍耕录·窑器》、清朱琰《陶说》卷二、五，清阮葵生《茶余客话·磁器》。

此处三种现代排印本皆误，唯《明季史料集珍》本不误。

孙司礼隆在江南所造清谨堂颇精。以出内臣手。不为银泓所贵。然入用自佳（26，661）。

案：仅此一例。“银泓”一词，义为“砚台的别称”。《汉语大词典》未收此词，而收有与其同义的同素词"寒泓、宝泓、石泓、陶泓"等。《辞源》《辞海》等亦未收此词。

司礼太监孙隆在江南清谨堂造的墨，款式精巧，材料独特，深得明神宗喜爱。参见《韵石斋笔谈》卷下[①]。但由于它的发明者是个太监，所以当时用这种墨的人并不太多。"不为银泓所贵"，是一种委婉的说法。

此处三种现代排印本皆作"银泓"，而《明季史料集珍》本作"姚泓"。大概是认为"银泓"一词不可解，故臆改之。但遍查《明史》及《明史纪事本末》，明代并未有叫姚泓的名人。而历史上的姚泓是五胡十六国时期后秦的末代皇帝，年代相差甚远，不可能与明代史实相关。《明季史料集珍》本有"强不知以为知"的嫌疑。一字之差，天壤之别，错把物名当人名。

此处三种现代排印本皆不误，唯《明季史料集珍》本误。

隆庆间。北虏俺答通贯。朝廷必遣僧于互市时赐以经像（27，679）。

案："通贯"一词，《汉语大词典》收有两个义项：1.通晓，贯通。2.沟通，连接。似皆与上揭例不合。疑有误字。盖上揭例中"通贯"一词为"通贡"之讹。"通贡"一词，义为"犹进贡"，《汉语大词典》收有此词，举例如明王琼《双溪杂记》："至弘治十一年，阿黑麻因不得通贡，自将陕巴送回，复立土鲁番，通贡如旧。"清大汕《海外纪事》卷三："向化之心虽有，为小国从未请命通贡。"从《双溪杂记》的例子也可以看出，此处宜作"通贡"。

此处三种现代排印本皆误，唯《明季史料集珍》本正作"通贡"，不误。

狐之变幻。传纪最夥。然独盛于京师。闻以举厂为窟穴。值乡会试期。则暂他徙（28，729）。

案："举厂"不辞，疑有误字。今谓当作"举场"，义为"科举考场"。例如唐李肇《唐国史补》卷下："进士为时所尚久矣……其都会谓之举场。"唐张籍《送李馀及第后归蜀》诗："十年人咏好诗章，今日成名出举场。"《初刻拍案惊奇》卷十六："来到京中，在举场东边，租了一个下处。"

四种版本皆作"举厂"。盖误。或者将其视为同音通假字，但《汉语大词典》

① （清）姜绍书：《韵石斋笔谈》卷下，商务印书馆 1937 年版，第 31 页。

《汉语大字典》《辞源》等皆无此通假说明及用例。

　　是役也。西南驿骚十余载。两举大兵。丧失文武大吏数人。糜士卒金钱无算。而其祸止因一夷妇宣淫。尽灭隆氏之宗。其弑逆忍忮。唐之武韦不足道也。盖始于隆畅之耄聩。成于杨友之幸功。何物牡孽。梗我全盛。衽席之上。篡贼兴焉。持太阿者可以戒矣（30，762）。

　　案：上文中文字当有误。此则标题明作"夷妇宣淫叛弑"，通篇亦记夷妇米鲁宣淫叛逆，酿成大乱之事，文章结尾总结其事时却称之为"牡孽"。"牡"乃雄性之称，阴阳错乱，令人百思不得其解。

　　今谓"牡"字当为"牝"字之讹。"牝孽"一词，义为"五行家谓预兆不祥的女子"。《汉语大词典》未收"牝孽"一词，而收有与其构词方式、造词理据相同、意义亦相同的同族词"女孽"，义为"五行家谓预兆不祥的女子"，仅举《汉书·李寻传》一例："城中讹言大水，奔走上城，朝廷惊骇，女孽入宫，此独未效。"颜师古注引应劭曰："谓小女陈持弓也。"

　　我们所考察的四种版本中，三种现代排印本皆误作"牡孽"，唯台湾《明季史料集珍》影印手抄本作"牝孽"，不误。一字之差，阴阳颠倒，校书者切不可以轻心掉之。

　　土官以文职居任。与流官同称者。自知府以下俱有之。惟教职必用朝迁除授。盖以文学非守令比也。惟宣德间。有选贡李源。为四川永宁宣抚司人。入监。宣抚苏奏。本司生员俱土獠朝家。所授言语不通。乞如云南鹤庆府事例。授源教职。上允之。命源为本司训导（补遗4，933）。

　　案：标点有误。当作"本司生员俱土獠。朝家所授言语不通"，其中"朝家"一词，义为"国家；朝廷"，当属下而误属上，点校者盖因不明词义而误断。

　　此处三种现代排印本皆误，唯《明季史料集珍》本不误。

　　又："宣抚苏奏"中的"宣抚苏"不辞，令人费解，恐为"宣抚司"之讹。根据有二：1.上下文。上文即提及李源为四川永宁宣抚司人。此处又是直接承接上文而言，故亦当为"宣抚司"无疑。2.音韵学上的根据。"苏"字《广韵》中为心母模韵平声合口一等，"司"字《广韵》中为心母之韵平声开口三等，声韵俱近，可以通假。在笔者方言——赣方言中，二字亦同音，例如常把"苏州"读如"司州"，"苏气"（形容好看、漂亮）读如"司气"。"宣抚司"一词，为中国古代常见的地方行政单位，多设于少数民族地区。《汉语大词典》竟然未收此词，实令人费解。不过，《汉语大词典》于"宣抚使"这个官职名称下提及"宣抚司"这个地方行政单位。

此处四种版本皆误。

今殷欲与家属同来者还乡。用良、文旦欲归祭祖。造祠坐。仍还其国（补遗4，934）。

案："祠坐"不辞，《汉语大词典》《辞源》《辞海》等工具书皆未收，颇疑文字有误。今查台湾《明季史料集珍》影印手抄本作"祠堂"，盖不误。

此处三种现代排印本皆误，唯台湾《明季史料集珍》本不误。

第二节 标点举例

且其时每日赐对无间寒暑。即恤劳亦宜然至末年赐亦渐疏唯每月朔望日各衙门大小堂上官俱有支待酒馔（1，5）。

案：原文标点如此。甚为凌乱，多处当断而未断，当详加标点。当作"且其时每日赐对。无间寒暑。即恤劳亦宜然。至末年赐亦渐疏。唯每月朔望日。各衙门大小堂上官。俱有支待酒馔"。

此处《笔记小说大观》本、《传世藏书》本标点基本正确，只是"无间寒暑"未独立出来，《明季史料集珍》本于此处也独立出来，最为精审。

武宗南巡禁宰猪。则民间将所畜。无大小俱杀以腌藏至庚辰春祀孔庙。当用豕牲仪真县学。竟以羊代矣（1，32）。

案：原文标点如此，凌乱不堪，不忍卒读。当作"……则民间将所畜。无大小俱杀以腌藏。至庚辰春祀孔庙。当用豕牲。仪真县学竟以羊代矣"。中间数处当断而未断，不当断而断。

此处唯《元明史料笔记丛刊》本误，其他三本不误。

上廉知其妄。有希冀。命锦衣卫逮下狱治罪（2，40）。

案：标点有误。当作"上廉知其妄有希冀。命锦衣卫逮下狱治罪"。"妄"是"有希冀"的状语，"其"又是"妄有希冀"的主语。不当断而断。清唐芸洲《七剑十三侠》第一百四十九回："玄贞子等二十个人一齐说道：'我等只以顺天应人前来讨逆，非敢妄有希冀。'"民国陈夔龙《梦蕉亭杂记》卷二："群叹科场选举主司一席或预与否，均系前定，不能妄有希冀云。"此为不明语法而误。

此处三种现代排印本皆误，《明季史料集珍》本为影印手写本，不易看清其标点有误与否，但误断的可能性比较大，因为"妄"字下似亦加一点。

又令两京布政司府州县各修官女学设庙。奉先代女师之神（3，87）。

案：标点有误。"设庙"二字当属下而误属上。

三种现代排印本皆误，唯《明季史料集珍》本不误。

当楚恭王壮年时。吾乡有沈樟亭者（名失记）为楚纪。善相得如鱼水（4，126）。

案：标点有误。当作"吾乡有沈樟亭者（名失记）为楚纪善。相得如鱼水"。其中"善"字当属上而误属下。

标点致误的缘由，除了对文义不甚明了之外，还与不明词义有关。"纪善"一词，为明代亲王属官名，掌讲授之职。例如明方孝孺《题会稽张处士墓铭后》："少子遁，亦以通儒术荐为纪善。"上例中沈樟亭正为亲王楚恭王的属官。

三种现代排印本皆误，唯台湾《明季史料集珍》本不误。

太祖混一。规模成于鄱阳之战（5，140）。

案：标点有误。当作"太祖混一规模。成于鄱阳之战"。"规模"一词，当属上而误属下。

今谓此处"规模"一词，义为"制度；程式"，亦作"规橅"。《汉语大词典》收有此义，例如《魏书·地形志上》："《夏书·禹贡》，周氏《职方》，中画九州，外薄四海，析其物土，制其疆域，此盖王者之规模也。"唐韦瓘《留题桂州碧浔亭》诗："轮奂未成绳墨在，规模已壮阅阎高。"明归有光《题〈洪武京城图志〉后》："信分裂偏安之迹，与混一全盛之规橅，迥别如此。"尤其从归有光的例子中，更可知"规模"一词当属上句。此处盖因不明词义而误断句子。

此处三种现代排印本皆误，唯《明季史料集珍》本不误。

王三原、方秉铨。乃云未有传奉。且以诸辅臣任子为言。以拄鼎口。其说竟不行（6，162）。

案：标点有误。"王三原、方秉铨"中间之顿号当去掉。"方"字为时间副词，义为"正在"。"秉铨"一词，义为"掌管吏部"，即为吏部尚书。本书卷七"阁部形迹"条即有云王三原为吏部尚书事。该书"冢宰避内阁"条：至陆平湖秉铨。虽从政府取位。而自持太阿（9，244）。该书"朱震川司空"条：陆出秉铨。即起孙为总宪（19，485）。该书"郑蒋翁婿"条亦云：或云蒋方秉铨。郑谋出镇。为势所胁取（11，284）。断句者误以为"方秉铨"亦为人名，故于中间点断，误甚。此亦因不明词义而误。

此处三种现代排印本皆误，唯《明季史料集珍》本不误。

正德十六年七月。世宗新即位。先下诏求言。至是御马监丞何泽。应诏陈事。已获俞旨。既而又言近习。及二十四监局奸利事。即被严谴。搒掠。发充孝陵净军（6，166）。

案：标点有误。当作"既而又言近习及二十四监局奸利事。即被严谴搒掠"。中间两处不当断而断。既不合语法停顿，更不合语音停顿。

前一处标点致误的缘由，除了对文义不甚明了之外，还与不明词义有关。此处"近习"一词，义为"指君主宠爱亲信的人"。例如《礼记·月令》："（仲冬之月）省妇事，毋得淫，虽有贵戚近习，毋有不禁。"《后汉书·皇甫规传》："（孝顺皇帝）后遭奸伪，威分近习，畜货聚马，戏谑是闻。"李贤注："近习，诸侯幸亲近小人也。"清唐甄《潜书·得师》："继世之君，身处尊富，狃于近习，不能周知天下之务。"

我们所考察的四种版本中，有三种皆误，唯台湾《明季史料集珍》本不误。

京师正阳门楼。毁于火。庚戌年。议重建。时内监同工部官估计、营缮司郎中张嘉言。楚人也。素以负气称（6，174）。

《万历野获篇》词汇研究

案：标点有误。"估计"一词后当为句号（《元明史料笔记丛刊》本仅有句号和顿号），而非顿号。

此处《元明史料笔记丛刊》《笔记小说大观》本标点错误，《传世藏书》本不误。因此处涉及顿号使用正确与否，《明季史料集珍》本全书皆只有顿号，故此处不计。

余姚人杨大章。潦倒宦途久矣。其受业门人吕文安。童子时受其恩。及大用。引至刑部侍郎。杨已笃老。不堪烦剧。屡称病在告。世宗厌之。勒令闲住。去则年已八十余矣（7，199）。

案：标点有误。最后二句当作"勒令闲住去。则年已八十余矣"。其中"去"字当属上而误属下。有两个根据：一，语法结构。"闲住去"是一个连动结构，中间不可分开，主语都是杨大章。况且，此处"则"是一个转折连词，功能是引起一个小句，如果其上更有一个"去"字，显得不伦不类。二，本书文例。例如，汪大恕。并史语奏之。上始悟。徐得闲住去（7，204）。至戊戌秋。张以东事为给事徐观澜所劾闲住去。遂至今无议及之者（24，605）。

此处三种现代排印本皆误，唯《明季史料集珍》本不误。

次科己丑。即永嘉为大主考。取会元唐顺之等二十人为庶吉士。时举朝清议。尚目议礼贵人为胡虏禽兽。诸吉士不愿称恩地。以故亦恨望之。且皆首揆杨丹徒所选。益怀忿忌。比旨下改授甫数日。又密揭此辈浮薄。非远到器……于是教习大臣。停推新吉士。亦不入馆读书。即以应得之官出授。皆部、寺、州、县。仅王表得给事，胡经等得御史，盖科道三人而已（7，200）。

案：标点有误。当作"于是教习大臣停推。新吉士亦不入馆读书。即以应得之官出授"。其中"新吉士"当属下而误属上。虽然"停推"的宾语理应是"新吉士"，但此处可以根据上下文省略宾语，而且不致产生理解上的混乱。而下文"亦不入馆读书"的主语同样是"新吉士"，且根据语法规则不可省。因为，省略之后，很难确定主语是"教习大臣"还是"新吉士"，容易产生理解上的混乱。只有具备比较深厚的中国古代科举制度及职官制度的读者才能断定此处"亦不入馆读书"的主语应该是"新吉士"。因为按照明朝的常规，新选拔出来的庶吉士应该先进入翰林院学习三年。三年后举行考试，成绩优良者分别授以编修、检讨等职；其余则为给事中、御史，或出为州县官，谓之"散馆"。明代重翰林，天顺后非翰林不入阁，因而庶吉士始进之时，已群目为储相。而嘉靖己丑科考选，远在天顺年间之后，按理这次选拔出来的庶吉士也应先入翰林院学习三年，然后授予较高的官职，仅仅因为张孚敬的忌恨，这些人没有入馆读书三年，而被直接授予官职，且所授予的官职普遍很低。

此处为不明典章制度而误。

此处三种现代排印本皆误，唯《明季史料集珍》本不误。

锦衣为右列雄俊第一。然必以赏功。世及。非大帅即元枢。未有及辅臣者（8，216）。

案：标点有误。"世及"一词，义为"世袭，世代相传"。例如《礼记·礼运》："大人世及以为礼。"孔颖达疏："世及，诸侯传位自与家也。父子曰世，兄弟曰及。谓父传与子，无子，则兄传与弟也。"《后汉书·朱景王杜等传论》："缙绅道塞，贤能蔽壅，朝有世及之私，下多抱关之怨。"《旧唐书·长孙无忌传》："申命有司，斟酌前代，宣条委共理之寄，象贤存世及之典。"清王夫之《读通鉴论·秦始皇一》："安于其位者习于其道，因而有世及之理。"上文当作："然必以赏功世及。"不当断而断。可参下文"今阁臣世荫锦衣者。惟杨新都之孙宗吾。瞿诸城之子汝敬。徐华亭之曾孙有庆。俱承袭用事。他未见尽拜官也"，可见文中要表达的是锦衣卫官职是赏给有功的人且可以世袭的。

此误与不明词义、不明语法皆有关系。

此处三种现代排印本皆误，唯《明季史料集珍》本不误。

今上御极后。如高新郑、张新建之逐。出自内旨不必言。初则吕桂林四疏而退。申吴门为上所眷。留至十一疏亦允。后则王太仓尤受宠注。亦入疏即见谕（9，240）。

案：标点有误。且《汉语大词典》引用此句作为书证时亦如此标点。"留"字当属下而误属上。"眷留"一词，亦作"睠留"，义为"眷顾留恋；慰留"。例如晋左思《魏都赋》："追亘卷领与结绳，眷留重华而比踪。"宋叶适《谢提举西京嵩山崇福宫表》："昭示眷留，未即野人之贱；宠还旧职，复参近侍之荣。"明李东阳《求退录·奏为谢恩事》："用是屡干聪听，恳请归休，每荷眷留，辄增愧惧。"尤其是最后一例，与上文意义相近，更可知当用"眷留"，不可拆开。且"眷留"与下文"宠注"亦是同义对文。二字对二字，更不可拆开。

　　此亦因不明词义而误。

　　此处三种现代排印本皆误，唯《明季史料集珍》本不误。

　　沈四明告归仅匝岁。而辞疏亦至八十。说者又谓欲挈归德同行。故久不去位。是时相体已扫地矣。又至李晋江则在阁不两月。而居真武庙凡六年。谢事之后章百余。始放归。直如囚之长系。兽之在槛而已。尚可曰相体。曰主恩哉（9，240）。

　　案：标点有误，"沈四明告归仅匝岁。而辞疏亦至八十"当作"沈四明告归。仅匝岁而辞疏亦至八十"。中间断句错误。

　　此处四种版本皆误。

　　惟成化初年。以上元宫中放灯事。编修章懋、黄仲昭。检讨庄昹。合疏力谏。俱谪外。时人名为翰林三谏、按上元鳌山。本祖宗故事。且两宫在养。理宜娱侍。初非主上过举。此疏似属可已（10，260）。

　　案：标点有误。"时人名为翰林三谏、按上元鳌山。本祖宗故事"当作"时人名为翰林三谏。按上元鳌山。本祖宗故事"。当断而未断。此因不明文义而误。

　　此处《元明史料笔记丛刊》《笔记小说大观》本标点错误，《传世藏书》本不误。因此处涉及顿号使用正确与否，《明季史料集珍》本全书皆只有顿号，故此处不计。

　　今或以三品大参而出。尚裂眦攘臂。如不欲生何也（11，279）。

　　案：标点有误。"如不欲生何也"中间当断而未断，当作"如不欲生。何也"。义为"好像不想活了。为什么呢？"如果中间不点断，则别为一义，翻译为现代汉语就是"拿他不想活怎么办呢？"这并非作者所要表达的意义。

　　此因不明文义及古书文例而误。

　　此处三种现代排印本皆误，唯《明季史料集珍》本不误。

首揆一品恩荫。例拜尚宝司丞。次揆与六卿至一品者。得拜中书舍人。中书考满十二年。始升三级为主事。又九年为尚宝卿。俱仍管中书事。即加至四品三品。不出局约略与玺卿等。诸冑君苦之。反美京幕郎署之递转早得金绯。膺龚黄之寄（11，286）。

案：标点有误。当作"即加至四品三品不出局。约略与玺卿等"，或作"即加至四品三品。不出局。约略与玺卿等"。

此处三种现代排印本皆误，唯台湾《明季史料集珍》本不误，但用以断句的"、"与"局"字的末笔粘连在一起（749页），不细心观察看不出来。

标点致误的缘由，除了对文义不甚明了之外，还与不明词义有关。此处"出局"一词，义为"官员离开本衙门到别的部门任职"。《汉语大词典》未收此义，笔者另有论述。本书中他例如：且一转参议。须满三考始一迁。俱在本衙门。即加至尚书。亦无出局者。以故有志者俱不屑就。或郎属为堂官所开送。多宛转避之（20，517）。

盖此时拨各衙门观政。尚未限定常规。以故巧黠者能越次得之。然而必先授试职或逾年再考不称。则又调别衙门（11，291）。

案：标点有误。后半部分当标点为"然而必先授试职。或逾年再考不称。则又调别衙门"。中间当断而未断。

此处唯《元明史料笔记丛刊》本有误，其他三本不误。

按臣乔璧星得之。遂疏以闻。上命查勘后。亦不竟其事而罢（11，297）。

案：标点有误，当作"上命查勘。后亦不竟其事而罢"。

此处三种现代排印本皆误，唯《明季史料集珍》本不误。

其年七月。三原得致仕去。四明遂滋。不为物情所附云（11，309）。

案：标点有误，当作"四明遂滋。不为物情所附云"。不当断而断。此处"滋"字，义为"愈益；更加"，副词。例如《左传·襄公八年》："谋之多族，民之多违，事滋无成。"汉桓宽《盐铁论·国疾》："今政非改而教非易也，何世之弥薄而俗之滋衰也。"宋王安石《司封员外郎秘阁校理丁君墓志铭》："其治诸暨如剡，越人滋

《万历野获篇》词汇研究

以君为循吏也。"《明史·刘济传》："济在谏垣久，言论侃侃，多与权幸相枝柱，直声甚震，帝滋不能堪。"若于"滋"字处点断，则不知此字为何义矣。

此因既不明词义又不明文义而误。

此处三种现代排印本皆误，唯《明季史料集珍》本不误。

又尚宝卿捧宝。为御前第一玺。其文曰。皇帝奉天之宝。此高皇制也。今正殿正门。尽削奉天之名何居（13，348）。

案：标点有误，当作"今正殿正门。尽削奉天之名。何居"。其中"何居"一词义为"何故"，表疑问，当独立为句。例如《礼记·檀弓上》："何居？我未之前闻也。"郑玄注："居读为姬姓之姬，齐鲁之间语助也。"隋王通《中说·事君》："子游河间之渚，河上丈人曰：'心若醉六经，目若营四海，何居乎，斯人也。'"清龚自珍《邵子显校刊娄东杂着序》："若徽州，若吾浙西三府，若扬州，若常州，爱其乡先辈，而乐以其言饷天下者，岂乏其人，何居乎不效子显之所为？"

此因不明词义及古书文例而误。

此处三种现代排印本皆误，唯台湾《明季史料集珍》本不误。

不特祀丰于祢庙傅岩犹以为渎。且教坊司何职。可与陵祀接称（14，361）。

案：标点有误，当断而未断。"不特祀丰于祢庙傅岩犹以为渎"中间当断开，作"不特祀丰于祢庙。傅岩犹以为渎"。其中，"傅岩"为人名。

此因不明文义而误。

此处四种版本皆误。尤其奇怪的是，"祢庙"一词只有《明季史料集珍》本误作"称庙"。盖误将"礻"字旁写作"禾"字旁，导致祢、称二字繁体形近而误①。

己丑科吴彻如名正志。以乃翁赴任不及试。命入南监。即联捷为郎。建言今年以光禄丞召入矣（15，405）。

案：标点有误。当作"即联捷为郎建言。今年以光禄丞召入矣"，或作"即联捷为郎。建言。今年以光禄丞召入矣"。其中"建言"是"郎"的职责之一，与下

---

① 俗书"木""扌""礻""衤""禾"诸旁往往相混不别。曾良：《俗字及古籍文字通例研究》，百花洲文艺出版社2006年版，第89～91，163，165页。

文无涉。可以独立为一小句，亦可归入上一小句。

此与不明文义及典章制度有关。

此处三种现代排印本皆误，唯《明季史料集珍》本不误。

嘉靖癸未科。华亭徐相长子璠。以南京应试。作奸问革。万历癸未科德清方相长子世鸿。以北京狎妓坠马死。问革。二相俱在事当局。俱系胄君。俱不致仰累其父（16，409）。

案：标点凌乱，体例不一。当作"以南京应试作奸。问革。万历癸未科。德清方相长子世鸿"。

此处标点，四种版本也不太一致，没有一种是完全正确的。除《元明史料笔记丛刊》本作如上标点外，《笔记小说大观》本、《传世藏书》本其他地方不误，而以"作奸"属下，"作奸问革"中间未点断，误。《明季史料集珍》本他处不误，但"嘉靖癸未科"后未点断，而"万历癸未科"后点断，体例不一，亦小有误。

然以王辰玉、何等才。亦列其中。所以乃翁有死不受辱之疏也（16，409）。

案：标点有误。当作"然以王辰玉何等才。亦列其中"。中间不当断而误断。盖以为"何等才"亦为人名。误之甚也。此处"何等"一词，义为"什么样的"，表示不满或鄙视。《后汉书·宦者传·孙程》："镇即下车，持节诏之。景曰：'何等诏！'因斫镇，不中。"《资治通鉴·后唐庄宗同光元年》："程骂曰：'公何等虫豸，欲倚妇力邪！'"《三国志·魏志·吕布传》"布欲降"裴松之注引三国吴袁晔《献帝春秋》："（布）曰：'卿曹无相困，我当自首明公。'陈宫曰：'逆贼曹操，何等明公！今日降之，若卵投石，岂可得全也！'"

此与不明词义有关。

此处三种现代排印本皆误，唯《明季史料集珍》本不误。

丙午科之秋。顺天第四名邹汝矿以割卷败露。枷于礼部门。其文本出马显忠求补缺额不允。未几郁死（16，419）。

案：此事本书他处又记，顷丙午顺天乡试。第四名郑汝矿者。浙江之绍兴人也。与同里人顺天书办俞姓者作奸。割人佳卷。以致高擢。事发。同俞姓枷示礼部前三月（26，670）。则人名不同。据《明武宗实录》《金陵琐事》《明史钞略》

《万历野获篇》词汇研究

等明代史料，当以"郑汝矿"为是。

此处四本皆误。

余识其人。年将稀龄。尚慷慨谈文谈兵如少年然。其为浙产。为中州。为徽人。终莫能明也（16，421）。

案：标点有误，当作"尚慷慨谈文谈兵如少年。然其为浙产。为中州。为徽人。终莫能明也"。其中"然"字为转折连词而非词尾，当属下而误属上。

此处三种现代排印本皆误，唯《明季史料集珍》本不误。

幸臣胡宗宪、赵文华辈。开府江浙。时世宗方喜祥瑞。争以表疏称贺博宠。收取词客充翘馆。胡得浙人徐渭、沈明臣、赵得松。江人朱察卿。俱荷异礼。获厚赍（17，434）。

案：标点甚误。当作"胡得浙人徐渭、沈明臣。赵得松江人朱察卿"。"赵得松"并非人名。其中"赵"即指上文的赵文华，"松江人朱察卿"是他收罗的词客。并且文中此处本是"胡""赵"二人对举。点校者甚为失察①。此与不审文义有关。

此处三种现代排印本皆误，唯《明季史料集珍》本不误。

然暹罗实与云南徼外蛮莫、及缅甸相邻（17，439）。

案：标点有误。既已有"及"字，则不须用顿号。

此处《元明史料笔记丛刊》本、《笔记小说大观》本有误，而《传世藏书》本、《明季史料集珍》本不误。

今史抹却谦等去手足不书。意者虑为先帝新政累。故削之耶。但极刑寸磔则有之。无断绝手足者或覆奏时。上又除手足之条（18，457）。

案：标点有误。当作"但极刑寸磔则有之。无断绝手足者。或覆奏时。上又除手足之条"，中间当断而未断。

此处唯《元明史料笔记丛刊》本有误，其他三本不误。

---

① 本条内容，笔者 2007 年 6 月提交答辩时的博士学位论文中已有，该学位论文 2010 年解密，并被中国期刊网收录，笔者后又公开发表，见《〈万历野获编〉点校献疑》，《江汉大学学报》（人文科学版）2011 年第 2 期。吕靖波后将此部分内容加以修饰扩展重新发表，见《〈万历野获编〉断句纠误一则》，《江海学刊》2012 年第 2 期。

兄此来甚慰举朝属望。但兰溪公善人。且耄。可待。幸姑留之数月何如（19，486）。

案：标点有误，"且耄可待"中间不须点断，意为"很快就到老年了"。

此处三种现代排印本皆误，唯《明季史料集珍》本不误。

先是孝宗朝王云凤以礼部郎中。劾太监李广。直声震天下。久不赐环用。张彩荐召官祭酒。因感其恩（20，509）。

案：标点有误，当作"久不赐环。用张彩荐召官祭酒"。其中"用"字当属下而误属上。此处"用"字为介词，相当于"以"，义为"凭借，通过"。校点者盖以此处"用"字为实义动词，义为"任用"，故而致误。

其深层的致误之由，更是由于不了解"赐环"一词的意义。"赐环"一词，亦作"赐圜"。语本《荀子·大略》："绝人以玦，反绝以环。"杨倞注："古者臣有罪待放于境，三年不敢去，与之环则还，与之玦则绝，皆所以见意也。"后用以表示放逐之臣，遇赦召还。例如唐张说《出湖寄赵冬曦》诗之二："湘浦未赐环，荆门犹主诺。"明陈汝元《金莲记·闻系》："自解一官，又经数载。轼儿谪任武林，未获赐环消息；辙儿召居谏院，犹然落魄规模。"清陈康祺《壬癸藏札记》卷一："他书多称稚存赐圜，由文正力，盖非事实也。"章炳麟《驳康有为论革命书》："呜呼长素，何乐而为是耶？热中于复辟以后之赐环，而先为是龃龉不了之语，以耸东胡群兽之听，冀万一可以解免。"故上例中下文即有"用张彩荐召"之语。

此与不明词义及不明典故有关。

此处三种现代排印本皆误，唯《明季史料集珍》本不误。

最后则海琼山指斥上过。失语太峻。亦坐绞（20，511）。

案：标点有误，当作"最后则海琼山指斥上过失。语太峻。亦坐绞"。其中"过失"为一词，"失"字当属卜误属上。虽然"失语"也成词，但不能和"太峻"搭配。能和"太峻"搭配的主语只能是"语"。

此处三种现代排印本皆误，唯《明季史料集珍》本不误。

孙恚甚。又中之楚按。楚抚计下考劣。陞崇府审理（20，520）。

案：标点有误，当作"楚抚计下考。劣陞崇府审理"。其中"下考"一词，义为"官吏考绩列为下等"。例如《北史·杜铨传》："(正玄)隋开皇十五年举秀才，试策高第。曹司以策过左仆射杨素，怒曰：'周孔更生，尚不得为秀才，刺史何忽妄举此人？可附下考。'"宋张杖《斜川日雪观所赋》诗："政拙甘下考，智短空百忧。"

"劣陞"一词，义为"降职"。《汉语大词典》未收此词，但收有与其结构方式相同，造词理据也相同，而意义相反的同族词"优升"，义为"荣升，升职"。例如唐白居易《卢元勋除隰州刺史制》："言行事立，朕甚多之！虽有优升，未酬义烈，宜以一郡，宠而旌之。"《宋史·选举志六》："帝察群臣有闻望者……令合门再引对，观其辞气文艺，并得优升。"清黄六鸿《福惠全书·杂课·新垦》："此盖胥里承望风旨，为本官加级优升之径。"

又本书中还有"劣陞"一词的其他书证，周以丁丑劣陞王官。赵以庚辰疏高时事。亦转楚府长史（20，520）。而此处校点者却未割裂此词。可见，校点者之所以标点有误，根本原因在于不了解"劣陞"一词的意义。

此处三种现代排印本皆误，《明季史料集珍》本作"孙恚甚、又中之楚抚楚按、计下考劣陞崇府审理"，文字顺序稍有不同，句读亦异，故难以论其是非。

又景帝建大隆福寺。壮丽甲京师。有言其地不吉者。帝命拆去。前门牌坊。所谓天下第一丛林者（20，530）。

案：标点有误，当作"帝命拆去前门牌坊"。不当断而断。若中间断开，则容易让人误以为整座寺庙都被拆去。实则只拆去前门牌坊。本书卷二十七"京师敕建寺"条亦有云：此外京城内有大福隆寺……乃命闭正门不开。禁钟鼓声。又拆寺门牌坊。所谓第一丛林者（27，687）。一个标点之差，有大关系焉。

此处唯《元明史料笔记丛刊》本有误，其他三本不误。

此皆市狙庭隶所为。且亦有不宵为者。缙绅辈反恬然不以为耻。真可骇也（21，542）。

案：文字有误，"不宵"当为"不屑"。宵、屑形近而误。

三种现代排印本皆误，唯《明季史料集珍》本不误。

又有霸州人王智女名王满堂。曾预选入内廷。不得留罢归。自恚绝色。偃蹇不肯嫁（21，545）。

案：标点有误，当作"自恚绝色偃蹇。不肯嫁"。其中"偃蹇"一词当属上而误属下。如果仅是因为"绝色"，是没有必要"自恚"的。其"自恚"的主要是虽具绝色而"偃蹇"。此处"偃蹇"一词，义为"困顿，不得志"。例如《新唐书·段文昌传》："宪宗数欲亲用，颇为韦贯之奇诋，偃蹇不得进。"清蒲松龄《聊斋志异·连城》："乔生，晋宁人，少负才名。年二十余，犹偃蹇。"

此处三种现代排印本皆误，《明季史料集珍》本作"又有霸州人王智女、名王满堂、曾预选入内廷、不得留罢归、自恚、绝色偃蹇、不肯嫁"，此本"绝色偃蹇"未断开，正确；但于"自恚"处断开，似亦误。

其后渐晋卿寺以中丞。开府福建（22，560）。

案：标点有误。当作"其后渐晋卿寺。以中丞开府福建"。盖因不了解"开府"一词之词义而致误。此处"开府"一词，义为"古代指高级官员（如三公、大将军、将军等）成立府署，选置僚属"，例如《后汉书·董卓传》："傕（李傕）又迁车骑将军，开府，领司隶校尉，假节。"三国魏阮籍《辞蒋太尉辟命奏记》："开府之日，人人自以为掾属。"

此处三种现代排印本皆误，唯《明季史料集珍》本不误。

昙阳高足名道印者。以传灯第一人守观。旋殁。麟洲从太常。予告亦继之（23，594）。

案：标点有误，当作"麟洲从太常予告。亦继之"。其中"予告"一词，义为"大臣因病、老准予休假或退休"。例如宋杨万里《二月二十四日雨中泛舟赋诗》："君王予告作寒食，来看孤山海棠色。"《花月痕》第三回："原来漱玉家中有一座园亭，是太傅予告之后，颐养之地。"点校者盖不明此词的意义，故标点致误。"麟洲从太常予告"即麟洲以太常的官职退休，而"亦继之"即麟洲继道印之后而殁。

此处三种现代排印本皆误，唯《明季史料集珍》本不误。

袁虽嗜贿。然为马所胁。持未敢纳。第心衔之而已（24，618）。

案：标点有误，"然为马所胁。持未敢纳"当作"然为马所胁持。未敢纳"。"胁持"一词义为"威胁挟持"。例如《汉书·王莽传上》："莽之所以胁持上下，皆此类也。"宋苏辙《欧阳文忠公神道碑》："河北诸军，怙乱骄恣，小不如意，辄胁持州郡。"清薛福成《筹洋刍议·敌情》："彼必虚张日本之声势以胁持中国。"本书中还有其他用例，孙余姚已先位太宰。为诸君子所胁持。屡与太仓抗（9，245）。点校者盖因不明词义而误断，割裂词语。

此处三种现代排印本皆误，唯《明季史料集珍》本不误。

时又有吴人周中石、名恭先者。娄中王文肃客也。曾为诸生。去为山人称诗流。寓襄阳。马少时即与相识。顷暂归里。诒謂石匠。我能遏止使君。令若辈售石如初（24，618）。

案：标点有误，"去为山人称诗流"当作"去为山人。称诗流"。当断而未断。其中"诗流"义为"诗人"。例如唐杜甫《送长孙九侍御赴武威判官》诗："樽前失诗流，塞上得国宝。"宋杨万里《都下和同舍客李元老承信赠诗之韵》："诗流倡和秋虫鸣，僧房问答狮子吼。"

此处三种现代排印本皆误，唯《明季史料集珍》本不误。

往日王昙阳辞世。以不信黄白。男女为第一戒。真疗狂格论（29，754）。

案：标点有误，当作"以不信黄白、男女为第一戒"。其中"黄白"、"男女"都在不信的范围内，都是"不信"一词的宾语。"黄白"指的是术士所谓炼丹化成金银的法术，"男女"一词指的是所谓采战之术。

此处三种现代排印本皆误，唯台湾《明季史料集珍》本作"以不信黄白男女为第一戒"，亦是。

（健妇）能于马上用长枪。置一豆于地。驰骑过之下。一枪则剖为二。再驰再下。则擘为四。其精如此（29，757）。

案：标点有误，当作"置一豆于地。驰骑过之。下一枪则剖为二"。此处"下"字为动词，"下一枪"当连读。下句"再驰再下"即分别省略了"驰"的宾语"骑"和"下"的宾语"枪"。

此处三种现代排印本皆误，唯台湾《明季史料集珍》本不误。

其棺内外宝货不可胜计。沈得其冠簪一枝。长数寸而古作绀碧色（29，758）。

案：标点有误，当作："沈得其冠簪一枝。长数寸而古。作绀碧色。"中间当断而未断。

此处三种现代排印本皆误，唯台湾《明季史料集珍》本不误。

木邦既专宝井之利。四方估客麇集其境。乃命所爱陶猛名司歪者守之。陶猛即头目也。宣慰使罕揲至。以女名囊罕弄者妻司歪。既擅有宝井。遂藐视其父家。因据孟密以叛。成化中。南宁伯毛胜、太监钱能等。镇守滇中。受其重赂。许其得自入贡。不复闻。木邦因略取木邦地以自广（30，769）。

案：标点有误，"许其得自入贡。不复闻。木邦因略取木邦地以自广"疑当作"许其得自入贡。不复闻木邦。因略取木邦地以自广"。

此处三种现代排印本皆误，唯台湾《明季史料集珍》本不误。

四面多田园。流水环绕。树木阴翳。土宜稷麦、豆、麻、桃、杏、小枣、瓜葫芦之属（30，774）。

案：标点稍误，当作"土宜稷、麦、豆、麻、桃、杏、小枣、瓜葫芦之属"。稷和麦为两种不同的农作物，中间亦当点断。

此处三种现代排印本皆误，而台湾《明季史料集珍》本于以上各种农作物名之间皆未点断，自是另一种体例。

是年馆选凡两度。以后选者改入。梅前后皆预焉。凡二十一人。馆元为吕怀拜给事（补遗2，840）。

案：标点有误，当作"馆元为吕怀。拜给事"。当断而未断。

三种现代排印本皆误，唯《明季史料集珍》本不误。

至甲寅乙卯间。王思质（忬）用御虏功骤贵。以右都御史兼兵侍。督蓟辽时。唐荆川（顺之）从田间。起以职方郎中阅视各边（补遗2，843）。

案：标点有误，当作"王思质（忬）用御虏功骤贵。以右都御史兼兵侍督蓟辽。时唐荆川（顺之）从田间起。以职方郎中阅视各边"。尤其是其中"时"字一定当属下而误属上，"起"字一定当属上而误属下。

此处三种现代排印本中《元明史料笔记丛刊》本及《笔记小说大观》本两处皆误，《传世藏书》本前一处误而后一处不误。唯台湾《明季史料集珍》本两处皆不误。而"以右都御史兼兵侍督蓟辽"中间断与不断皆可。

盖吴人尿呼书二字同一音也（补遗2，856）。

案：标点有误，当作"盖吴人尿呼书。二字同一音也"。即在明代吴语中，"尿""书"二字音同（或音近）。这种现象在现代很多方言中仍然存在，当断而未断。

此处三种现代排印本中《元明史料笔记丛刊》本及《笔记小说大观》本皆误，《传世藏书》本不误。台湾《明季史料集珍》本作"盖吴人呼尿书二字同一音也"，文字稍有不同，而标点不误。

虽官为宰相。少师得谥文穆。然依阿附会。时人以配汉之胡广（补遗2，864）。

案：标点有误，当作"虽官为宰相少师。得谥文穆"。宰相、少师皆为官名，二者为并列关系，皆当属上，不得割裂。

此处三种现代排印本皆误，唯《明季史料集珍》本不误。

（武职比试）竟不知废于何年。而穆宗史亦不载何也（补遗3，871）。

案：标点有误，当作"而穆宗史亦不载。何也"。当断而未断。"何也"当独立成句，是对上面两句话的发问。

此处四种版本皆未点断。

前乎此。则唐李璋为宣州观察使时。宰相杨收造白檀亭子。会亲友落成之先。是璋潜度其广袤。织成地毯。至日以献（补遗3，893）。

案：标点有误，当作"宰相杨收造白檀亭子。会亲友落成之。先是璋潜度其广袤"。其中"先"字当属下而误属上。"先是"即在此以前，多用于追述往事之词。例如《史记·平准书》："初，先是往十余岁，河决观，梁楚之地固已数困。"唐元稹《招讨镇州制》："如有能斩凶渠者，先是六品已下官宜与三品正员官。"因不明词义而割裂词语。奇怪的是，本书中"先是"一词出现数十次，唯此处标点失误。

此处三种现代排印本皆误，唯《明季史料集珍》本不误。

其中很多标点失误的地方是因为不明词义而割裂词语，如纪善、近习、眷留、过失、劣陞，致使本来简单易懂的文章变得纷繁复杂。最奇怪的几处标点失误是误将其他词组当人名，如"方秉铨""何等才""赵得松"，这种郢书燕说的点校错误不仅过于离奇，严重误导读者。总的来说，很多错误只要点校者留心揣摩本书文例及上下文语境，必要时考察相关的历史典籍便可避免。

结　语

通过对《万历野获编》一书词汇基本情况的考察和思考，我们大致可以得出以下结论：

明代笔记词语具有非常大的研究价值。以往研究笔记词汇的论著多限于中古时期如六朝，和近代汉语的前期如唐宋的笔记，而较少涉及到明清笔记。最近十几年来，虽有少数学者如鲁国尧、俞理明、高兴、王祖霞、王宝红、黄宜凤、唐七元等开始研究元明清笔记的词汇，但总的来说，研究这一时期笔记词语的专家学者为数还不是太多，还未形成规模。这可能与学界一般认为明清时期距离现代很近，词汇与现代差异不大有关。但是，通过仔细研读包括《万历野获编》在内的明清史料笔记，我们发现明清笔记词语的研究价值即使不说高于唐宋笔记词汇，也绝对不低于明清小说词汇。限于篇幅，本文只揭示了其中几个方面的研究内容和研究价值。

明清笔记最直观的研究价值在于包含了为数众多的新词新义和口语词。许多现代汉语或现代方言中流行的词语或口语词，都可以在明清笔记中找到最早的源头，或者虽早于明清时期出现，但首次记载见于明清笔记中。就《万历野获编》来说，其中出现的新词新义和口语词，大大丰富了现代汉语的词汇，并且为大中型语文辞书的编纂提供了非常丰富的语言材料，可以说是一个词汇研究和辞典编纂的宝库。

义域，就是某一个词或义位在语义场中所占的区域。传统及现代辞书在解释词义时一个很大的弊端就是往往不太重视对词语或义项的义域进行精确的描写和限定。这不仅是辞书编纂的缺口，而且是读者不能全面正确掌握运用词语的祸根之一。本文在考释词语时非常注意准确地限定义位的义域，并且指出了许多《汉语大词典》、《辞源》、《辞海》等大中型权威工具书在解释义位时义域有错（一般是过窄）的地方，并进行了比较切合实际的修正。

从目前所取得的古白话词语研究成果看，传统的训诂学考释方法大多依然行之有效。这些方法大致有如下几种：一是审辨字形，二是类比归纳，三是利用互文、对文，四是利用异文，五是利用同义并列词组与复合词，六是钩沉旧注，七是因声求义，八是方言佐证，九是探求语源，十是寻绎词义演变轨迹，十一是考察历史文化背景。①其中类比归纳法仍是学界公认的考释词语最常用、最基本的方法，即对全部语料进行穷尽性调研，认真分析每一个例子，将同一类型的语言材料排比在一起，然后根据上下文的语境，归纳出词义来。演绎法在如下情况有其用武之地：当被释词语只有孤例；尽管搜集到数个例子，但分属几个义项，也跟孤例差不多；只根据上下文（或曰语境）归纳词义，难以捕捉到一个词语的核心意义，弄不清是基本义还是派生义，理不清一个多义词各个义项之间的内部联系，容易犯随文释义的毛病。当然，没有任何一种理论和方法是在任何情况下都行得通的，我们在考释词义的过程中，往往需要结合多种理论，综合运用多种方法，具体问题具体分析，总会找到解决问题的办法。本文在考释《万历野获》中的词义时，运用最多的还是类比归纳法；其次是演绎法，通过系连同义词、近义词、反义词、同素词等巧妙地求得一些属于上述特殊情况的词语的正确解释。其他各种词义考释方法也几乎都在本文的考释词义部分派上用场。

由于"笔记"这种文学体裁形式活泼，不拘一格，涉及的范围和生活面非常广泛，尤其是史料笔记，举凡朝政得失、典章制度、民情风俗、地理物产等等一一记录，因此不可避免会出现许多与历史有关的词语。就《万历野获编》来说，由于篇幅较大，字数较多，内容广博，书中有关朝廷典章制度、山川风物、社会风俗、治乱得失、名人历史、文苑词章、异域掌故、器物技艺、遗闻逸事等的历史词语非常之多。这些历史词因为时代的原因，可能现代人已不太理解，而几种常用的大型工具书也未将其完全搜罗进去，或者虽有收录但释义有误，或者对其所处时代的把握不够准确，以至给现代的读者造成阅读障碍。因此，颇有将其汇集起来予以解释的必要。

明清笔记包罗万象，所含词语非常丰富，这些词汇对辞书编纂的重要作用主

①徐时仪：《古白话词汇研究论稿》，上海教育出版社2000年版，第413~414页。

《万历野获篇》词汇研究

要表现在如下几个方面：1. 补充词条；2. 增补义项；3. 修正释义；4. 补充书证；5. 提前最早书证；6. 推迟最晚书证。这个重要性在《万历野获编》中表现得尤其明显：除目前《汉语大词典》已收录的词条、义项、书证以外，该书至少可以再为《汉语大词典》补充 230 个以上的词条；增补 50 个以上的义项；修正40 个左右词条或义项的释义；补充书证、提前最早书证、推迟最晚书证更是多达450 条以上。

整理古籍的目的和意义在于给读者呈现一个最精确、最可靠、最完善、最不致令人心生疑问的版本。目前有许多今人点校的古籍仍然大量沿袭了古本的错误，甚至是低水平的错误，更甚而因点校者误解古籍而产生古籍中本来不存在的错误，这样的点校本是没有存在的价值和意义的，甚至会贻害读者。笔者采用了陈垣归纳的四种校勘方法：对校法、本校法、他校法、理校法，以影印旧抄本为参照，纠正了三种目前较为权威的《万历野获编》的点校本中的为数不少的错误，以及影印旧抄本自身存在的错误。由于古籍整理本身的艰巨性和复杂性，限于时间和精力，本文这一部分的工作目前做得还不够充分，有待来日进一步完善。

十多年前蒋绍愚就对近代汉语词汇研究提出过宝贵的指导性意见："但是，全面地看，近代汉语词汇的研究不仅仅是词语考释，而是应该包括以下几个方面：（1）词语的考释（2）常用词演变的研究（3）构词法的研究（4）各阶段词汇系统的研究（5）近代汉语词汇发展史的研究。"①由于本文的研究对象《万历野获编》一书的篇幅较大，字数较多，可研究的内容非常丰富，光是其中出现的新词新义、未释词语就数量庞大，要彻底厘清很费功夫，加之其可为辞书编纂提供的内容又非常之多，而且版本方面的情况又比较复杂，限于时间和精力，本文没有来得及对《万历野获编》词汇研究的方方面面进行论述，这是非常遗憾的，但笔者有意将其他未及深入探讨的问题列入将来的研究计划。

---

① 蒋绍愚：《近代汉语研究概况》，北京大学出版社 1994 年版，第 270 页。

参考文献

研究文本

[1] 元明史料笔记丛刊.万历野获编［M］.北京:中华书局,1959.

[2] 笔记小说大观第十五编第六册［M］.台湾:台湾新兴书局,1977.

[3] 传世藏书·子库·杂记2［M］.海口:海南国际新闻出版中心,1996.

[4] 明季史料集珍影印旧抄本［M］.台湾:伟文图书出版社有限公司,1976.

辞书

[1] 白维国.白话小说语言词典［Z］.北京:商务印书馆,2010.

[2] 辞海编辑委员会.辞海［Z］.上海:上海辞书出版社,1999.

[3] 高文达.近代汉语词典［Z］.北京:知识出版社,1992.

[4] 龚延明.中国历代职官别名大辞典［Z］.上海:上海辞书出版社,2006.

[5] 广东广西湖南河南辞源修订组,商务印书馆编辑部等编.辞源［Z］.北京:商务印书馆,1988.

[6] 汉语大字典编辑委员会.汉语大字典［Z］.武汉:湖北辞书出版社,1995.

[7] 江蓝生,曹广顺.唐五代语言词典［Z］.上海:上海教育出版社,1997.

[8] 李崇兴.元语言词典［Z］.上海:上海教育出版社,1998.

[9] 李荣.现代汉语方言大词典［Z］.南京:江苏教育出版社,2002.

[10] 龙潜庵.宋元语言词典［Z］.上海:上海辞书出版社,1985.

[11] 陆澹安.小说词语汇释［M］.上海:上海古籍出版社,1979.

[12] 陆澹安.戏曲词语汇释［M］.上海:上海古籍出版社,1981.

[13] 罗竹风.汉语大词典［Z］.上海:汉语大词典出版社,1986—1993.

[14] 梅家驹.同义词词林［Z］.上海:上海辞书出版社,1996年.

[15] 邱树森.中国历代职官辞典［Z］.南昌:江西教育出版社,1991.

［16］商务印书馆辞书研究中心.古今汉语词典（大字本）［Z］.北京:商务印书馆,2002.

［17］上海汉语大词典编纂处.汉语大词典编纂手册［Z］.上海:汉语大词典出版社,1981.

［18］王宣武.汉语大词典拾补［Z］.贵阳:贵州人民出版社,1999.

［19］吴士勋,王东明.宋元明清百部小说语词大词典［Z］.西安:陕西人民教育出版社,1992.

［20］徐连达.中国历代官制词典［Z］.合肥:安徽教育出版社,1991.

［21］许宝华,宫田一郎.汉语方言大词典［Z］.北京:中华书局,1999.

［22］许绍峰.近代汉语大词典［Z］.北京:中华书局,2008.

［23］俞鹿年.中国官制大辞典［Z］.哈尔滨:黑龙江人民出版社,1992.

［24］袁宾,徐时仪.宋代语言词典［Z］.上海:上海教育出版社,1997.

［25］赵德义,汪兴明.中国历代官称词典［Z］.北京:团结出版社,1999.

［26］中国社会科学院语言研究所词典编辑室.现代汉语词典（第六版）［Z］.北京:商务印书馆,2012.

著作

［1］［瑞士］索绪尔.普通语言学教程［M］.北京:商务印书馆,1980.

［2］蔡镜浩.魏晋南北朝词语例释［M］.南京:江苏古籍出版社,1990.

［3］陈宝勤.汉语词汇的生成与演化［M］.北京:商务印书馆,2011.

［4］陈建生.认知词汇学［M］.北京:光明日报出版社,2011.

［5］陈立民等.中国历代职官辑要［M］.兰州:甘肃人民出版社,1990.

［6］陈敏.宋代笔记在汉语词汇学理论研究中的价值［M］.北京:光明日报出版社,2011.

［7］陈秀兰.敦煌变文词汇研究［M］.成都:四川民族出版社,2002.

［8］陈垣.校勘学释例［M］.北京:中华书局,2004 年新 1 版.

［9］陈垣.史讳举例［M］.北京:中华书局,2004 年新 1 版.

［10］程湘清.汉语史专书复音词研究（增订本）［M］.北京:商务印书馆,2008.

［11］程毅中.宋元话本［M］.北京:中华书局,2003 年新 1 版.

［12］池昌海.《史记》同义词研究［M］.上海:上海古籍出版社,2002.

［13］崔山佳.近代汉语词汇论稿［M］.成都:巴蜀书社,2006.

［14］董秀芳.词汇化:汉语双音词的衍生和发展（修订本）［M］.北京:商务印书馆,2011.

［15］董志翘.《入唐求法巡礼行记》词汇研究［M］.北京:中国社会科学出版社,2000.

［16］方平权.汉语词义探索［M］.长沙:岳麓书社,2006.

［17］方一新.东汉魏晋南北朝史书词语笺释［M］.合肥:黄山书社,1997.

［18］方一新.中古近代汉语词汇学（上下）［M］. 北京:商务印书馆,2010.

［19］方一新,王云路.中古汉语语词例释［M］.长春:吉林教育出版社,1992.

［20］方一新,王云路.中古汉语研究［M］. 北京:商务印书馆,2000.

［21］符淮青.词义的分析和描写［M］.北京:外语教学与研究出版社,2006.

［22］符淮青.汉语词汇学史［M］.北京:外语教学与研究出版社,2012.

［23］高名凯.语言论［M］.北京:商务印书馆,2011.

［24］顾之川.明代汉语词汇研究［M］.开封:河南大学出版社,2000.

［25］郭在贻.训诂学（修订本）［M］.北京:中华书局,2005.

［26］郭在贻.新编训诂丛稿［M］.杭州:浙江大学出版社,2010.

［27］国务院古籍整理出版规划小组.古籍点校疑误汇录［C］.北京:中华书局,1990.

［28］季永兴.古汉语句读［M］.北京:商务印书馆,2001.

［29］贾彦德.汉语词义学［M］.北京:北京大学出版社,1999 年 9 月第 2 版.

［30］江蓝生.近代汉语探源［M］.北京:商务印书馆,2000.

［31］江蓝生.近代汉语研究新论［M］.北京:商务印书馆,2008.

［32］（清）姜绍书.韵石斋笔谈［M］.丛书集成初编.上海:商务印书馆,1937.

［33］蒋冀骋.近代汉语词汇研究［M］.长沙:湖南教育出版社,1991.

［34］蒋冀骋,吴福祥.近代汉语纲要［M］.长沙:湖南教育出版社,1997.

［35］蒋礼鸿.敦煌变文字义通释［M］.上海:上海古籍出版社,1981.

[36] 蒋绍愚.蒋绍愚自选集［C］.郑州:河南教育出版社,1994.

[37] 蒋绍愚.近代汉语研究概况［M］.北京:北京大学出版社,1994.

[38] 蒋绍愚.汉语词汇语法史论文集［M］.北京:商务印书馆,2001.

[39] 蒋绍愚.古汉语词汇纲要［M］.北京:商务印书馆,2005.

[40] 蒋绍愚.汉语词汇语法史论文续集［M］.北京:商务印书馆,2012.

[41] 孔令达.中国历代官制［M］.济南:齐鲁书社,1993.

[42] 来新夏.校勘学释例［M］.北京:中华书局,2004.

[43] 雷汉卿.近代方俗词丛考［M］.成都:巴蜀书社,2006.

[44] 李申.近代汉语文献整理与研究［C］.石家庄:河北教育出版社,2002.

[45] 李宗江.汉语常用词演变研究［M］.上海:汉语大词典出版社,1999.

[46] 刘坚.近代汉语读本［M］.上海:上海教育出版社,1985.

[47] 鲁国尧.鲁国尧自选集［C］.郑州:河南教育出版社,1994.

[48] 陆忠发.现代训诂学探论［M］.杭州:浙江大学出版社,2008

[49] 罗常培.语言与文化［M］.北京:北京出版社,2004.

[50] 吕宗力.中国历代官制大辞典［M］.北京:北京出版社,1994.

[51]（清）钱大昕.十驾斋养新录［M］.南京:江苏古籍出版社,2000.

[52] 邱冰.中古汉语词汇复音化的多视角研究［M］.南京:南京大学出版社,2012.

[53] 任继昉.汉语语源学［M］.重庆:重庆出版社,2004.

[54] 商务印书馆编辑部.21 世纪的中国语言学(一)[C]. 北京:商务印书馆,2004.

[55] 盛林.《广雅疏证》中的语义学研究［M］.上海:上海人民出版社,2008.

[56] 束定芳.认知语义学［M］.上海:上海外语教育出版社,2008.

[57] 苏宝荣.词义研究与辞书释义［M］. 北京:商务印书馆,2000.

[58] 苏新春.汉语词义学［M］.广州:广东教育出版社,1992.

[59] 苏新春.汉语词汇计量研究［M］.厦门:厦门大学出版社,2002.

[60] 苏新春.词汇计量及实现［M］.北京:商务印书馆,2010.

[61] 苏向红.当代汉语词语模研究［M］.杭州:浙江大学出版社,2010.

[62] 孙常叙.古一汉语文学语言词汇概论［M］.上海:上海辞书出版社,2005.

[63] 汪维辉.东汉一隋常用词演变研究［M］. 南京:南京大学出版社,2000.

[64] 王艾录,司富珍.语言理据研究 [M].北京:中国社会科学出版社,2002.

[65] 王力.龙虫并雕斋文集（第一册）[C].北京:中华书局,1980.

[66] 王力.汉语史稿 [M].北京:中华书局,2004.

[67] 王宁.训诂学原理 [M].北京:中国国际广播出版社,1996.

[68] 王欣夫.文献学讲义 [M].上海:上海古籍出版社,2005.

[69] 王锳.唐宋笔记语辞汇释 [M].北京:中华书局,2001 年第 2 版.

[70] 王锳.《汉语大词典》商补.[M] 安徽:黄山书社,2006.

[71] 王云路.词汇训诂论稿 [C].北京:北京语言文化大学出版社,2002.

[72] 王云路.中古汉语词汇史（上下）[M].北京:商务印书馆,2010.

[73] 魏达纯.近代汉语简论 [M].广州:广东高等教育出版社,2004.

[74] 向熹.简明汉语史（上下）（修订本）[M].北京:商务印书馆,2010.

[75] 谢国桢.明清笔记谈丛 [M].上海:上海古籍出版社,1981 年 3 月新 1 版.

[76] 徐时仪.古白话词汇研究论稿 [M].上海:上海教育出版社,2000.

[77] 徐通锵.汉语研究方法论初探 [C].北京:商务印书馆,2004.

[78] 徐通锵.历史语言学 [C].北京:商务印书馆,2008.

[79] 许威汉.二十世纪的汉语词汇学 [M].太原:书海出版社,2000.

[80] 杨琳.训诂方法新探 [M].北京:商务印书馆,2011.

[81] 杨树达.古书句读释例 [M].北京:中华书局,2003.

[82] 叶峻荣.现代汉语复合式异形词及其历史研究 [M].北京:北京语言大学出版社,2012.

[83] 殷寄明.汉语语源义初探 [M].上海:学林出版社,1998.

[84] 殷寄明.语源学概论 [M].上海:上海教育出版社,2000.

[85] 俞樾等.古书疑义举例五种 [M].北京:中华书局,2005 年第 2 版.

[86] 袁宾.近代汉语概论 [M].上海:上海教育出版社,1992.

[87] 袁宾等.二十世纪的近代汉语研究 [M].太原:书海出版社,2001.

[88] 曾良.明清通俗小说语汇研究 [M].南昌:江西教育出版社,2009.

[89] 曾昭聪.汉语词汇训诂专题研究导论 [M].广州:暨南大学出版社,2010.

[90] 张德信.明朝典章制度 [M].长春:吉林文史出版社,2001.

《万历野获篇》词汇研究

[91] 张联荣.古汉语词义论［M］.北京:北京大学出版社,2000.

[92] 张能甫.《旧唐书》词汇研究［M］.成都:巴蜀书社,2002.

[93] 张舜徽.中国古代史籍校读法［M］.上海:上海古籍出版社,1980 年新 1 版.

[94] 张巍.中古汉语同素逆序词演变研究［M］.上海:上海古籍出版社,2010.

[95] 张相.诗词曲语词汇释［M］.北京:中华书局,1977.

[96] 张诒三.词语搭配变化研究［M］.济南:齐鲁书社,2005.

[97] 张涌泉.汉语俗字研究（增订本）［M］.北京:商务印书馆,2010.

[98] 张永言.词汇学简论［M］.武汉:华中工学院出版社,1982.

[99] 张志毅 张庆云.词汇语义学（修订本）［M］. 北京:商务印书馆,2005.

[100] 浙江大学汉语史研究中心.汉语史学报［Z］.上海:上海教育出版社,2002.

[101] 中国佛教文化研究所.俗语佛源［M］.上海:上海人民出版社,1993.

[102] 中国人民大学,中国出版工作者协会词典编辑进修班.词书与语言［M］.
    武汉:湖北人民出版社,1985.

[103] 周荐.20 世纪中国词汇学［M］.北京:中国人民大学出版社,2008.

[104] 朱庆之.佛典与中古汉语词汇研究［M］. 台北:文津出版社,1992.

[105]（清）朱彝尊.静志居诗话（上下）［M］.北京:人民文学出版社,1990.

论文

[1] 卜键.明代野史未有过焉者——沈德符和他的《万历野获编》［J］.中华戏
    曲,2000,（00）:146—161.

[2]曹廷玉.近代汉语同素逆序同义词探析[J].暨南学报(哲学社会科学版),2000,
    （5）:57—64.

[3]程志兵.谈《汉语大词典》中的诸问题[J].新疆大学学报（社会科学版）,2002,
    （4）:120—125.

[4]董慧敏,陆容《菽园杂记》的语言文字史实评述［J］.宿州教育学院学报,2001,
    （2）:28—30.

[5] 董树人.辞书释义问题琐谈［J］.汉字文化,2000,（4）:21—23.

[6]方一新.中古汉语词义求证法论略[J].浙江大学学报(人文社会科学版),2002,

（5）：33—41.

[7] 冯海瑛.《万历野获编》分词理论与实践［D］.广西师范学院硕士学位论文,2010.

[8] 冯伟.明清俗语中的社会弊病［J］.南方论刊,2007,（6）:63—64.

[9] 高兴.古人笔记与《汉语大词典》[J]. 安徽师大学报（哲学社会科学版）,1998,（4）:536—540.

[10] 高兴.古人笔记与辞书编纂［J］.辞书研究,2000,（5）:63—70.

[11] 郭康松.用"本校法"看《汉语大词典》所存在的问题［J］.华中师范大学学报（哲学社会科学版）,1996,（6）:121—126.

[12] 郭芹纳.说大型汉语辞书中字词的照应［J］.辞书研究,2004,（2）:82—83.

[13] 郭在贻.俗语词研究与古籍整理.古籍点校疑误汇录（一）［C］.北京:中华书局 2002,14—29.

[14] 侯虎虎.明人笔记的释史价值[J].延安大学学报（社会科学版）,2004,（5）:82—86.

[15] 侯水霞.《南村辍耕录》词汇及语料价值研究［D］.暨南大学博士学位论文,2007.

[16] 胡正武.陶宗仪的语言研究——读《南村辍耕录》札记［J］.台州学院学报,2002,（2）:34—38.

[17] 胡中文.同素族词语与语素义项的归纳［J］.辞书研究,2001,（3）:53—59.

[18] 黄宜凤.明代笔记小说俗语词研究［D］.四川大学博士学位论文,2007.

[19] 季群英:《万历野获编》文学史料类纂考辨［D］,华中师范大学硕士学位论文,2010.

[20] 江蓝生.演绎法与近代汉语词语考释.近代汉语探源［C］.北京:商务印书馆,2000, 299—308.

[21] 蒋朝军:《金瓶梅词话》第五十三至五十七回真伪补证［J］.《上海师范大学学报》（哲学社会科学版）,2006,（6）: 59—65.

[22] 蒋绍愚.关于古汉语词义的一些问题.汉语语义学论文集［C］.长沙:湖南人

《万历野获篇》词汇研究

民出版社,1986,2:8—48.

[23] 蒋绍愚.古汉语词典的编纂和古汉语词汇的研究 [J].湖北大学学报（哲学社会科学版）,1989,（6）:60—67.

[24] 蒋绍愚.关于"义域".蒋绍愚自选集 [C]. 河南:河南教育出版社,1994,91—100.

[25] 蒋绍愚.近代汉语词汇研究.蒋绍愚自选集 [C].河南:河南教育出版社,1994,170—212.

[26] 蒋宗许.论近代汉语研究与《汉语大词典》的修订[J].辞书研究,2004,（1）:46—50.

[27] 蒋宗许.《汉语大词典》收词释义评说 [J].西南民族大学学报（人文社科版）,2005,（1）:385—388.

[28] 李建国.论语文词典收词释义的系统与平衡 [J].辞书研究,2005,（3）:20—29.

[29] 李立成.近代汉语词典的收词立目 [J].辞书研究,1997,（6）:31—39.

[30] 李申.汉语"反词同指"现象探析.近代汉语文献整理与研究 [C].石家庄:河北教育出版社,2002:21—30.

[31] 李仕春."类推"在汉语新词语产生和流传中的作用 [J].语文学刊（高教版）,2005,（9）:23—25.

[32] 李之亮.近代语词训诂应注意的几个问题 [J].中州学刊,1996,（2）:106—108.

[33] 刘瑞明.《汉语大词典》应如何精益求精 [J].古汉语研究,1996,（3）:69—74.

[34] 刘瑞明.词语的系列性与《汉语大词典》的失疏 [J].四川大学学报（哲学社会科学版）,1999,（4）:55—59.

[35] 刘志纲.《论词义系统的时空转换》[J].古汉语研究,2007,（4）:45—49.

[36] 鲁国尧.《南村辍耕录》与元代方言.鲁国尧自选集 [C].河南:河南教育出版社,1994:250—291

[37] 鲁国尧.陶宗仪《南村辍耕录》等著作与元代语言 [J].南京大学学报（哲

学人文社会科学版）,1996,（4）：147—152.

[38] 罗国强.明代汉语新词语初探［D］.中山大学博士学位论文,2007.

[39] 马显彬.古代汉语同素异序词综论［J］.湛江师范学院学报,2003,（1）:58—61.

[40] 莫砺锋.关于《汉语大词典》"书证迟后"问题的管见［J］.福州大学学报（哲学社会科学版）,2001,（3）:80.

[41] 曲文军.《汉语大词典》书证疏误辨正［J］.山东教育学院学报,2002,（4）:21—23.

[42] 曲文军.《汉语大词典》误释词目研究［J］.理论学刊,2002,（4）:122—124.

[43] 曲文军.论《汉语大词典》相关条目的非相关性问题［J］.临沂师范学院学报,2003,（5）:92—96.

[44] 曲文军.修订《汉语大词典》的必要性研究［J］.河西学院学报,2004,（3）:5—9.

[45] 曲文军.论《汉语大词典》的严重缺陷［J］.临沂师范学院学报,2004,（4）:40—44.

[46] 曲文军,张连富.论《汉语大词典》书证空缺的问题［J］.郧阳师范高等专科学校学报,2004,（4）:62—65.

[47] 曲文军.《汉语大词典》误释词目研究报告［J］.山东师大学报（人文社会科学版）,2005,（1）:44—48.

[48] 曲文军,朱孔伦.论《汉语大词典》沿袭旧误的问题[J].辞书研究,2005,（3）:128—135.

[49] 曲文军.论《汉语大词典》释义牵强附会的问题[J].临沂师范学院学报,2005,（4）:28—32.

[50] 孙雍长.古汉语的词义渗透［J］.中国语文,1985,（3）:207—213.

[51] 谭耀炬.《汉语大词典》书证溯源指瑕［J］.九江师专学报（哲学社会科学版）,2001,（3）:69—73.

[52] 唐七元.《菽园杂记》所载方言语音现象考察［J］.河南理工大学学报(社会科学版),2012,（3）:323—327.

[53] 唐七元.试谈《菽园杂记》的方言学价值 [J].西华大学学报（哲学社会科学版），2012，（4）:50—54.

[54] 唐七元.论《戒庵老人漫笔》的语料价值 [J].广西民族师范学院学报（社会科学版），2013，（2）:84—88.

[55] 滕新才.《客座赘语》点校商兑 [J].重庆三峡学院学报，2002，（2）:47—52.

[56] 王宝红.清代笔记小说中的俗语词研究 [J].四川大学学报（哲学社会科学版），2005，（3）:136—140.

[57] 王宝红.试论清代笔记小说的语料价值 [J].西藏民族学院学报（哲学社会科学版），2006，（5）:68—71.

[58] 王伟. 现代汉语同素异序词浅论 [J].枣庄学院学报，2005，（3）:89—93.

[59] 王云路. 试说"鞭耻"[J].中国语文，2005，（5）:454—458.

[60] 王祖霞.史料笔记与《汉语大词典》词语溯源 [J].五邑大学学报（社会科学版），2003，（4）:75—77.

[61] 王祖霞.从明清笔记看《汉语大词典》词语溯源 [J].鄂州大学学报，2005，（2）:68—70.

[62] 王祖霞.明清笔记的词语特点及释义 [J].安顺学院学报，2010，（6）:12—14.

[63] 王祖霞.明清笔记词语札记九则 [J].集美大学学报（哲学社会科学版），2011，（2）:90—94.

[64] 王祖霞.从明清笔记看《汉语大词典》的释义问题 [J].哈尔滨学院学报（哲学社会科学版），2011，（4）:90—92.

[65] 王祖霞.史料笔记之语料价值——以明代《戒庵老人漫笔》等为例 [J]. 兰州学刊，2012，（10）:211—213.

[66] 温显贵.《汉语大词典》释义和书证方面存在的问题 [J].湖北大学学报(哲学社会科学版),1997，（3）:76—80.

[67] 吴金华,王宝刚.《汉语大词典》商订五题 [J].辞书研究，1999，（3）:76—82.

[68] 武建宇.笔记小说俗语词例释［J］.语文研究,2004,（1）:30—34.

[69] 谢芳庆.试论《汉语大词典》体系[J].安徽师大学报(哲学社会科学版),1997,（1）:86—91.

[70] 刑永革.《菽园杂记》中的语言学史料评述［J］.江西社会科学,2002,（8）:107—111.

[71] 徐波.《客座赘语》语言文字史料评析［J］.江苏教育学院学报（社会科学版）,2003,（5）:101—102.

[72] 徐复.《〈汉语大词典〉拾补》序［J］.唐都学刊,2000,（2）:79—80.

[73] 徐荣. 试论近代汉语中倒序词的成因［J］.五邑大学学报（社会科学版）,2004,（3）:88—92.

[74] 许嘉璐.论同步引申［J］.中国语文,1987,(1):50—57.

[75] 言涓.谈《汉语大词典》的若干不足 ［J］.上海师范大学学报,1997,（4）:140—143.

[76] 杨端志.训诂学与现代词汇学在词汇词义研究方面的差异与互补［J］.文史哲,2003,（6）:52—57.

[77] 杨会永.《汉语大词典》"同义异形"条目释义的几个问题［J］.辞书研究,2000,（2）: 69—72.

[78] 姚美玲.词语的分群考释与《汉语大词典》条目订补[J].山西师大学报（社会科学版）,2002,（1）:112—115.

[79] 袁世全.建立和加强语文词典的框架意识［J］.语言文字应用,1999,（1）:103—107.

[80] 张博.考求词语古义应注意的几个问题［J］.古汉语研究,2005,（3）:64—69.

[81] 张秀芳.沈德符与《万历野获编》[J].黑龙江图书馆,1991,（5）:55—56.

[82] 章培恒.关于古籍整理工作的规范化问题［C］.中国典籍与文化论丛（第七辑）:50—59.

[83] 赵大明.释义是检验辞书编纂质量的关键［J］.辞书研究,2005,（3）:30—35.

[84] 赵大明.辞书编写中有关义项处理的几个新问题［J］.语言文字应用,1996,
（4）:84—89.

[85] 周掌胜.《汉语大词典》在收释同义复词上存在的问题［J］.浙江树人大学
学报,2003,（1）:53—57.

[86] 周铮.孤证立目当慎重［J］.辞书研究,1999,（5）:65—67.

[87] 朱城.《汉语大词典》琐议［J］.湛江师范学院学报(哲学社会科学版),1996,
（4）:54—57.

[88] 祝鸿熹.现代汉语辞书呼唤训诂学［J］.辞书研究,1998,（6）:35—42.

词目音序索引

（按音序排列，括号中数字为本书页码）

《万历野获篇》词汇研究

《万历野获篇》词汇研究

后 记

　　这本小书是在本人博士学位论文的基础上稍作修改而成的。

　　2004 年我考取了厦门大学汉语言文字学专业博士学位研究生，师从叶宝奎教授，研究方向是近代汉语。由于从硕士研究生阶段师从曾良教授以来我就一直对汉语词汇学、俗字学等领域有较浓厚的兴趣，因此，我的博士学位论文具体选题方向定为近代汉语词汇方向。

　　在经历了约一年的对各类近代汉语文献材料的选择、泛览之后，我发现明代史料笔记具有较大的语言研究价值，尤其在词汇和文字方面。而前人在这方面的研究成果虽然已经有了一些，但主要是概述性的介绍，总体来看，还没有对某部明代史料笔记专书词汇的较为穷尽详细的研究，更遑论系统的研究了。于是，在通读中华书局版《元明史料笔记丛刊》中约 40 多种元明史料笔记并参考多种工具书做了 40 多万字的读书笔记之后，2005 年暑期，我决定选取在当时觉得是明代史料笔记中研究内容最丰富、研究价值也较高、并且语料有一定规模的《万历野获编》中的词汇现象作为博士学位论文的选题。

　　在博士学位论文的开题、评审和答辩过程中，刘晓南、黄征、黄笑山、李国正、李无未、曾良、周祖庠等先生对论文的写作提出了宝贵意见和建议，谨对以上诸位先生表示衷心的感谢和深深的敬意。

　　该博士学位论文承蒙诸位先生谬奖，当时所有外审成绩均为优秀，校内答辩时除一位答辩委员给分为良以外，其他答辩委员都给出优秀的评分。但是，本人深知，由于读博期间时间仓猝，并且要发表两篇核心期刊论文方能拿到学位，写作学位论文的精力也大为分散，导致其中不可避免地存在种种不足。于是，论文通过答辩以后，我一直想对其进行修改、补充、完善。但由于工作负担过重，事务繁多，导致从事论文修改的精力非常有限，甚至一度中断很长一段时间。

《万历野获篇》词汇研究

本来打算将此论文再从头到尾精打细磨甚至大动干戈修改一遍才正式出版，但一则精力确实不逮，已如上述；二则本学位论文正式公布之后，引起了部分语言学界、古代文学界、文献学界同行的注意，发表了一批相关的研究成果，包括硕士、博士学位论文，这说明本选题到目前为止都还是有一定价值和意义的。所有这些，促成了我早日出版该博士学位论文的决心。

感谢家人数十年来对我学习、生活上的鼎力支持和无私帮助，他们是我求学路上最坚强的后盾，让我这样一个出身贫寒、身体欠佳的农家子弟能够无忧无虑、顺风顺水地一路专心读书直至获得博士学位。

本书在母校出版社顺利出版，非常感谢他们为此书付出的辛勤劳动。

本书的出版得到了闽南师范大学社科处、文学院领导的大力支持，得到闽南师范大学学术专著出版基金资助，在此特别致谢。

杨继光

2013 年 12 月

图书在版编目(CIP)数据

《万历野获编》词汇研究/杨继光著. —厦门:厦门大学出版社,2014.1
ISBN 978-7-5615-4844-8

Ⅰ.①万…　Ⅱ.①杨…　Ⅲ.①《万历野获编》-词汇-研究　Ⅳ.①I207.41②H131

中国版本图书馆 CIP 数据核字(2013)第 310643 号

厦门大学出版社出版发行

(地址:厦门市软件园二期望海路 39 号　邮编:361008)

http://www.xmupress.com

xmup @ xmupress.com

厦门集大印刷厂印刷

2014 年 1 月第 1 版　2014 年 1 月第 1 次印刷

开本:720×970　1/16　印张:18.5　插页:2

字数:300 千字　印数:1~1 500 册

定价:40.00 元

本书如有印装质量问题请直接寄承印厂调换